入市必读

炒股软件+股市选股+看盘技术一本通

郑　莜◎著

中国铁道出版社有限公司

CHINA RAILWAY PUBLISHING HOUSE CO., LTD.

图书在版编目（CIP）数据

入市必读：炒股软件+股市选股+看盘技术一本通 /
郑葭著. —北京：中国铁道出版社有限公司，2023.3
ISBN 978-7-113-29763-3

Ⅰ.①入… Ⅱ.①郑… Ⅲ.①股票投资-基本知识
Ⅳ.①F830.91

中国版本图书馆CIP数据核字（2022）第194196号

书　　名：入市必读——炒股软件 + 股市选股 + 看盘技术一本通
　　　　　RUSHI BIDU: CHAOGU RUANJIAN + GUSHI XUANGU + KANPAN JISHU YIBENTONG
作　　者：郑　葭

责任编辑：张亚慧　张　明　编辑部电话：(010) 51873035　电子邮箱：lampard@vip.163.com
封面设计：宿　萌
责任校对：刘　畅
责任印制：赵星辰

出版发行：中国铁道出版社有限公司（100054, 北京市西城区右安门西街 8 号）
印　　刷：北京联兴盛业印刷股份有限公司
版　　次：2023 年 3 月第 1 版　2023 年 3 月第 1 次印刷
开　　本：710 mm×1 000 mm 1/16　印张：13.5　字数：185 千
书　　号：ISBN 978-7-113-29763-3
定　　价：69.00 元

前言

投资者在参与股市交易之前，如果从未接触过股票，在不了解股票交易规则和潜在风险的情况下，随意交易很有可能遭受重大损失。

因此，在入市之前，投资者有必要先学习炒股软件的使用、股市选股的方法及基本的看盘技术。充分掌握这三方面的知识后，才能打牢基础，以便在后续的交易中更顺畅。

首先是炒股软件的使用。炒股软件是投资者进行股票交易的重要工具和媒介，无论是买卖股票还是观察行情，都需要在炒股软件上进行。因此，熟悉炒股软件是入市的第一步。

其次是选股方法。新入市的投资者往往会比较迷茫，不知道买什么股票，此时就需要对选股的技巧和方法进行深入学习。只有跟随优质股的步伐，才能实现炒股的目的。

最后是基本的看盘技术。在选择了合适的股票后，投资者还需要确定合适的买卖点，这就涉及看盘技术的研究。从技术面上分析股票，存在许多不同的方向，将不同的看盘技术有机地结合起来，能够帮助投资者进行决策。

本书共七章，可划分为三部分：

◆ 第一部分为第 1~2 章，主要介绍了常见炒股软件的操作方式、工具用法及特色功能的使用，还包括对应手机 App 的界面详解，帮助投资者熟悉炒股软件，学会基本操作。

◆ 第二部分为第 3~4 章，从选股方式入手，介绍了基本面和技术面两种选股方法，包括基本面的板块选股、公司面选股及技术面的行情选股、经典理论选股，为投资者提供丰富的选股策略。

◆ 第三部分为第 5~7 章，主要介绍的是技术分析方法，也就是看盘技术，其中涵盖了 K 线形态的分析技术、分时走势的盯盘技术及技术指标的看盘方法，有助于投资者进行买卖决策。

本书的优势在于前期的软件操作配有详细的图解步骤进行介绍，后期的选股与看盘技术采用理论与案例相结合的方式进行分析，图文并茂、排版美观的同时，还能帮助投资者更好地理解内容，便于实操。

最后，希望所有读者都能从书中学到炒股软件使用、股市选股及看盘技术的相关知识，在股票市场中实现获利。但仍然要提醒大家：任何投资都存在风险，入市一定要谨慎。

编　者

2022 年 12 月

目录

第1章 熟悉炒股软件的用法

要在股市中交易，投资者首先需要下载一个炒股软件，以满足观察走势、分析行情以及下达买卖单命令等基本需求。成熟的炒股软件，其功能和特色工具一般都比较繁杂，新入市的投资者很有可能无从下手。因此，在正式进行买卖之前，投资者需要先熟悉炒股软件的功能和用法。

1.1 炒股软件的介绍与下载 2

   1.1.1 常见的炒股软件有哪些 2

   1.1.2 电脑端炒股软件的下载 5

   1.1.3 手机炒股 App 的下载 7

1.2 常用菜单与工具的介绍 10

   1.2.1 熟悉同花顺的界面 10

   1.2.2 主菜单栏与右键菜单 13

   1.2.3 工具栏的设置与用法 16

   1.2.4 同花顺的常用快捷键 20

1.3 买卖股票之前的须知事项 21

1.3.1 自有资金账户的登录 ···22

1.3.2 银证转账转入可用资金 ···25

1.3.3 如何下达与撤销买卖委托单 ·······································27

1.3.4 条件单如何设置 ···32

1.4 同花顺手机端如何操作 ···**35**

1.4.1 手机端同花顺炒股软件的登录与买卖 ·····················36

1.4.2 模拟炒股虚拟体验 ···39

1.4.3 手机端的股市行情资讯怎么看 ·································41

1.4.4 常用工具的使用 ···46

第2章 炒股软件特色功能详讲

通过对前面内容的学习，相信投资者已经对炒股软件的界面和基本操作方法有了大致的了解，但尚不清楚一些功能的具体内涵和作用。本章将介绍资讯中心里有什么、数据中心包含哪些内容、智能盯盘和选股工具怎么用。

2.1 丰富的资讯与数据来源 ···**50**

2.1.1 资讯与研报聚焦宏观 ···50

2.1.2 数据与榜单精准把控 ···53

2.1.3 个股分析深入了解 ···55

2.2 便捷查看资金流向与技术指标 ···**57**

2.2.1 资金流向和资金分析功能 ·······································57

2.2.2 种类丰富的指标平台 ···60

2.2.3 筹码分布与火焰山的使用 ·······································64

2.3 软件的智能分析功能 ···**67**

2.3.1 股票预警与鹰眼盯盘 ···67

2.3.2 可设置条件的选股平台 ···70

2.3.3　形态选股一键找同类 73

第3章　如何从基本面选潜力股

选股对炒股来说非常重要，投资者是获利还是亏损，有很大一部分因素取决于股票的选择。其中，基本面是选股的关键，这一步是从股票的根基，也就是上市公司方面来进行筛选的，从深层次分析其发展前景、经营状况等，可以有效优选出具有高投资价值的股票。

3.1　各种分类板块如何选股 **78**

    3.1.1　板块的分类以及内涵 78

    3.1.2　行业板块选龙头股 81

       实例分析 中国神华（601088）煤炭开采行业的龙头企业 82

    3.1.3　概念板块选热门股 85

       实例分析 通威股份（600438）HJT 电池板块的优质公司 86

3.2　分析企业数据与事件选股 **88**

    3.2.1　产品的市场占有率很重要 88

       实例分析 长城汽车（601633）市占率大幅提升的龙头企业 89

    3.2.2　企业的营收数据需关注 90

       实例分析 泰晶科技（603738）营收数据持续增长的优质企业 91

    3.2.3　优质企业才拥有垄断技术 92

       实例分析 东华测试（300354）打破电化学分析设备垄断 93

3.3　选股需要避开的雷区 **94**

    3.3.1　避免参与风险较高的股票 95

       实例分析 ST 东洋（002086）面临退市风险 96

    3.3.2　安全边际的存在很重要 97

       实例分析 水发燃气（603318）被市场过度高估的后果 99

第4章 如何从技术面选优质股

技术分析指的是以市场行为为研究对象，判断市场趋势并跟随趋势的周期性变化来进行股票交易决策的方法。简单来说，就是根据股价走势，结合各类技术指标或其他因素来预判后市走向，选择优质股票。技术面选股是不同于基本面的一种筛选方式，但重要性与其相当，投资者需要重点掌握。

4.1 根据市场所处行情选股 102

4.1.1 震荡行情见好就收 102
实例分析 亚玛顿（002623）波动幅度大的震荡行情 103

4.1.2 弱市中选择潜力股 104
实例分析 石英股份（603688）弱市中的潜力股 105

4.1.3 强势调整适宜介入 107
实例分析 海源复材（002529）强势整理时的买入时机 109

4.1.4 反弹行情快进快出 110
实例分析 科沃斯（603486）反弹行情中快速买卖 111

4.1.5 筑底行情谨慎抄底 112
实例分析 陇神戎发（300534）筑底行情中谨慎抄底 113

4.2 借助技术理论选股 115

4.2.1 量价理论的配合与背离 115
实例分析 三人行（605168）量价配合下的买卖操作 116
实例分析 金辰股份（603396）行情顶部的量价背离关系 118

4.2.2 箱体理论的分段与突破 119
实例分析 西藏矿业（000762）上升行情中的箱体理论应用 120

4.2.3 波浪理论看准主升浪 121
实例分析 恒力石化（600346）大循环中嵌套的小循环 123

4.2.4 缺口理论确定买卖点 124
实例分析 华联综超（600361）缺口买卖策略 125

第5章　学习观察K线分析盘面

K线图是投资者看盘的重要窗口之一，K线图中包含了股票的历史走势和技术指标变化，投资者从中能够分析出大量有效信息。其中，K线形态的变化是非常关键的分析目标，一些特殊的形态甚至还能传递出明确的买卖信号，帮助投资者预判后市走向。

5.1　K线组合形态的分析技术 **128**

　　5.1.1　旭日东升积极看多 128

　　　　实例分析 祁连山（600720）旭日东升积极看多 128

　　5.1.2　好友反攻未来可期 130

　　　　实例分析 威尔药业（603351）好友反攻未来可期 130

　　5.1.3　三次触底直接抄底 132

　　　　实例分析 九洲药业（603456）三次触底直接抄底 132

　　5.1.4　倾盆大雨需要卖出 134

　　　　实例分析 风语筑（603466）倾盆大雨需要卖出 134

　　5.1.5　淡友反攻预示看空 135

　　　　实例分析 惠发食品（603536）淡友反攻预示看空 136

　　5.1.6　三次触顶立刻逃顶 137

　　　　实例分析 恒林股份（603661）三次触顶立刻逃顶 138

5.2　K线底部形态可以建仓 **139**

　　5.2.1　金足底形态建仓位置 140

　　　　实例分析 中广天择（603721）金足底形态建仓位置 141

　　5.2.2　V形底形态买进时机 142

　　　　实例分析 横店东磁（002056）V形底形态买进时机 143

　　5.2.3　潜伏底形态等待上涨 144

　　　　实例分析 浙江建投（002761）潜伏底形态等待上涨 145

5.3　K线顶部形态需要出局 **146**

　　5.3.1　倒V形顶形态卖出时机 146

　　　　实例分析 海汽集团（603069）倒V形顶形态卖出时机 147

5.3.2 双重顶形态出局机会 148

实例分析 TCL 科技（000100）双重顶形态出局机会 149

5.3.3 头肩顶形态及时抛售 150

实例分析 亚士创能（603378）头肩顶形态出现要及时抛售 151

第 6 章　通过实时分时走势盯盘

分时图主要用于观察股价在当日的实时走势，其中包含的历史信息不如
K 线图丰富，但更能帮助投资者把握具体的买卖点。分时图中股价线与均价线
的形态变换和位置关系是辅助决策的重要依据，在熟悉这些形态传递出的信号
后，投资者就能够比较顺畅地进行决策。

6.1　股价线与均价线之间的关系 **154**

6.1.1 均价线支撑股价线的情况 154

实例分析 国科微（300672）均价线支撑股价线的买入时机 155

6.1.2 均价线压制股价线的情况 156

实例分析 易德龙（603380）均价线压制股价线的卖出时机 157

6.1.3 股价线上穿均价线的含义 158

实例分析 惠达卫浴（603385）股价线上穿均价线的分析 158

6.1.4 股价线跌破均价线的含义 160

实例分析 基蛋生物（603387）股价线跌破均价线的分析 160

6.2　分时图中出现涨停如何分析 **161**

6.2.1 开盘巨量涨停形态 162

实例分析 渝三峡 A（000565）开盘巨量涨停形态买入时机 163

6.2.2 盘中拉高封板形态 164

实例分析 莱茵体育（000558）盘中拉高封板形态买入时机 165

6.2.3 盘中开板回落形态 167

实例分析 金一文化（002721）高位形成盘中开板回落形态 168

6.2.4 尾盘冲高涨停形态 170

实例分析 天普股份（605255）高位形成尾盘冲高涨停形态 171

6.3　分时图中出现跌停怎么操作……………………………………**173**

　　6.3.1　开盘巨量跌停形态……………………………………………173

　　实例分析 金辰股份（603396）开盘巨量跌停形态的卖出时机…………174

　　6.3.2　盘中下跌封板形态……………………………………………175

　　实例分析 傲农生物（603363）盘中下跌封板形态的卖出时机…………176

　　6.3.3　盘中开板回升形态……………………………………………178

　　实例分析 万润股份（002643）盘中开板回升形态的买入时机…………179

　　6.3.4　尾盘跳水跌停形态……………………………………………180

　　实例分析 中岩大地（003001）尾盘跳水跌停形态的卖出时机…………181

第7章　常见技术指标看盘方法

　　技术指标分析是一种依据不同的数理统计方法，运用复杂的计算公式来判断股价走势的量化分析方法。每种技术指标的含义和用法都有所不同，有的侧重于判断趋势，有的则能够衡量市场多空双方的力量差距。熟练利用这些技术指标，投资者能够更好地判断行情走势。

7.1　均线指标——确定趋势走向………………………………………**184**

　　7.1.1　葛兰威尔买卖法则……………………………………………184

　　实例分析 浙江世宝（002703）葛兰威尔八大法则应用………………185

　　7.1.2　多头排列下的买入时机………………………………………187

　　实例分析 海容冷链（603187）均线的多头排列形态应用……………187

　　7.1.3　空头排列下的卖出时机………………………………………189

　　实例分析 华正新材（603186）均线的空头排列形态应用……………189

7.2　RSI 指标——判断超买超卖………………………………………**190**

　　7.2.1　顶部形态预示离场……………………………………………191

　　实例分析 上机数控（603185）RSI 指标的双重顶形态应用…………192

　　7.2.2　底部形态可以买进……………………………………………193

　　实例分析 信雅达（600571）RSI 指标的三重底形态应用……………194

7.2.3 指标突破前期高点可建仓待涨 195

实例分析 江淮汽车（600418）指标突破前期高点可建仓待涨 196

7.2.4 指标跌破前期低点需保住收益 197

实例分析 普路通（002769）指标跌破前期低点需保住收益 198

7.3 布林指标——定位买卖位置.. 199

7.3.1 布林中轨线支撑股价上行 199

实例分析 中坚科技（002779）布林中轨线支撑股价上行 200

7.3.2 布林中轨线压制股价下跌 201

实例分析 凯龙股份（002783）布林中轨线压制股价下跌 202

1

熟悉炒股软件的用法

要在股市中交易，投资者首先需要下载一个炒股软件，以满足观察走势、分析行情以及下达买卖单命令等基本需求。成熟的炒股软件，其功能和特色工具一般都比较繁杂，新入市的投资者很有可能无从下手。因此，在正式进行买卖之前，投资者需要先熟悉炒股软件的功能和用法。

1.1 炒股软件的介绍与下载

炒股软件也就是股票软件，其基本功能是实时揭示股票、期货、外汇、外盘等多个金融市场的 K 线及分时走势，提供各种技术指标（如 MACD、RSI、KDJ、BIAS 等）、行情信息、资讯信息等。

同时，炒股软件也为开通证券账户的投资者提供了交易平台，投资者可以通过软件进行场内外资金的转移，比起线下网点买卖更为便捷高效。因此，炒股软件已经成为投资者手中必不可少的工具之一。

1.1.1 常见的炒股软件有哪些

由于市场需求的逐年提升，市面上的炒股软件不断涌现，比较常见的、专业性较高的有通达信、同花顺、大智慧、东方财富等，其他的小众软件更是数不胜数，如图 1−1 所示。

图 1−1　市面上的多种炒股软件

一般来说，这些炒股软件都具有类似的基本功能，只是在操作方法、股票界面和特色功能等方面有所区别，投资者在选择时不用太过纠结，适合自己的就是最好的。下面就来介绍几个常用的炒股软件。

（1）通达信

通达信炒股软件是由深圳财富趋势科技股份有限公司设计的，是一款定位于提供多功能服务的证券软件。

市面上主要的几个券商，比如中信证券、国泰君安证券、华泰证券、中信建投证券、申万宏源、国信证券、招商证券、海通证券、广发证券、兴业证券、中泰证券、安信证券等，均采用通达信的网上交易行情系统。

因其具有操作方便、界面简洁、功能强大、专业性强、软件覆盖面广等特点，通达信已经成为广大投资者的优选对象。

图 1-2 为通达信软件界面。

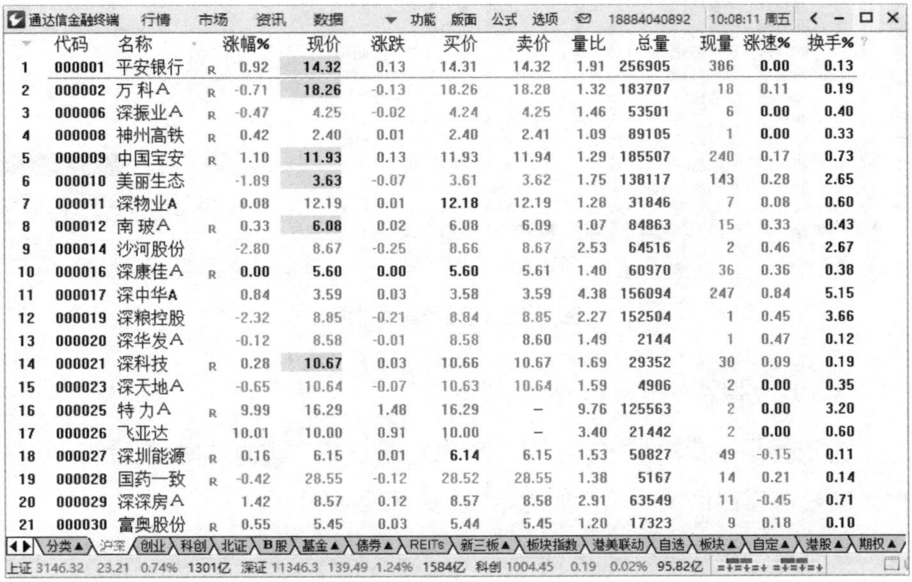

	代码	名称		涨幅%	现价	涨跌	买价	卖价	量比	总量	现量	涨速%	换手%
1	000001	平安银行	R	0.92	14.32	0.13	14.31	14.32	1.91	256905	386	0.00	0.13
2	000002	万 科A	R	-0.71	18.26	-0.13	18.26	18.28	1.32	183707	18	0.11	0.19
3	000006	深振业A	R	-0.47	4.25	-0.02	4.24	4.25	1.46	53501	6	0.00	0.40
4	000008	神州高铁	R	0.42	2.40	0.01	2.40	2.41	1.09	89105	1	0.00	0.33
5	000009	中国宝安	R	1.10	11.93	0.13	11.93	11.94	1.29	185507	240	0.17	0.73
6	000010	美丽生态		-1.89	3.63	-0.07	3.61	3.62	1.75	138117	143	0.28	2.65
7	000011	深物业A		0.08	12.19	0.01	12.18	12.19	1.28	31846	7	0.08	0.60
8	000012	南 玻A	R	0.33	6.08	0.02	6.08	6.09	1.07	84863	15	0.33	0.43
9	000014	沙河股份		-2.80	8.67	-0.25	8.66	8.67	2.53	64516	2	0.46	2.67
10	000016	深康佳A	R	0.00	5.60	0.00	5.60	5.61	1.40	60970	36	0.36	0.38
11	000017	深中华A		0.84	3.59	0.03	3.58	3.59	4.38	156094	247	0.84	5.15
12	000019	深粮控股		-2.32	8.85	-0.21	8.84	8.85	2.27	152504	1	0.45	3.66
13	000020	深华发A		-0.12	8.58	-0.01	8.58	8.60	1.49	2144	1	0.47	0.12
14	000021	深科技	R	0.28	10.67	0.03	10.66	10.67	1.69	29352	30	0.09	0.19
15	000023	深天地A		-0.65	10.64	-0.07	10.63	10.64	1.59	4906	2	0.00	0.35
16	000025	特 力A	R	9.99	16.29	1.48	16.29	–	9.76	125563	2	0.00	3.20
17	000026	飞亚达		10.01	10.00	0.91	10.00	–	3.40	21442	2	0.00	0.60
18	000027	深圳能源	R	0.16	6.15	0.01	6.14	6.15	1.53	50827	49	-0.15	0.11
19	000028	国药一致	R	-0.42	28.55	-0.12	28.52	28.55	1.38	5167	14	0.21	0.14
20	000029	深深房A		1.42	8.57	0.12	8.57	8.58	2.91	63549	11	-0.45	0.71
21	000030	富奥股份	R	0.55	5.45	0.03	5.44	5.45	1.20	17323	9	0.18	0.10

图 1-2　通达信软件界面

（2）同花顺

同花顺炒股软件是一款综合金融服务终端，为用户提供全市场高速行情以及稳定高效的行情数据服务。

同花顺支持多家券商账号登录和全品种股票交易，提供了竞价分析、K线重大事件、小窗盯盘等特色功能，能满足投资者的多种需求。

图1-3为同花顺软件界面。

图1-3 同花顺软件界面

（3）大智慧

大智慧是一款用来进行行情显示、行情分析、信息即时接收的证券软件，向投资者提供及时、专业的金融数据和数据分析。

其具有一键交易、DDE决策系统、深度估算数据、一键选股等多种特色功能，与多家券商有长期合作，并支持账户登录。

图1-4为大智慧软件界面。

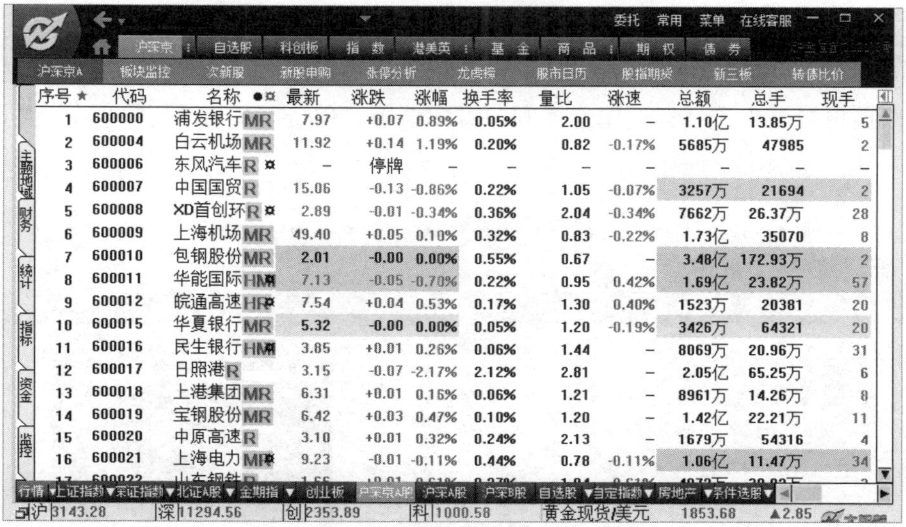

图 1-4　大智慧软件界面

在了解了几个常用的炒股软件后，接下来就以同花顺为例，详细讲解软件本身的操作方法及特色功能。本章首先介绍软件具体的下载方式、登录交易流程、界面操作方法等内容。

1.1.2　电脑端炒股软件的下载

投资者可以进入同花顺官方网站首页，单击导航栏下方的"软件下载"超链接，或是直接进入下载中心，具体如图 1-5 所示。

图 1-5　同花顺官网首页

进入下载中心后，可以看到免费 PC 产品、付费 PC 产品、平板电脑产品、手机产品和小工具五大分类以及数十种软件的下载途径。投资者可以根据自身需求选择，这里选择同花顺免费版，单击"免费下载"按钮即可下载，如图 1-6 所示。

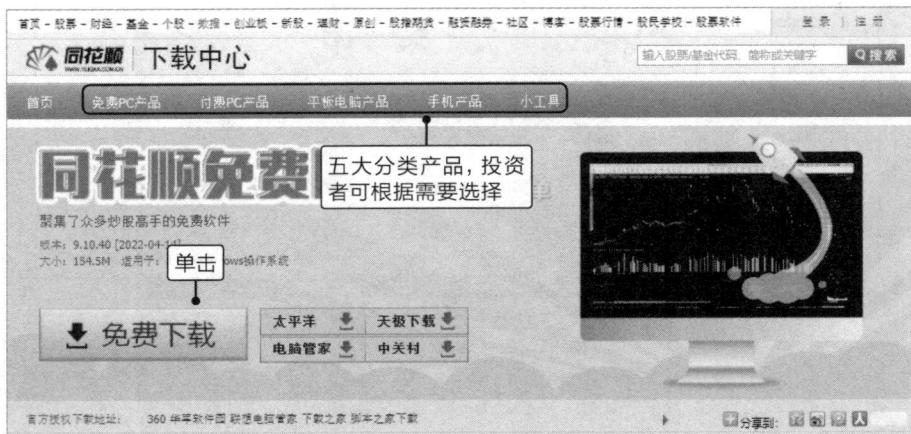

图 1-6 选择同花顺免费版下载

需要使用其他券商软件的投资者，也可以进入券商官网下载。

如进入中国银河证券官网，进入软件下载中心界面后，单击对应软件的"立即下载"按钮进行下载，如图 1-7 所示。

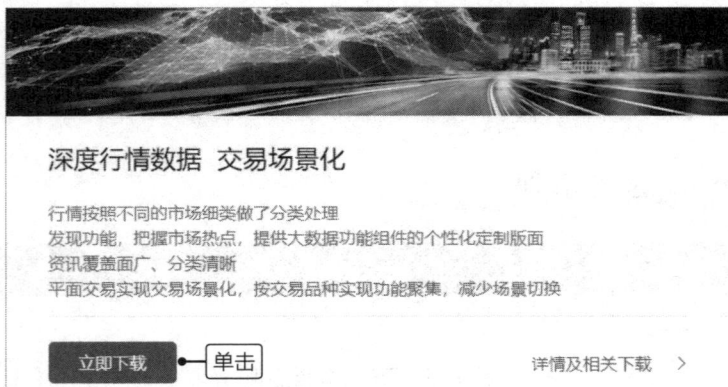

图 1-7 进入中国银河证券官网下载券商软件

　　在下载安装完成后，投资者就可以在电脑上使用软件观察行情了。下面来看看手机端炒股软件的下载方法。

1.1.3　手机炒股 App 的下载

　　手机炒股 App 的下载有两种方式，第一种是进入官网下载中心，找到手机端软件，单击"下载"按钮，如图 1-8 所示。

图 1-8　下载手机炒股软件

　　在下载中心可以看到多种 App，分别适用于不同需求的投资者。股票投资者可以选择同花顺手机炒股软件，进入其下载界面，通过扫码快速下载，如图 1-9 所示。

图 1-9　扫码下载

　　需要注意的是，进入下载界面后，用户是无法通过单击"免费下载"按钮将软件下载到手机上的，投资者需要使用手机扫描网页提供的二维码来下载。不过，通过手机浏览器进入官网，就可以直接点击下载。

　　手机端的第二种下载方式就是进入手机自带的应用商店或软件商店中，在搜索框中输入"同花顺"，在搜索结果中点击软件名称进入下载界面或直接点击"安装"按钮安装即可，如图1-10所示。

图1-10　同花顺App下载界面

　　如果投资者想要使用券商软件，流程是基本一致的。比如要使用中国银河证券的手机软件，进入下载界面后扫码下载，如图1-11所示。

图 1-11　电脑端中国银河证券手机 App 的下载界面

通过软件商店下载的流程也与上述类似，如图 1-12 所示。

图 1-12　应用商店银河证券 App 下载界面

1.2　常用菜单与工具的介绍

下载好软件后，接下来需要对软件的菜单选项和工具的用法进行深入了解，以免后续因操作不熟悉而浪费精力和时间。

1.2.1　熟悉同花顺的界面

打开软件后，按【F3】键进入上证指数（000001）K 线图中，如图 1-13 所示。

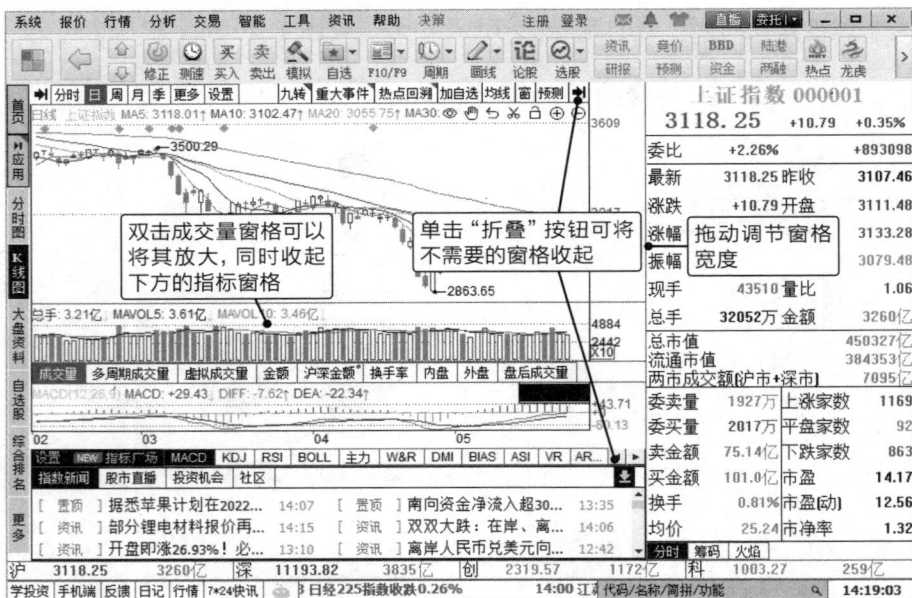

图 1-13　上证指数的 K 线图界面

图 1-13 是软件默认的显示方式，只要简单调节，就可以得到一个比较清爽的界面，如图 1-14 所示。

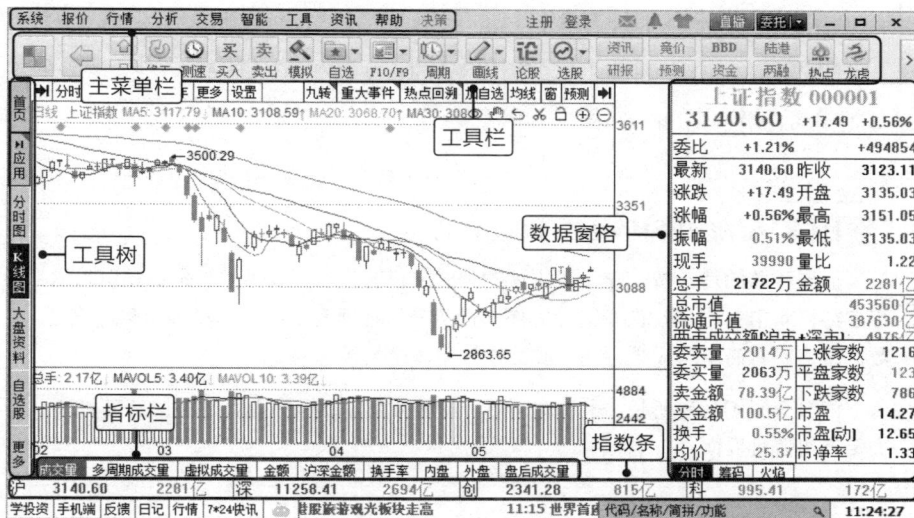

图 1-14　调节后的上证指数 K 线图界面

从图 1-14 中可以看到，K 线图的上方是主菜单栏和工具栏，左侧是工具树，下方是指标栏和指数条，右侧是数据窗格。直接按【F5】键可以将 K 线图切换为当日分时图，如图 1-15 所示。

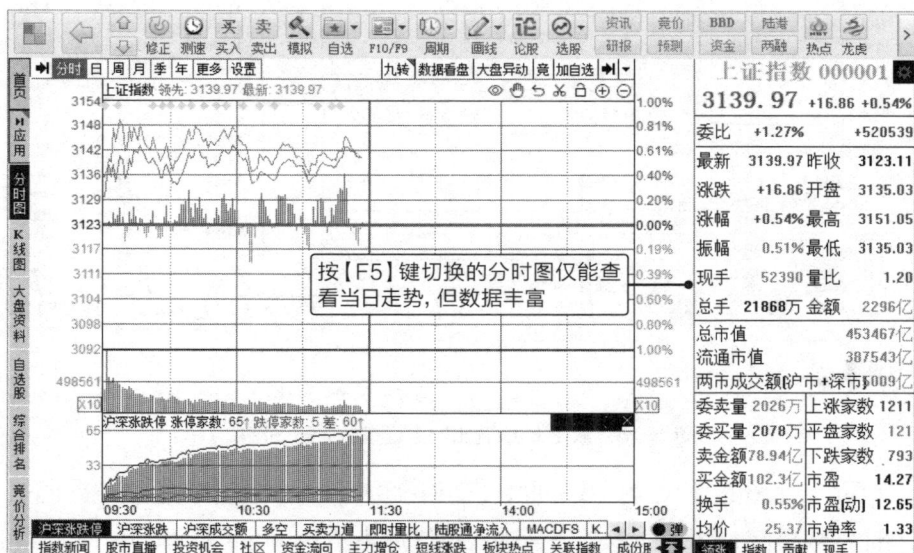

图 1-15　按【F5】键切换上证指数分时图

调出分时图还有一种方式，就是双击 K 线图中当日的 K 线，打开单独的分时图窗口。用不同的方式调出的分时图，在同一日的走势是一致的，区别在于数据窗口的内容和指标的显示。

拓展贴士 *两种分时图各有优劣*

需要注意的是，按【F5】键出现的分时图仅能查看当日走势，但数据窗格内容丰富；双击 K 线调出的单独分时图，能查看以往所有交易日当日的走势，只是数据窗格仅有简单的成交时间、成交指数和成交数量。

两种分时图各有所长，也各有所短，投资者在实际操作中可以根据自身需求，决定选用哪种界面。

图 1-16 为双击 K 线调出的单独的上证指数分时图窗口。

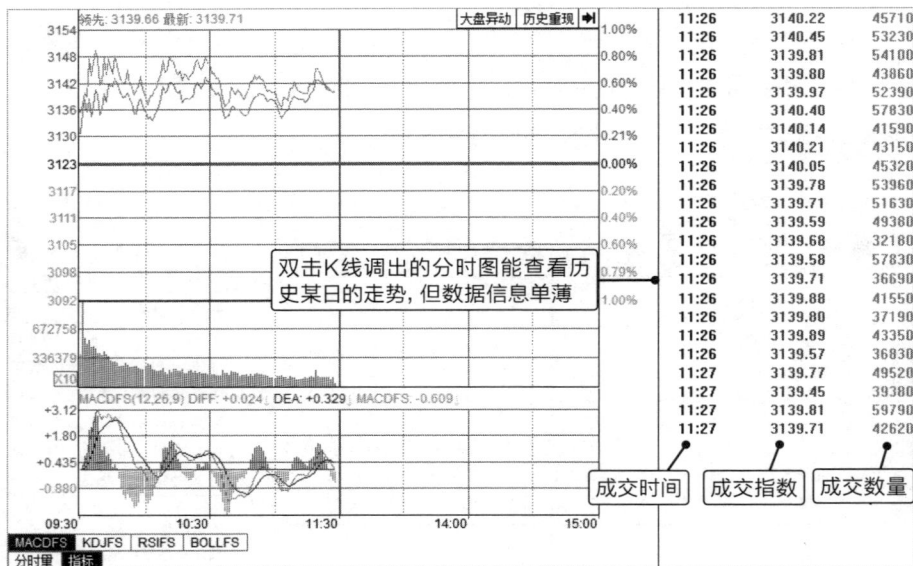

图 1-16　双击 K 线调出的上证指数分时图窗口

以上介绍的是大盘指数界面，在同花顺软件中，按【F3】键进入的是上证指数界面，按【F4】键则会进入深证成指（399001）界面。

投资者如果想要观察个股的走势，可以单击工具栏中的"个股"按钮，进入沪深 A 股界面，如图 1-17 所示。

图 1-17　单击"个股"按钮进入沪深 A 股界面

在同花顺软件中，沪深 A 股界面默认是以当前涨幅排名的，若投资者想要以现价、名称等进行排名，可以选择上方的"现价""名称"等标签选项，如图 1-18 所示。

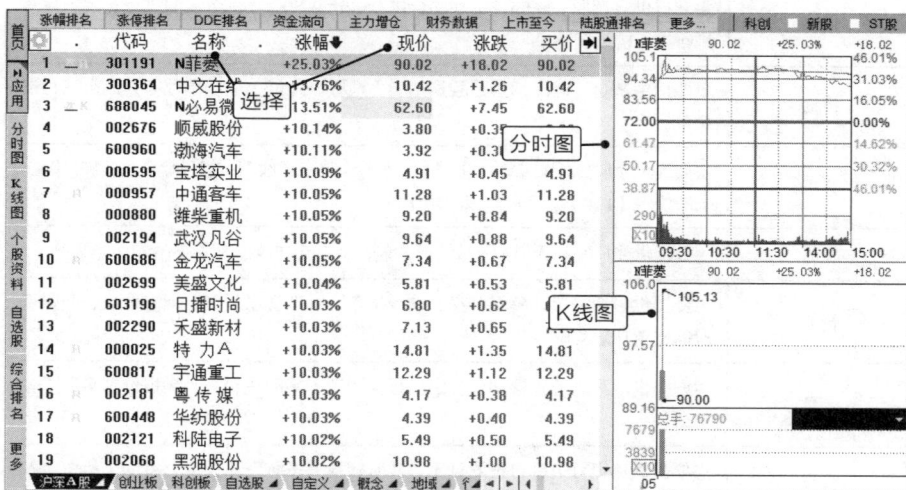

图 1-18　以涨幅排名的沪深 A 股界面

在该界面中，选择某一只股票，将会在右侧以缩略图的形式呈现分时图和 K 线图。如果想要查看完整的 K 线图或分时图，可以双击股票名称进入，分时图和 K 线图的切换方法与大盘指数的切换方法一致。

1.2.2　主菜单栏与右键菜单

在同花顺软件中有主菜单栏，在界面中右击可弹出右键菜单。软件的操作方法、功能基本都收罗其中，方便投资者快捷使用。

（1）主菜单栏

主菜单栏位于软件界面的左上方，包括系统、报价、行情、分析、交易、智能、工具、资讯、帮助等多个菜单项，各菜单项的具体介绍见表1-1。

表1-1　主菜单栏包含的菜单项及其介绍

菜单项	内容
系统	主要针对软件系统方面的各种问题，提供连接服务器、账号权限更新、版本升级、软件初始化、打印、退出等功能
报价	主要提供自选股、涨幅排行、综合排行、指数排行、资金流向排行、主力增仓排行等报价列表菜单
行情	主要提供基金、商品期货、股指期货、债券、外汇、全球指数等其他市场行情菜单
分析	主要提供个股分析的常用功能菜单，如分时图、K线图、超级盘口、多周期图、个股资料【F10】、个股全景【F7】等
交易	主要提供委托交易、模拟炒股、开户转户、基金申购、期货下单等功能菜单
智能	主要提供短线精灵、鹰眼盯盘、选股平台、优选交易系统、形态选股、问财选股等特色功能菜单
工具	主要提供画线、公式管理、自定义板块设置、区间统计、大字报价等多种工具菜单
资讯	主要提供资讯首页、自选股资讯、实时解盘等多种资讯渠道，有助于投资者挖掘股票信息
帮助	主要提供帮助说明、快捷键列表、委托疑问、在线服务等服务性功能

（2）右键菜单

在个股排名界面、K线图界面和分时图界面，右击后都会弹出一个菜单，但菜单的内容会根据界面的不同而不同。

图1-19为个股排名界面中右击弹出的菜单。

从图 1-19 中可以看到,在个股排名界面中右击弹出的菜单,其中的选项和命令大多是针对个股的。如将目标股加入自选股、标记目标股、买卖目标股、查看目标股的关联品种和所属板块等操作。

图 1-19　个股排名界面中右击弹出的菜单

在分时图和 K 线图界面右击弹出的右键菜单,则会在个股排名界面中右击弹出的菜单的基础上增加一些选项和命令,如图 1-20 所示。

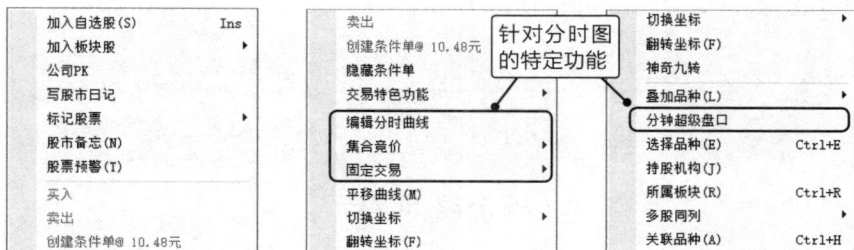

图 1-20　分时图中的右键菜单

通过不同界面中的右键菜单的对比可以发现，其中增加的选项和命令基本上都是针对特定界面的特定功能。

如分时图中的右键菜单增加的"编辑分时曲线""集合竞价""固定交易""分钟超级盘口"等，都是针对分时走势形成的功能。

图 1-21 为 K 线图中的右键菜单。

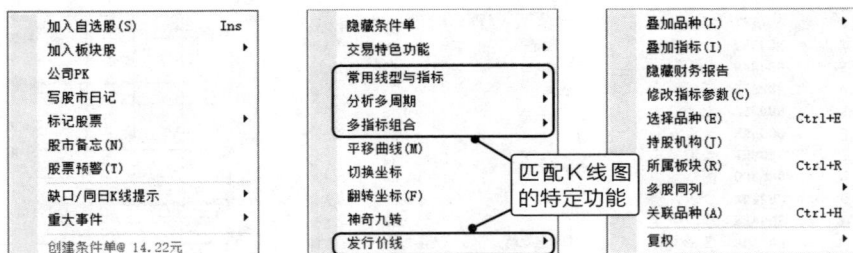

图 1-21　K 线图中的右键菜单

K 线图中的右键菜单增加了"常用线型与指标""分析多周期""多指标组合""发行价线"等功能。

1.2.3　工具栏的设置与用法

工具栏位于菜单栏之下、主窗口之上，投资者可选择隐藏和定制，其中包含应用中心、数据修正、买入卖出、模拟炒股、资讯与研报查看等功能，方便投资者看盘使用，如图 1-22 所示。

图 1-22　工具栏

由于工具栏占据的空间较多，投资者在看盘时也可以将其隐藏。其操作是：将鼠标光标移动到工具栏的空白处，右击弹出快捷菜单，其中有4 个命令，依次是工具栏状态、小图标模式、恢复系统默认和自定义工具栏，在"工具栏状态"子菜单中即可选择显示或隐藏，如图 1-23 所示。

图 1-23　隐藏工具栏

如果想恢复显示，可以直接在主菜单栏里的"工具"下拉菜单中找到"工具栏设置"命令，选择"显示"命令即可，如图 1-24 所示。

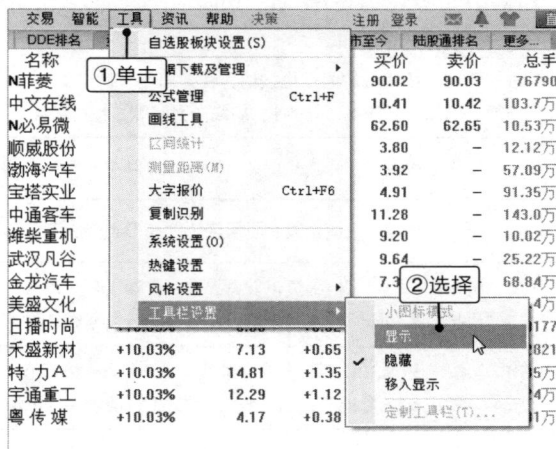

图 1-24　恢复工具栏显示

工具栏中的按钮都对应着不同的功能，下面选取几个常用的功能进行解析，具体见表 1-2。

表 1-2　工具栏中按钮的功能

按　钮	功　能
	方向键，分别是返回键（返回上一页面）和页面向上、向下
修正	单击"修正"按钮可以更新当前查阅代码的数据，如果投资者发现数据不全或者有误时，可以使用该功能

续表

按　　钮	功　　能
买　卖 买入　卖出	单击"买入""卖出"按钮，可调出委托程序执行买入、卖出操作
模拟	单击可进入模拟炒股登录界面
自选	单击"自选"按钮可进入自选股界面，单击"自选"按钮右侧的下拉按钮，投资者可进行自选个股和自选板块的分组设定
F10/F9	该按钮提供【F10】和【F9】键的功能，【F10】键提供公司/大盘资讯、【F9】键提供同花顺诊股等内容，包含上市公司概况、公司经营状况、行业分析等内容
周期	单击"周期"按钮右侧的下拉按钮，在弹出的下拉菜单中可以切换K线图的分析周期，例如15分钟、30分钟、周线、月线等，也可以切换到分时图
画线	单击"画线"按钮可打开画线工具，投资者可以在K线图中进行画线
选股	可以提供问财选股、快捷选股、股票筛选器和形态选股等各类选股方式
资讯 研报	单击"资讯"按钮可切换到资讯首页界面，查看实时资讯信息； 单击"研报"按钮即可进入研报中心，查看深度数据统计分析
BBD 资金	"BBD"按钮提供BBD当日资金详细数据，还包含主力增仓、资金流向等内容； "资金"按钮可提供上证、深证资金详细数据，准确解读沪深大盘趋势
PE 数据	提供龙虎榜单、产品价格以及大宗交易等股票相关数据，把握相关热点
自定	提供自定义页面功能，满足投资者自主设定页面，个性化看盘需求
板块 股指 期股 个股 指数 期货 债券 英股 港股 基金 外汇 美股	行情总览栏，单击行情总览栏中的任意按钮，可选择性进入，查看沪深股市走势、个股报价，也可以查看全球指数，以及基金、债券、期指、外汇等行情报价

工具栏中的功能还有很多，有许多不常用的功能都被隐藏起来了。

如果投资者想要使用，或者想要改变当前工具栏的布局，可以右击工具栏空白处，弹出右键菜单，选择"自定义工具栏"命令，即可进入工具栏编辑界面，如图1-25所示。

图 1-25　选择"自定义工具栏"命令

　　进入工具栏编辑界面后，投资者可以从工具栏中任意删除或添加工具图标，还可以调整图标之间的间距，以实现功能的区分，如图 1-26 所示。

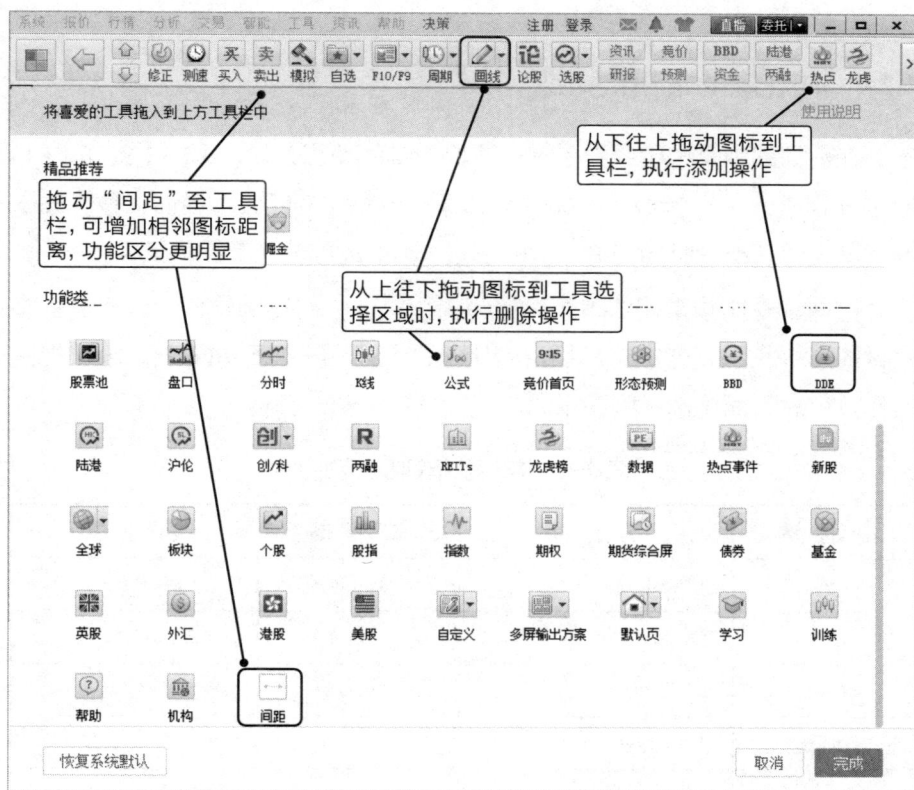

图 1-26　编辑工具栏

　　一般情况下，工具栏中的图标都是默认的放大状态，并且会在没有文字的图标下方显示其名称，以便投资者迅速找到需要的功能。

当投资者能熟练使用软件后，就可以右击工具栏空白处，在弹出的快捷菜单中选择"小图标模式"命令，将图标缩小显示，减少工具栏的占用空间，以更好地观察下方的走势图，如图 1-27 所示。

图 1-27　小图标模式

1.2.4　同花顺的常用快捷键

在前面的内容中已经提到过一些快捷键的使用，如按【F3】键和【F4】键可分别进入上证指数（000001）和深证成指（399001）界面，按【F5】键可以迅速切换分时图与 K 线图，按【F10】键可进入个股资讯等。

这些都是比较常用的单个快捷键的用法，在同花顺软件中，还有许多按键的组合用法，能够帮助投资者快速进入或调出想要的界面，大大提高操作效率。下面挑选一些常用的快捷键进行介绍，具体见表 1-3。

表 1-3　常用快捷键及其功能

快 捷 键	功　　能	快 捷 键	功　　能
F6	查看自选股	Ctrl+4	四股分时 /K 线图同列
F12	委托下单	Ctrl+F6	大字报价
Insert	加入自选股	Ctrl+F8	多周期图
Delete	删除自选股	Ctrl+F11	财务图示
Enter	切换类型（列表、分时、K 线）	Ctrl+D	大盘对照
Esc	返回上一画面	Ctrl+F	公式管理器

续表

快　捷　键	功　　能	快　捷　键	功　　能
F1	成交明细	Ctrl+L	两股对比
F2	价量分布	Ctrl+R	查看所属板块
F7	个股全景	.+1	卖一价买入
F8	分析周期	.−1	买一价卖出
↓	缩小 K 线	Ctrl+Q/B	向前 / 后复权
↑	放大 K 线	Alt+3	三图组合
Home、End	定位光标到分时窗口最左、最右	Ctrl+A	自动翻页
Space	鼠标当前位置信息地雷内容	Ctrl+ ←	光标快速左移 10 个周期
Tab	显示 / 隐藏 K 线均线	Ctrl+M	输出到图片
Ctrl+W	全屏显示	Alt+F4	退出程序

如果在上表中找不到需要的快捷键，在软件中直接按【Ctrl+K】组合键，或是单击主菜单栏中的"帮助"选项卡，在弹出的下拉菜单栏中选择"快捷键列表"选项，即可查看全部快捷键及其对应功能，如图 1−28 所示（不同软件版本，快捷键可能会存在差异）。

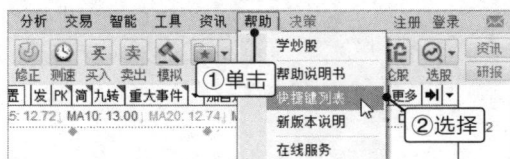

图 1−28　打开快捷键列表

1.3　买卖股票之前的须知事项

在熟悉软件后，投资者就可以开始股票的买卖了。但在此之前，还需要了解一些基本的操作，比如如何登录账户，在哪个界面下单，委托的方式选择哪种等，都需要提前知道。

1.3.1 自有资金账户的登录

在进行自有资金账户登录之前，投资者必须选择一家券商，提前开立一个资金账户和至少一个证券账户。不过大多数时候还是需要开立两个证券账户，即上海证券账户和深圳证券账户，这样才能正常进行两个交易所上市股票的交易。

一般来说，在炒股软件中登录的都是资金账户，证券账户会自动绑定在资金账户上，所以投资者只需要牢记自己的资金账户以及交易密码即可。在同花顺软件中，单击界面右上方的"委托"按钮，就能进入资金账户登录界面，如图1-29所示。

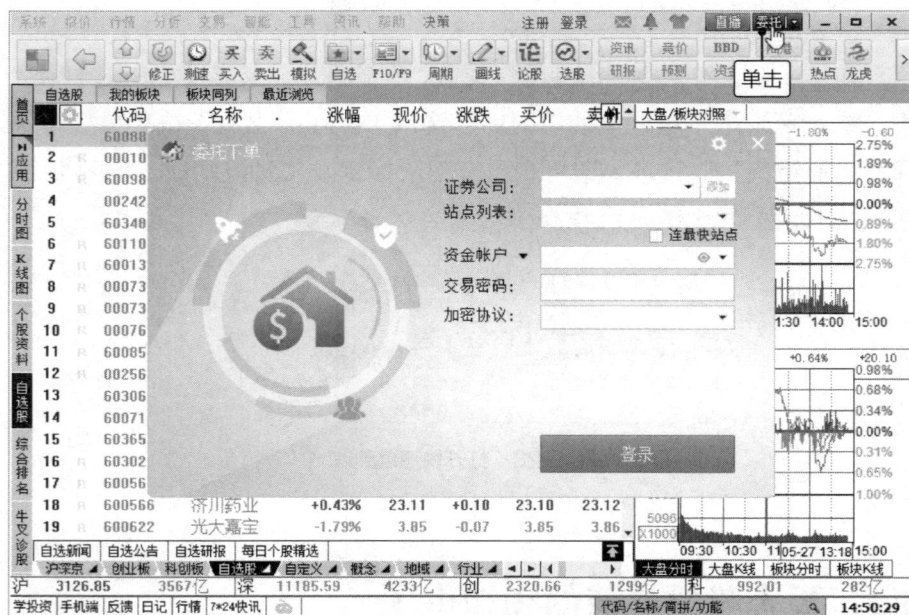

图1-29 进入资金账户登录界面

拓展贴士　*不能单击"登录"超链接登录资金账户*

相信投资者已经注意到了，在同花顺软件界面中，"委托"按钮左侧还有"注册"和"登录"超链接，如图 1-30 所示。需要注意的是，这并不是资金账户的开立和登录入口，而是用于注册和登录同花顺账号，该账号只能用于登录后查看行情，不能进行交易。该账号与资金账户不同，投资者在登录同花顺软件后，还需要在委托界面进行资金账户的二次登录。

图 1-30　"注册"和"登录"超链接

打开登录界面后，首先要选择券商，自己的资金账户是在哪个券商开立的，就要去软件提供的券商列表中寻找对应的券商。

在登录界面单击"添加"按钮，打开"添加券商"对话框，如图 1-31所示。

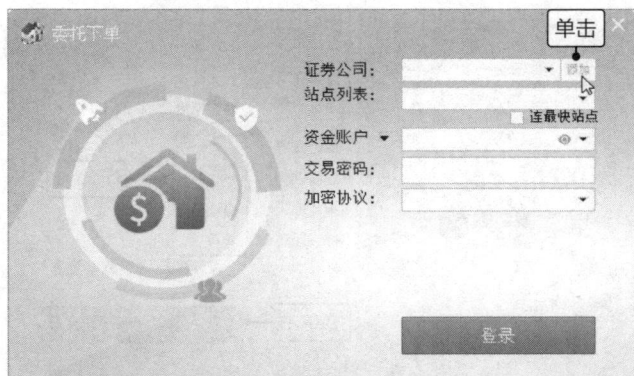

图 1-31　打开登录界面

找到自己开立资金账户的证券公司（这里以光大证券为例），选择"光大证券"选项，然后单击下方的"添加"按钮即可，如图 1-32 所示。

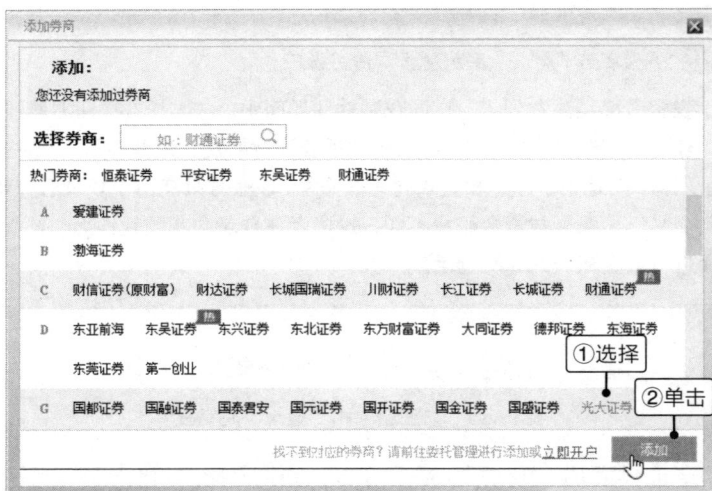

图1-32　添加证券公司

回到登录界面，输入对应的资金账户、交易密码以及验证码（站点列表将自动形成），最后单击"登录"按钮即可登录，如图1-33所示。

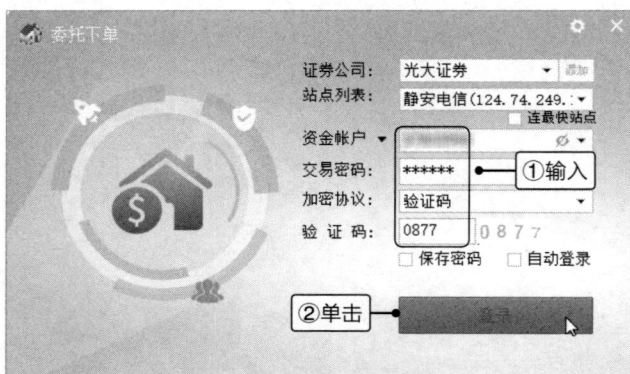

图1-33　登录账户

当投资者进入如图1-34所示的界面时，就表示登录成功了，接下来就可以进行下一步操作了。

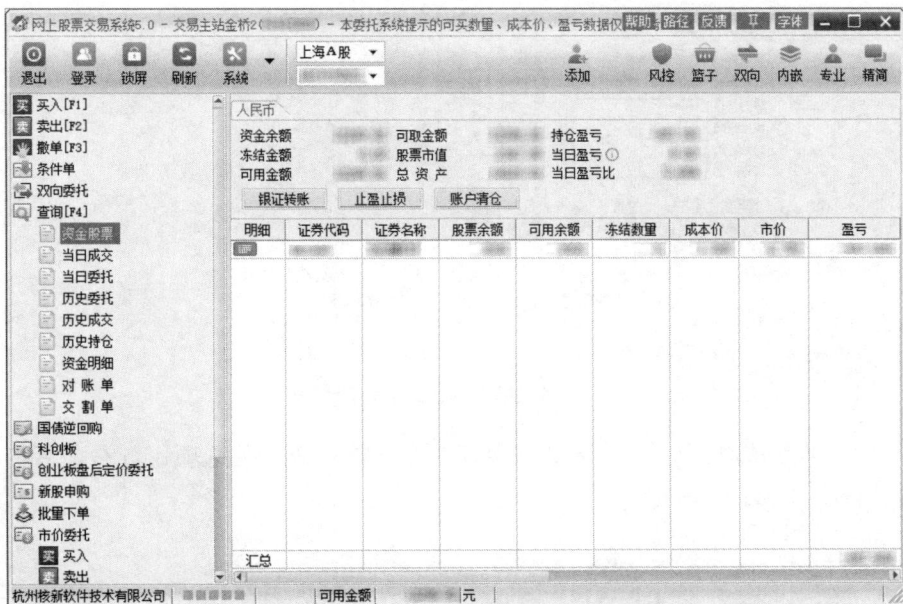

图 1-34 登录成功后的界面

1.3.2 银证转账转入可用资金

登录成功后的下一步，就是向账户中转入资金，具体步骤如下。

①选择左侧菜单栏下方的"银证转账"选项，在弹出的下拉菜单中选择"银行→券商"选项，即可进入转账界面，如图 1-35 所示。

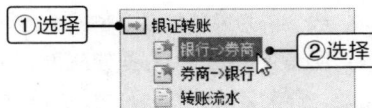

图 1-35 进入银证转账界面

②进入界面后，根据界面提示和要求选择转账银行，输入密码、金额后，单击"转账"按钮即可，如图 1-36 所示。

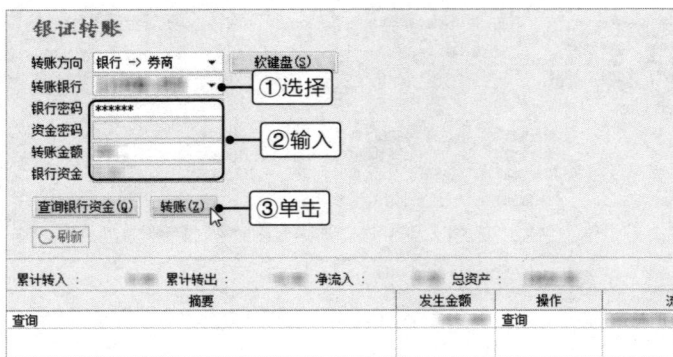

图 1-36　确认转账金额

③转账成功后，可以选择"银证转账／转账流水"选项，查看是否转账成功，如图 1-37 所示。

图 1-37　查看转账流水

拓展贴士　*银证转账只能在交易时间进行*

一般来说，银证转账需要在交易时间内进行，即法定交易日的 9:30～15:00。不过有些银行和券商比较宽松，在 16:00 之前也是可以进行转账的，具体时间可询问开户券商。

非交易时间进行的转账，一般会视为废单处理，也就是当日转账不成功，投资者需在交易日的交易时间内重新提交委托。但有些券商和银行会保留委托，待到交易日的交易时间内自动生效，资金自动转入账户内，无须再次提交申请。具体情况也可以询问开户券商。

同理，当投资者希望转出资金时，就可以使用"券商→银行"功能，将资金转回银行卡中。不过需要注意的是，如果是当日卖出股票回笼的资金，需要在第二个交易日才能转出，这是证券交易所规定的资金 T+1 制度。

1.3.3　如何下达与撤销买卖委托单

下达买卖委托单无疑是交易的重头戏，对于新入市的投资者来说，这些操作可能还比较陌生。在不了解委托界面中每一个功能含义的情况下，很容易出现下错单或者委托失败等情况，所以投资者有必要提前熟悉下单操作。

（1）买单的下达

①单击"买入"按钮，或是直接在委托界面按【F1】键，就可以进入买入股票界面，如图 1-38 所示。

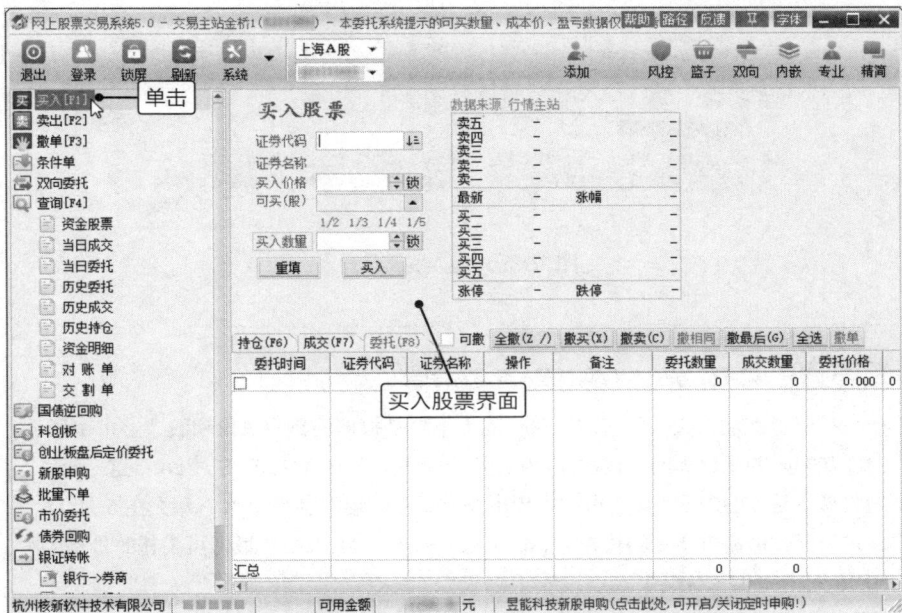

图 1-38　进入买入股票界面

②在"证券代码"文本框中输入想要购买的股票代码，或单击"证券代码"文本框右侧的"填充代码"按钮，即可自动填入打开委托界面之前软件界面显示的个股代码。

输入代码后，界面中会自动生成证券名称、买入价格、目标股当前的五档买卖盘以及最高可买入数量。其中，买入价格可以任意改变，但不能超过单日最大涨跌幅度，最高可买入数量会根据当前账户中的可用资金来计算。

在"可买（股）"文本框下方显示的"1/2""1/3"等，指的是半仓买入或1/3仓买入，单击即可快速填入买入数量。当然，投资者也可以自行输入需要购买的数量，只要不超过最高可买入的数量即可，如图1-39所示。

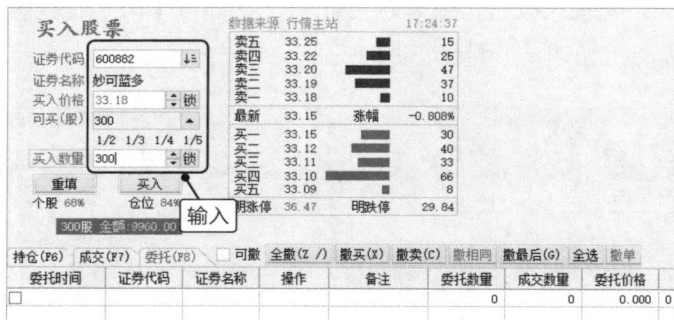

图1-39　填入购买信息

拓展贴士 *买入价格的上下限和买入数量的限制*

投资者在输入买入价格时，价格的上下限是根据前日收盘价和股票上市市场的涨跌幅限制来计算的。以图1-39为例，妙可蓝多在2022年5月26日这一天的收盘价是33.42元，其上市的主板市场单日涨跌幅限制为10%，那么在5月27日这一天，最高可委托的价格为36.76元（33.42×110%），最低可委托的价格为30.08元（33.42×90%）。

关于买入数量，在A股市场中最低报卖数量为一手，也就是100股，每次增加最低也是一手，因此，投资者的最高可买入数量都是以100为单位。

③输入买入数量后，下方会自动计算金额，以便投资者确认。确认无误后，单击下方的"买入"按钮，在打开的"委托确认"对话框中单击"是"按钮，即可完成买入委托，如图1-40所示。

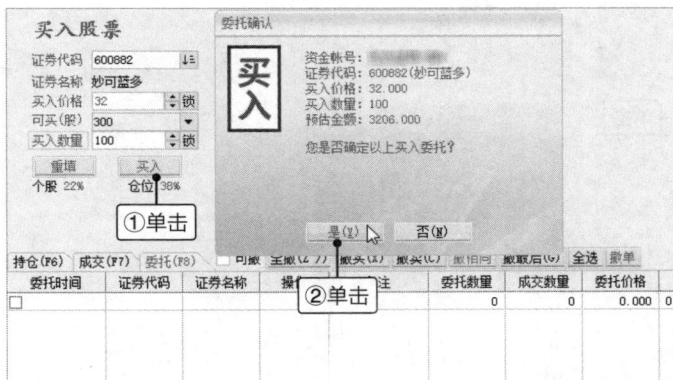

图 1-40　下达买入委托

拓展贴士　*A 股市场的价格优先与时间优先原则*

在个股交易过程中，会遵循价格优先和时间优先原则，即买进价格较高者优先成交，卖出价格较低者优先成交，同价位的申报，先申报者优先满足。

基于这样的原则，投资者在下达买入委托单时，如果价格较低，就会排在较高买入价后面，待到卖方出价低于或等于自己的买价时，就可以成交了。

在下达委托单后，交易界面下方的"委托"窗口会出现委托单的详细数据。买入委托成交后，在"成交"窗口中则会显示成交单的详细数据，同时这只股票也会出现在自己的持仓中，投资者可通过"持仓"窗口进行查看。

当然，在交易界面直接按【F4】键也可以快速进入查询界面，查询"资金股票""当日成交""当日委托""历史委托""历史成交""资金明细""对账单"以及"交割单"等。

（2）卖单的下达

①单击"卖出"按钮，或是直接在委托界面按【F2】键，就可以进入卖出股票界面，如图 1-41 所示。

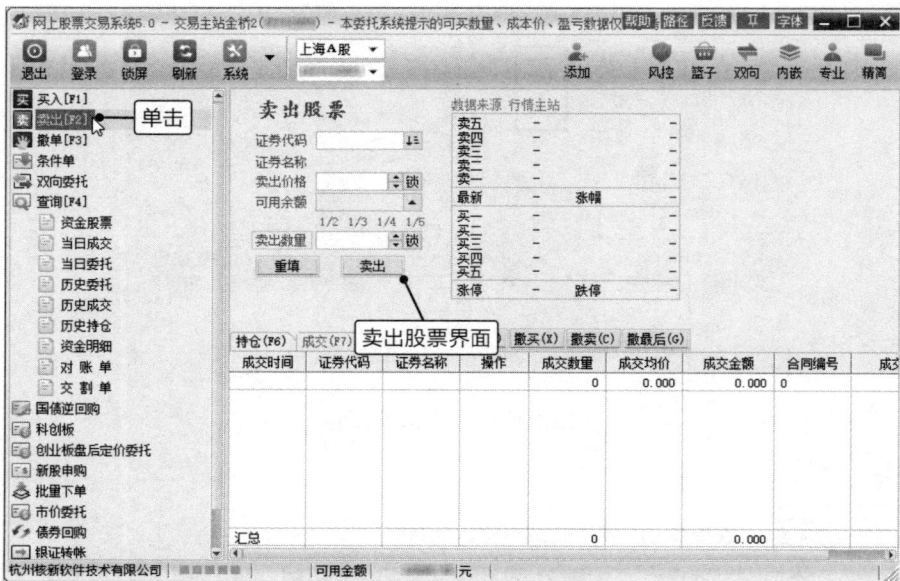

图1-41　进入卖出股票界面

②接下来和下买单一样，在"证券代码"文本框中输入想要卖出的股票代码，在对应数值框中输入卖出价格以及卖出数量，再单击"卖出"按钮，最后确认即可，如图1-42所示。

卖出价格不能超过当日的涨跌幅限制，如果填入的价格超出了限制，在下单时会提示无法成交，避免投资者下达无效委托单。如果填入的卖出数量超过最高卖出数量，系统同样会提示，投资者自己也要注意。

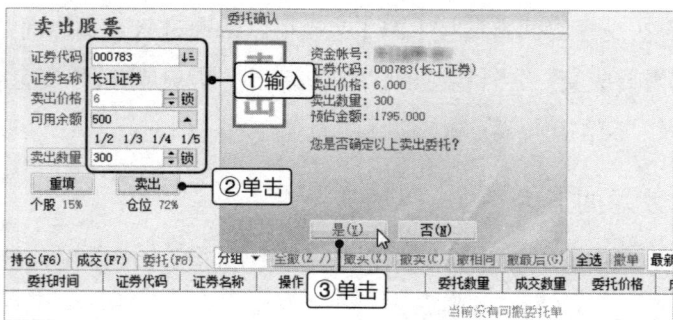

图1-42　下达卖出委托单

（3）委托单的撤销

委托单需要撤销的情况非常多，比如下单后发现价格填错、数量不对，或者报出的买价太低（或卖价太高）始终无法成交，抑或是单纯的不想交易，都会需要撤单，撤单的步骤如下。

在买入或卖出界面中的委托窗口，选择需要撤销的委托单，单击"撤单"按钮，在打开的"提示信息"对话框中单击"是"按钮，如图 1-43 所示。

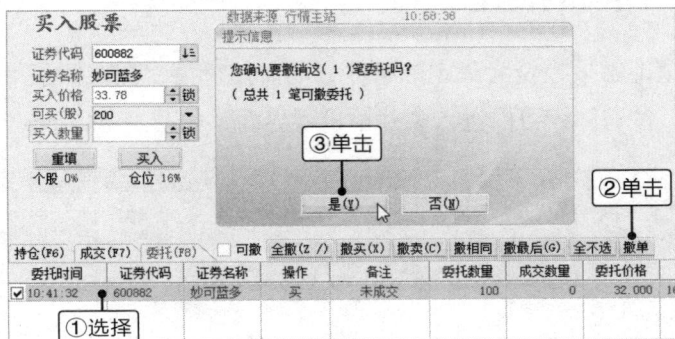

图 1-43　在买入股票界面撤单

如果要撤销全部的买入单或卖出单，直接单击"撤买"或"撤卖"按钮就可以快速撤销。"全撤"按钮是将所有买卖单全部撤销，更为快捷。

还有一种方式则是在交易界面中按【F3】键，或单击左侧菜单栏中的"撤单"按钮，即可直接进入单独的撤单界面，选择想要撤销的委托单，单击"撤单"按钮，如图 1-44 所示。

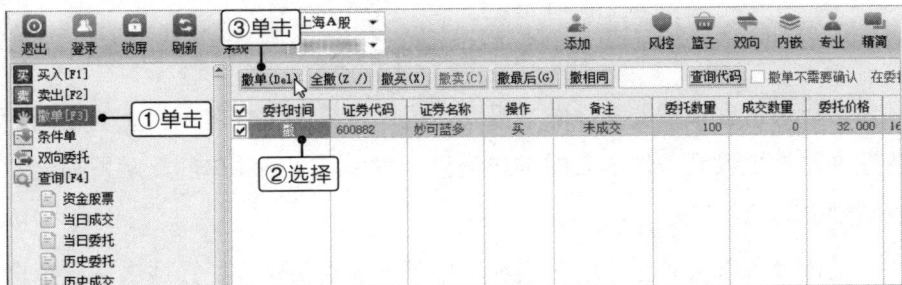

图 1-44　在单独的撤单界面中撤单

拓展贴士 *撤单失败的情况*

　　有些投资者在撤单时，会发现撤单失败，出现这样的情况主要有三大原因：一是委托单已成交；二是没有在交易时间内撤销，在15:00休市以后撤单也会失败；三是委托单已经是废单，同样会撤单失败。

1.3.4　条件单如何设置

　　条件单能够按投资者设定的条件自动监控行情，在左侧菜单栏中单击"条件单"按钮，就可以进入条件单设置界面，如图1-45所示。

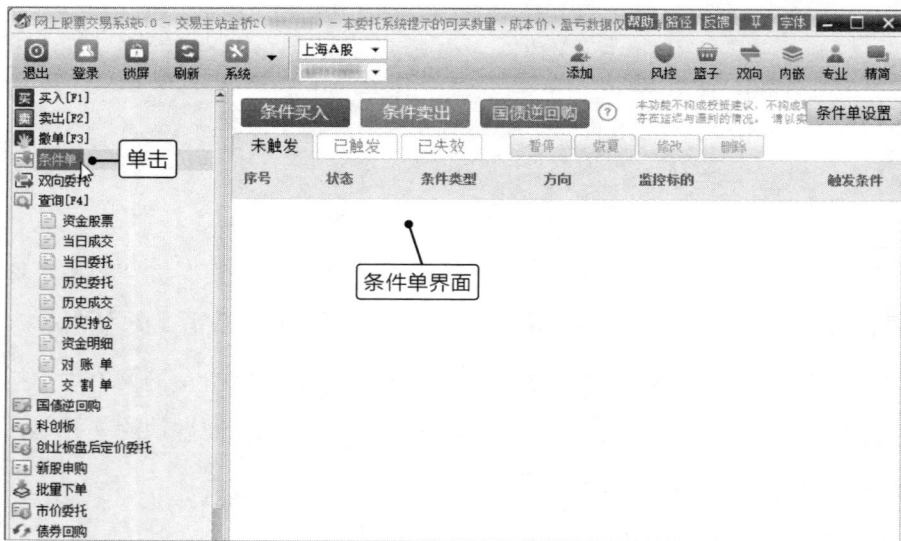

图1-45　进入条件单界面

　　当行情达到设置的条件时，投资者可以在电脑上或者手机上的相同行情登录账户中收到条件触发的推送信息，也可以在条件单的已触发列表中找到触发的条件单。

　　投资者可以按照预设的价格和数量手动提交买卖委托，或者选择全自动方式，由系统自动执行委托，具体操作步骤如图1-46所示。

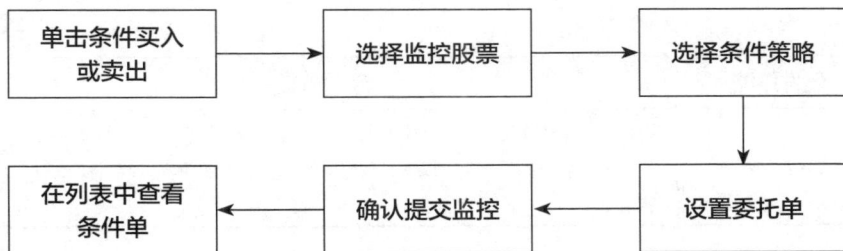

图 1-46　条件单的操作步骤

　　条件单功能目前支持买、卖数种条件策略，包括涨跌幅条件、股价条件、反弹买入条件（限买入）、止盈止损条件（限卖出）、定时条件、MACD 条件以及涨停买入条件等，具体含义见表 1-4。

表 1-4　条件单的条件策略含义

条件策略	含　义
涨跌幅条件	投资者设置好某只股票的"涨跌幅"百分比，日涨跌幅根据昨日收盘价计算，5 分钟涨跌幅以 5 分钟前的涨跌幅为基准。当这只股票涨跌幅度达到投资者设置的百分比时，便触发条件单，并发出提醒
股价条件	投资者设置好某只股票的买入或卖出价格，当这只股票行情价格达到该价格时，触发条件。假设某只股票阻力位为 10.00 元，当股价到达该价位时，即可触发条件单，并发出提醒
反弹买入条件（限买入）	当条件单股票价格相对于买单时的价格下跌达到投资者设定的比例后，系统将继续监控达到触发价后该股票的最低点，一旦股价相对于最低点反弹了设定的比例，则触发条件单，并发出提醒
止盈止损条件（限卖出）	设置好某只股票的止盈止损幅度比例（按设置时的持仓成本价计算，若监控期间有调仓造成成本价变动，仍按设置时的成本价和止盈止损比例执行）。当投资者持仓盈亏达到指定比例时即触发条件单，提醒投资者交易
定时条件	投资者可以设置未来一个交易日的交易时间段的任何时间，当时间到达设定的执行时间时，则触发条件。投资者可用该条件来提醒自己执行开盘买入或尾盘买入等操作
MACD 条件	MACD 是投资者常用的技术指标，金叉、死叉、顶背离、底背离等形态具有一定的指导意义。条件单可为投资者监控股票的 MACD 指标，当达到投资者指定的形态时，将第一时间提醒进行交易

续表

条件策略	含　义
涨停买入条件	投资者可以设置某只股票在本交易日（收盘后设置涨停买入条件单则监控到下一交易日）的任何时间达到涨停价格时的触发条件，提醒自己进行买入操作

投资者可以根据交易习惯选择上述的条件策略来预设条件单，设定好触发条件参数后即可设置委托单。委托单设置包括委托数量、金额和委托价格，委托单设置完成后选择监控的有效周期，默认有效期为 5 个自然日，可以手动更改。

在提交时，下方会出现触发执行方式，有"半自动委托"和"全自动委托"两个选项。

其中，半自动委托指的是条件单触发后，系统只推送提醒，需投资者手动提交委托；全自动委托指的是条件单触发后，系统自动完成委托，前提是账户需要在线。投资者可以根据自身的需求选择，这里选择半自动委托，最后单击"确认提交"按钮即可，如图 1-47 所示。

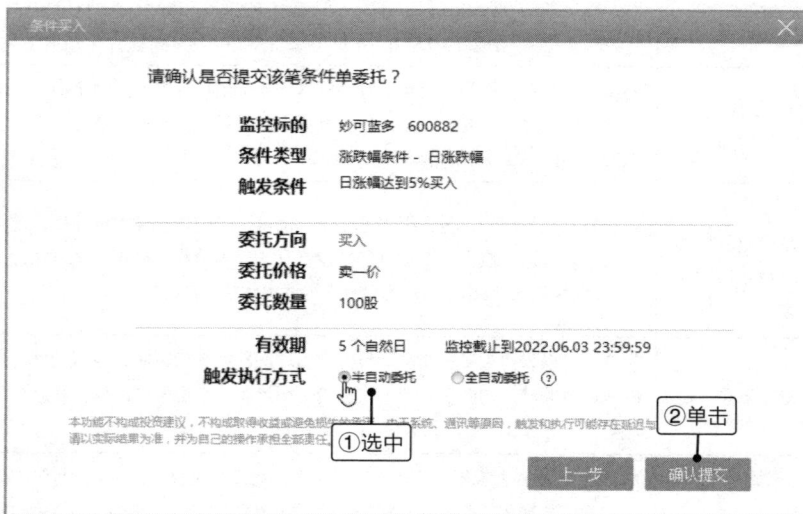

图 1-47　提交条件单委托

下达的条件单分为未触发、已触发以及已失效 3 种状态，投资者可以在条件单界面中分别查询，双击条件单列表或者右击订单详情，均可查看条件单详情，如图 1-48 所示。

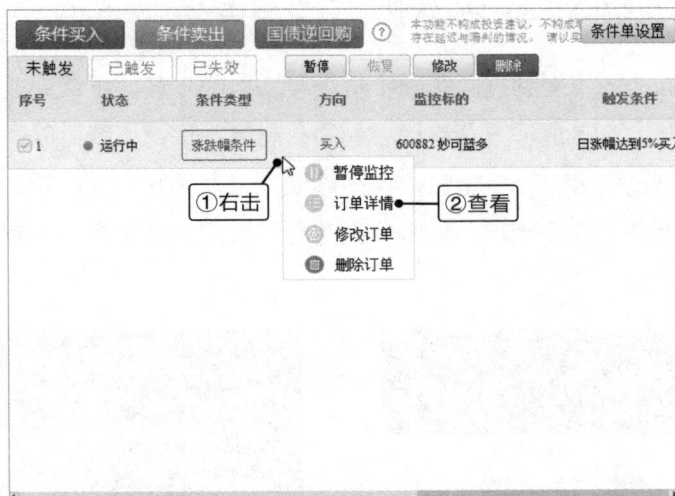

图 1-48　查看条件单的订单详情

监控中的条件单可以暂停系统监控，只要选择后单击"暂停"按钮即可。对于已暂停的条件单，可以选择后单击"恢复"按钮，便可启动系统对该条件单的监控。

如果投资者需要修改条件单，修改流程和新建条件单的流程是一致的，但只有监控状态中的条件单才能被修改。

条件卖出的操作流程和方式与买入基本一致，感兴趣的投资者可自行操作，这里不再赘述。

1.4　同花顺手机端如何操作

电脑端炒股软件专业性更高，功能也更丰富，但投资者不可能随时随地通过电脑查看行情和进行买卖交易。于是，各大炒股软件包括同花顺，也相应开发了手机端 App，方便投资者随时查看行情和买卖股票。

1.4.1 手机端同花顺炒股软件的登录与买卖

在前面的内容提到过同花顺手机炒股软件的下载，下载完成后点击软件图标打开，点击最下方菜单栏右侧的"交易"按钮，就可以进入登录界面中。如果投资者没有资金账户，则可以点击"去开户"按钮，在线进行开户。如果已有资金账户，点击"已有交易账户？直接登录"超链接。如图 1-49 所示。

图 1-49 手机 App 的登录界面

进入后首先寻找开户券商，这里选择"光大证券"券商选项。接下来，输入资金账号和交易密码，点击"登录"按钮，如图 1-50 所示。

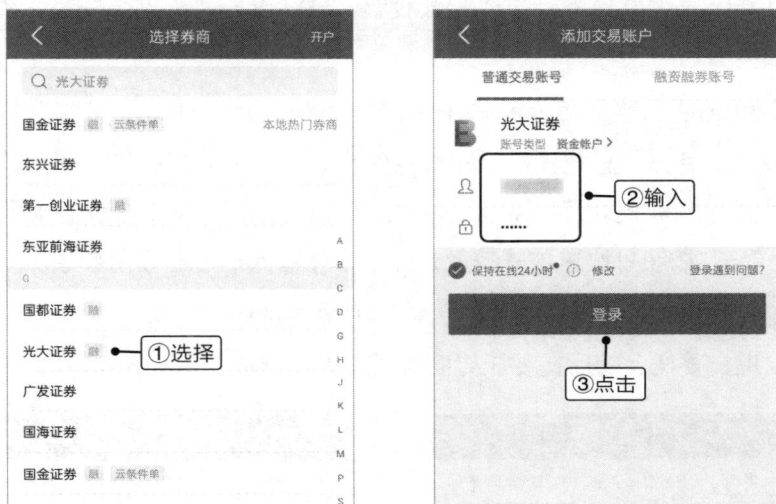

图 1-50　登录交易账号

需要注意的是，同花顺的登录时间默认为 24 小时，如果投资者不希望在线太长时间，可以在账号登录界面点击"修改"超链接修改在线时间。具体有 3 种可供选择，即 24 小时、3 小时和不保持在线。其中，不保持在线指的是一旦投资者退出同花顺 App，就自动退出账户，以后每次打开软件都需要再次登录，尽管有些麻烦，但保证了资金的安全。

登录成功后，投资者就可以在交易界面中看到自己的账户信息，包括总资产、浮动盈亏、总市值以及当日参考盈亏，如图 1-51 所示。

图 1-51　查看账户信息

在基本账户信息下方，就是买入、卖出、撤单、查看持仓以及查询委托的功能区。如果投资者想要买入股票，可以点击"买入"按钮，进入买入股票界面。

手机 App 的买入界面相较于电脑端更智能和人性化。股票名称支持简称输入，免去了忘记代码重新查找的麻烦。在输入代码后，买入价下方会自动显示价格的上下限，无须反复计算；点击买入数量数值框两侧的"+""−"按钮可快速增减数量，并且会在输入框上方显示金额。

确定数量和价格后，点击输入框下方或是键盘右下角的"买入"按钮，就可以提交委托，随后在委托界面查看是否提交成功。如图 1-52 所示。

图 1-52　手机 App 的买入股票界面

卖出操作与买入操作基本一致。提交委托后，投资者还可以在交易界面上方的选项区中进行功能的切换，查看当前持仓或者撤销委托，如图 1-53 所示为撤单和查询当日委托。

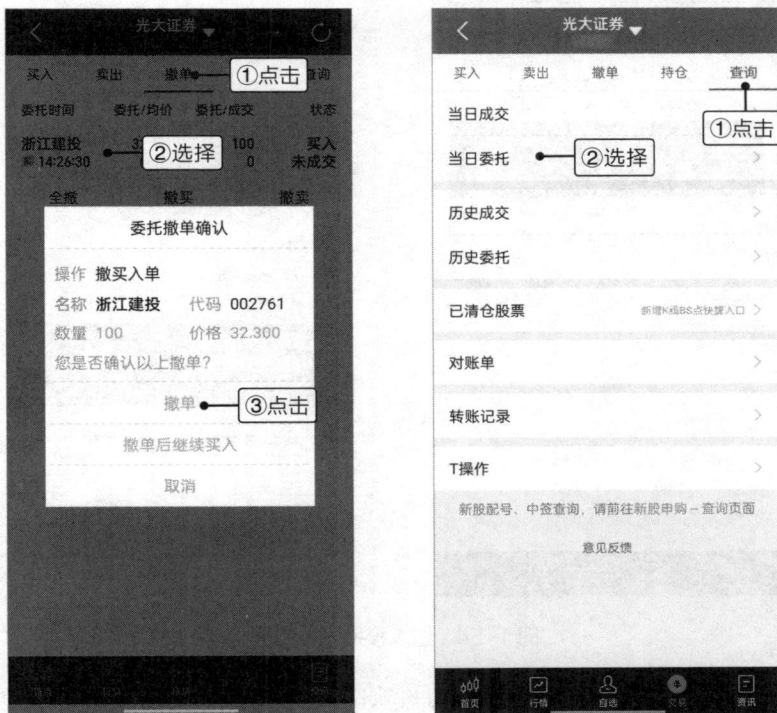

图 1-53　撤单以及查询操作

1.4.2　模拟炒股虚拟体验

模拟炒股是同花顺的特色功能，覆盖手机、客户端、网页三大平台，采用真实的股票行情撮合成交，实现行情和买卖交易的联动。

在手机端，可以在首页点击"模拟炒股"图标（首页没有可以点击"更多"按钮来寻找），也可以在交易界面中选择"模拟"选项，直接进入模拟炒股界面，如图 1-54 所示。

图1-54　进入模拟炒股界面

同花顺模拟炒股的买卖界面与真实的买卖操作一致，交易规则也基本相同，只是模拟炒股的品种仅支持沪深普通A股（如果涉及其他品种，可联系官方协商），并且不支持新股申购、市值配售、增发申购以及配股等交易。尽管存在一些限制，但模拟炒股完全可以满足普通投资者日常的操作需求。

有兴趣的投资者还可以参与模拟大赛，有百万级别的热门赛、官方举办的组合投资大赛、个人创建的练习赛、情绪控制赛、校园交流赛、企业竞争赛等众多类别。

并且有些比赛还会设置奖励，排名靠前的部分参赛者可获得如奖金、会员功能使用权、获奖证书等奖励，如图1-55所示。

图 1-55　模拟炒股 2022 官方排位赛比赛信息

在实操之前，投资者不妨参与一些比赛试水，为投资积累经验，增加实操成功率。

1.4.3　手机端的股市行情资讯怎么看

同花顺手机 App 的资讯种类也是非常多样的，第一种获取方式就是直接进入首页。

首页有丰富的新闻快讯滚动呈现，不仅有推荐资讯，还有快讯、盘面、投顾、问答、要闻、视频、数据、社区和研报等多项功能，为投资者提供了丰富的信息来源，如图 1-56 所示。

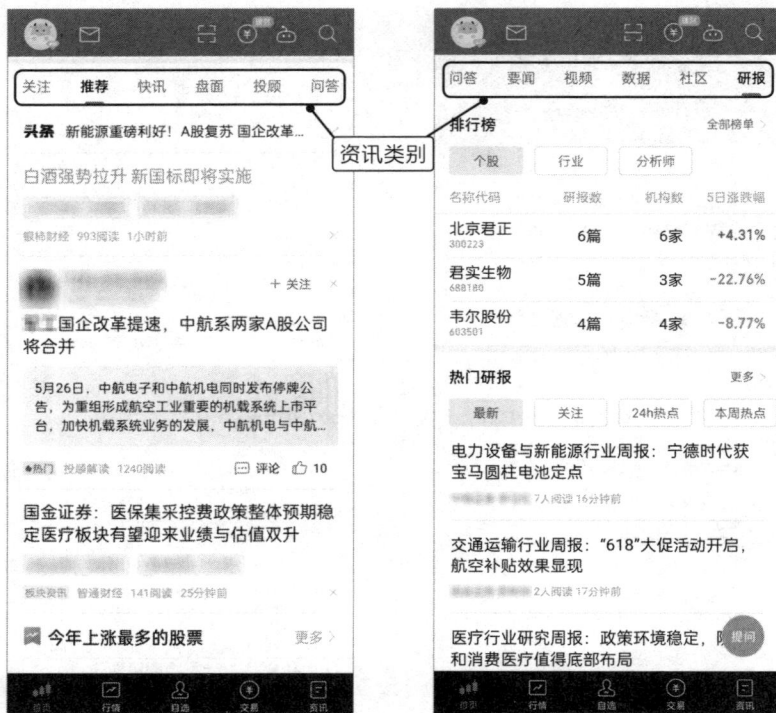

图 1-56　推荐资讯与研报界面

除了首页资讯外，界面下方最右侧还有一个"资讯"按钮，点击进入可以获得更多的股市信息，包括宏观政策、个股新闻、板块研究、选股机会、操盘必读、主题投资等。

如果要观察行情走势，点击"行情"按钮就可以进入股票走势界面，软件默认停留在 A 股页面（点击上方选项栏可切换不同市场资讯）。

可以查看大盘走势，如当日涨跌个股数量、成交额、资金流入流出情况、当前大盘指数、大小盘对比、涨跌幅榜、大盘异动、热点板块、龙虎榜、市场情绪、货币风向、市场估值等众多盘面信息。

点击"板块"选项卡可进入板块行情页面，可查看行业主力净流入资金、各分类板块的领涨龙头以及行业景气度等信息。

点击"个股"选项卡进入个股行情页面，包括周期股龙头榜、北向资金榜、同花顺热榜、机构净买入榜、涨停榜等各类榜单，为投资者提供一定的选股参考。

图 1-57 为大盘和板块的行情页面。

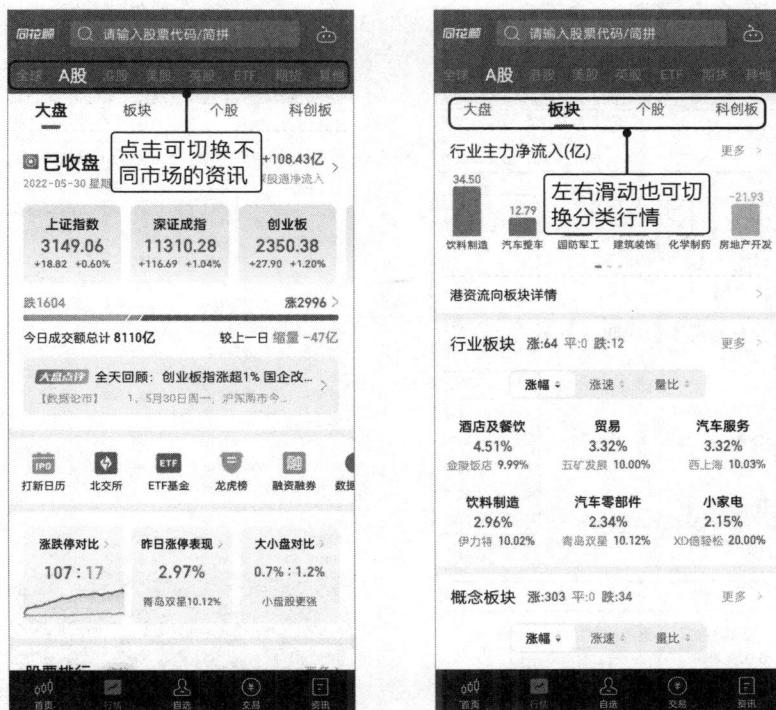

图 1-57　大盘和板块行情页面

如果投资者想要查看某一只个股的 K 线图或是基本资讯，只需在行情界面上方的文本框中输入股票代码或名称，就可以进入这只个股的分时图中，如 1-58 左图所示。

在分时图的上方，会显示个股当日的多种数据，点击数据栏任意位置还可展开查看，如 1-58 右图所示。其中包括当日最高价、最低价、开盘价、涨跌停价、总手、委比、换手率、流通股、流通市值、均价、振幅、内外盘、市净率、市盈率等丰富的盘口数据，作用类似于电脑端分时图界面的数据窗口。

在分时图右侧，还有实时的五档买卖盘以及分钟交易明细，便于投资者查看买卖情况。

分时图界面下方则是各类有关该股的新闻及资讯，点击可切换资讯种类，如看点、盘口、资金、论股、公告、简况、财务以及研报等。

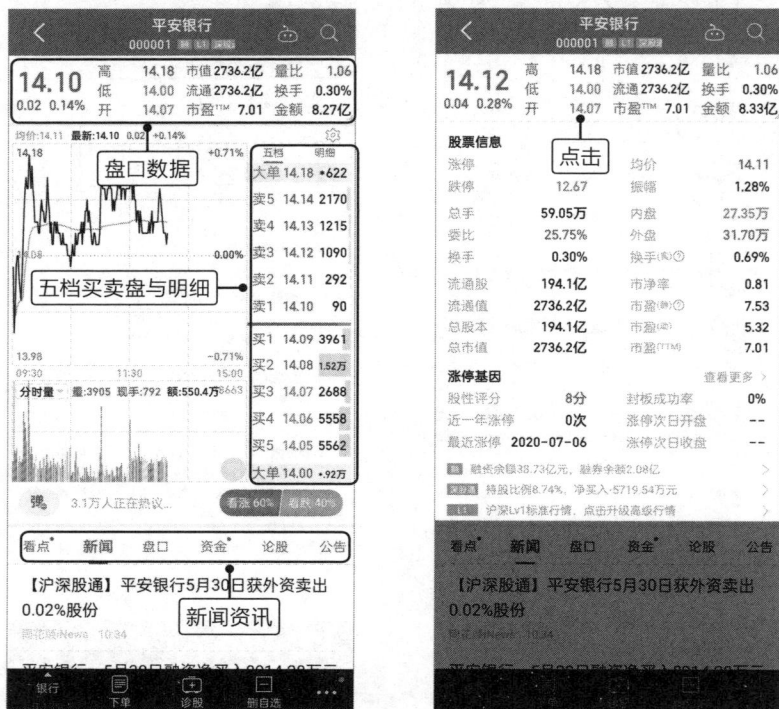

图 1-58　个股分时图和各类盘口数据

若要查看 K 线图，直接在分时图界面左划，即可迅速切换到 K 线图界面，如 1-59 左图所示。

K 线图中上方的盘口数据和分时图是一致的，下方则有两个指标窗口，默认显示的是成交量和 MACD 指标，在下方工具栏点击指标按钮即可自动切换指标。若想选择某一项指标，可以在指标窗口点击指标名称右侧的下拉按钮，在弹出的下拉列表中精准查找和切换指标。

工具栏右下角有一个更多按钮（也就是"…"按钮），点击该按钮可调出各类特色功能，如条件单、筹码分布、画线、走势预测、形态选股、笔记、预警、股票估值、历史回看等，如 1-59 右图所示。

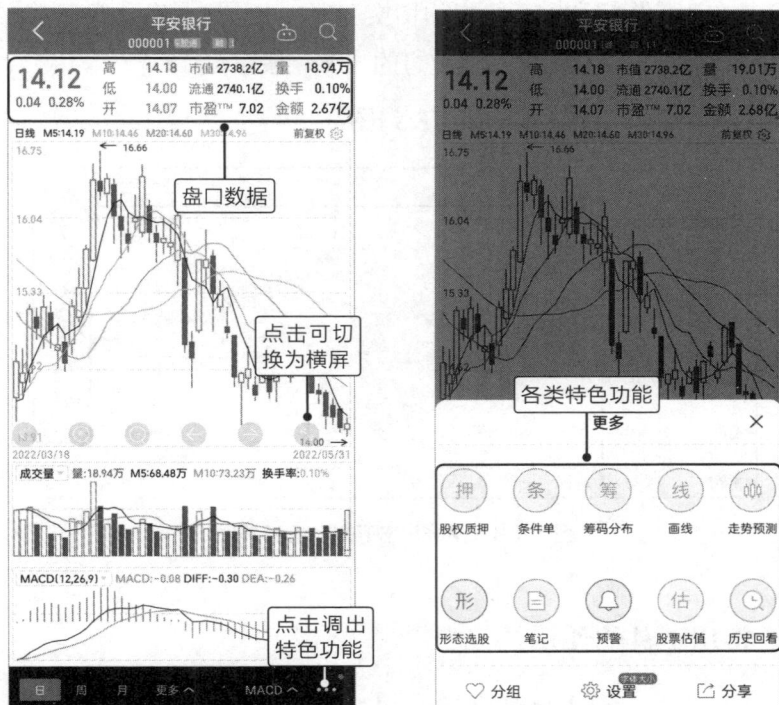

图 1-59 个股 K 线图和更多特色功能

手机竖屏状态下不便于查看长期历史 K 线走势，需要不断点击下方的"放大""缩小""前进""后退"等按钮。

此时，可以点击 K 线图右下方的"放大"按钮，将竖屏显示的走势图切换为横屏。

这样不仅扩大了显示界面，投资者直接在 K 线图中左右滑动还可以迅速查看历史走势，双指按住 K 线走势在屏幕上缩放可以放大或缩小走势图，作用类似于在电脑端按【↑】【↓】键。

屏幕左侧是自选股列表，上下滑动 K 线图可以快速切换个股，点击"收起列表"按钮可将其收回，进一步扩大 K 线图显示范围。屏幕下方是各个周期走势图的切换按钮，如分时图、5 日 K 线图、周 K 线图、月 K 线图等。

屏幕右侧是指标和前后复权的切换选项，上方则是各类盘口数据。想回到竖屏界面，直接点击屏幕右上方的"×"按钮。

图 1-60 为横屏状态下的个股 K 线图。

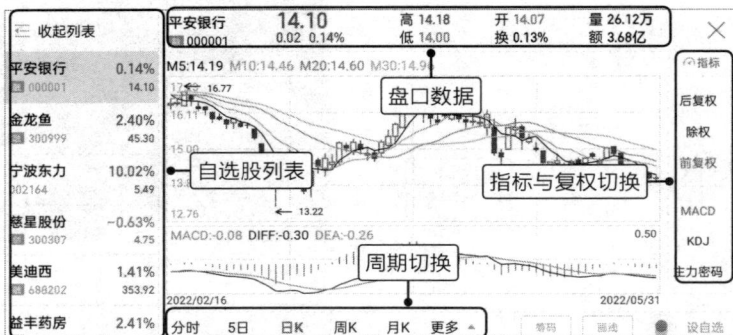

图 1-60　横屏状态下的个股 K 线图

1.4.4　常用工具的使用

与电脑端一样，同花顺手机 App 也提供了丰富的功能。首页功能区主要展示常用工具，如打新日历、股票开户、自选股、数据中心等，其他工具可点击"更多"按钮进入查看，如 1-61 左图所示。

进入工具搜索界面后，首先打开的是"发现"页，该页面会展示热门的特色工具，如短线宝、龙虎榜、盘面分析、问财等。在"全部"页面会显示同花顺手机端中的所有工具，大致分类有行情交易、选股诊股、业务办理、特色服务、特色数据、稳健理财等，如 1-61 右图所示。

图 1-61 特色功能的选择

从上图可以看到，每一个功能图标下方都有简略的介绍，方便投资者了解该功能的作用。如"可转债"图标下方显示的"下有保底、上不封顶"，指的就是可转债低可获取债券利息，高可转股或卖出，具有赚取红利或差价的特点。

点击屏幕右上方的"编辑"按钮，投资者就可以在这些功能中选择自己需要的或是日常操盘时常用的，加入"我的功能"中（最多 9 个），确认后这些功能就会出现在首页，以后就不需要每次都到"更多"界面中寻找了，如图 1-62 所示。

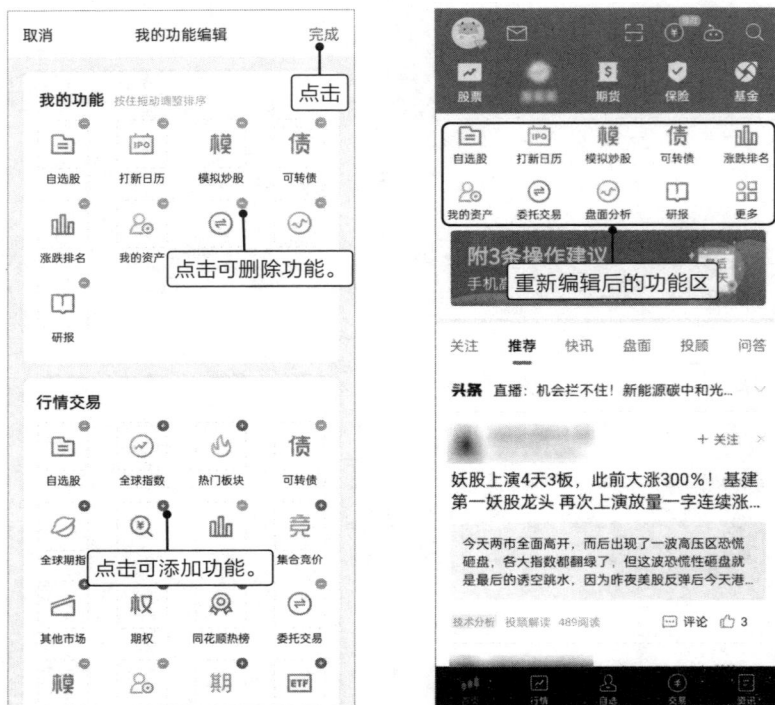

图 1-62　编辑功能区

第 2 章

炒股软件特色功能详讲

通过对前面内容的学习，相信投资者已经对炒股软件的界面和基本操作方法有了大致的了解，但尚不清楚一些功能的具体内涵和作用。本章将介绍资讯中心里有什么、数据中心包含哪些内容、智能盯盘和选股工具怎么用。

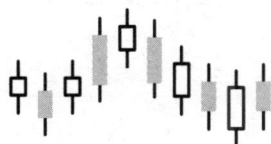

2.1　丰富的资讯与数据来源

　　资讯与数据对分析股票的重要性不言而喻，无论是基本面分析还是技术面分析，都离不开基本的个股信息与数据。

　　基本面消息如上市公司的财务状况、营收数据、重大事件等，技术面数据如股票的历史走势、交易数据、榜单排名等，都是投资者在实际操作中需要频繁接触的。因此，如何获取软件提供的资讯与数据，是新入市的投资者必学的一课。

2.1.1　资讯与研报聚焦宏观

　　投资者打开同花顺软件后，单击界面上方主菜单栏中的"资讯"菜单项，在弹出的下拉菜单中选择"资讯首页"选项，就可以进入资讯中心。另外，单击工具栏中的"资讯"按钮，也可以快速进入，如图 2-1 所示。

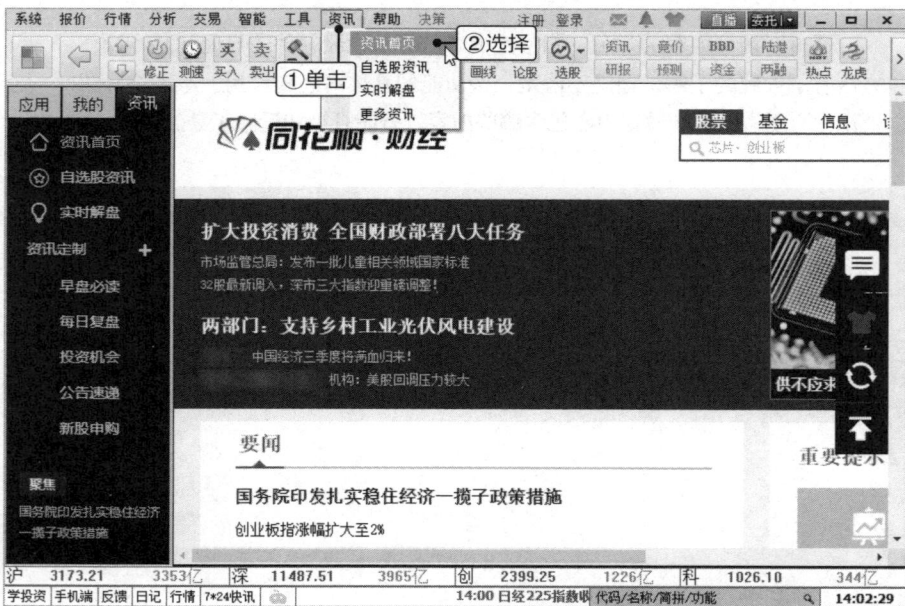

图 2-1　进入资讯中心

资讯中心首页提供了从宏观政策到个股分析的多种资讯和信息，包括时政要闻、投资参考、机会情报、公司公告、公司研究、大盘分析、板块聚焦、国内国际、实时解盘、操盘必读等内容。

在界面左侧的资讯树中，还有资讯界面切换功能。第一栏就是资讯首页、自选股资讯以及实时解盘的切换，单击任意选项就可以切换到相应的界面中，图 2-2 为自选股资讯界面。

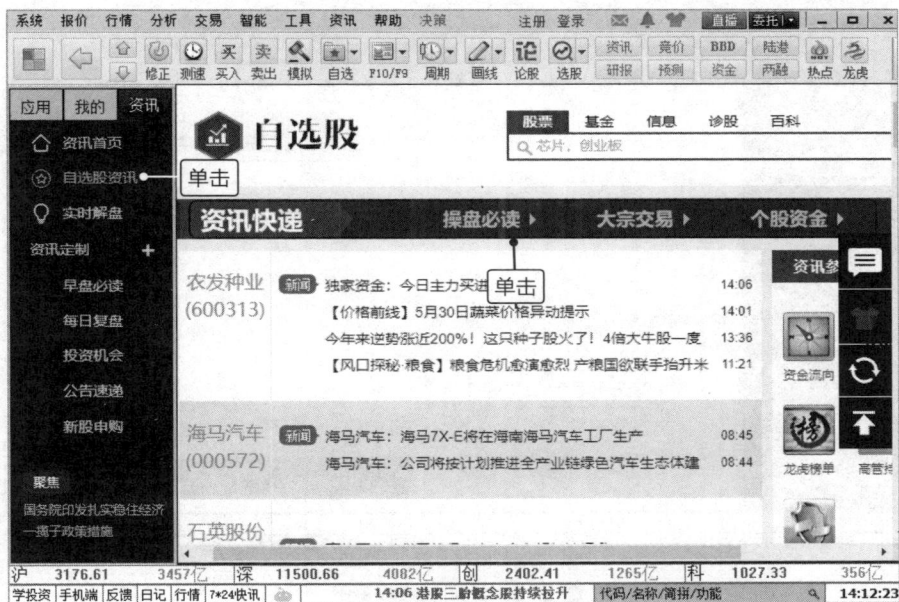

图 2-2　自选股的资讯界面

自选股资讯是投资者看盘时比较常用的，用于查看自己关注的股票在基本面上是否有异动，或是浏览一些专业的投资建议等。除了资讯快递外，上方的导航栏中还提供了操盘必读、大宗交易、个股资金以及利好公告等资讯类别，单击即可查看相应的详细资讯。

实时解盘更倾向于技术面的信息，如北向资金流入、某一板块正在拉升、某个主力正在增仓等，全面覆盖盘前、盘中、盘间与盘后各时间段，关注焦点资讯、解读行情变化、追踪资金动向，能够为投资者提供一些对盘面的解析。

　　资讯树下面一栏属于个性化的资讯定制，单击右侧的"+"按钮可以进入编辑界面，投资者可以在其中选择自己感兴趣的功能。单击搜索框上方的按钮执行删除命令，单击搜索框下方的按钮则执行添加命令，如图2-3所示。

图2-3　添加或删除资讯

　　下面来看一下研报中心如何进入。

　　研报中心的入口在工具栏中的"资讯"按钮下方，单击"研报"按钮即可进入研报中心，查看专业研究员对个股、板块以及宏微观经济的投资研究报告，如图2-4所示。

　　研报中心分为研报大全、机构评级、业绩预测三大板块，显示在页面最上方。其中，研报大全是投资者最为常用的，它提供行业研报、个股研报、策略研究、宏观研究以及其他种类的研报。

　　如果投资者需要查看某一只个股的研报，还可以在右上方的搜索框中输入股票代码或是名称，实现精准查阅。

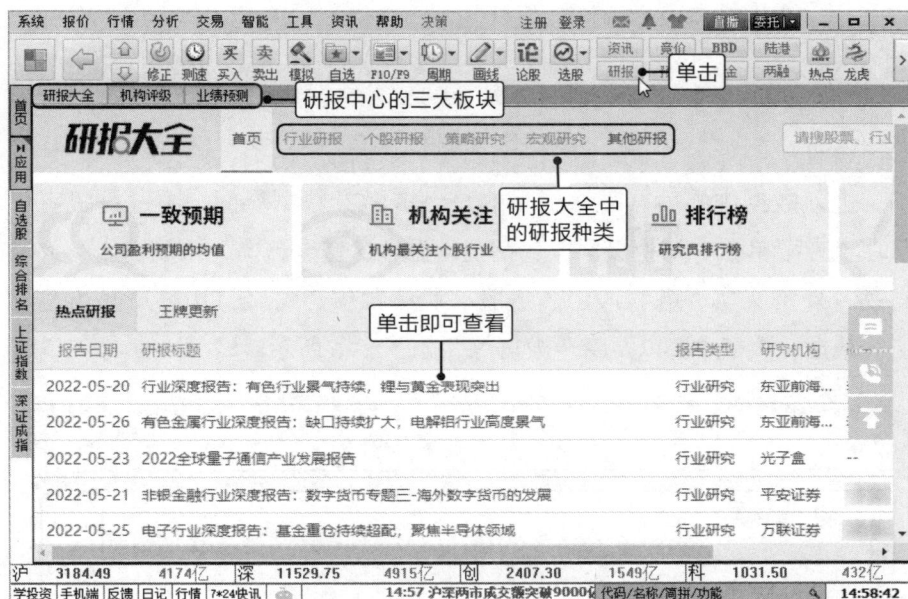

图 2-4　研报大全首页界面

拓展贴士　*机构评级和业绩预测*

　　除了研报大全外，研报中心还提供了机构评级和业绩预测两大板块。机构评级是系统根据各种研报对某只个股的增仓、买入或减仓建议，综合列出的数据表格，投资者可在其中搜索目标股，查看专业机构对该股的评价如何，值不值得买进。

　　业绩预测则是链接到了同花顺开发的另一个软件，即 iFind 金融数据终端，主要提供对上市公司未来业绩的预测，以及对财务经营数据、公司资料、主力持仓等信息的解析。如果投资者比较侧重于对上市公司的基本面分析，可以下载同花顺的 iFind 金融数据终端，获取更加详尽的数据。

2.1.2　数据与榜单精准把控

　　数据中心的入口在工具栏中，是一个单独的图标，投资者单击"数据"

按钮就可以快速进入数据中心，如图2-5所示。

图2-5　数据中心入口

进入数据中心后，默认展示的是融资融券数据界面，不过投资者可以在上方菜单栏中切换页面，包括互动掘金、资金流向、市场资金、大宗交易、外资买卖、解禁股、高送股、业绩预告、财经日历、产品价格、宏观数据、数据中心以及特色数据等，如图2-6所示。

图2-6　数据中心界面

仔细观察可以发现，"更多"下拉列表中还有一个"数据中心"。这个"数据中心"更侧重于对各种榜单的展示，如龙虎榜、领涨个股、业绩预报排名、个股资金流排名等，为投资者分析和选股提供一定参考。

还有一个比较常用的就是"宏观数据"，它提供包括居民消费数据、工业生产数据、信贷收支数据以及金融市场数据在内的各类基本面数据，如居民消费价格指数（CPI）、国内生产总值（GDP）、采购经理人指数（PMI）、货币供应量、存款准备金率等，如图 2-7 所示。

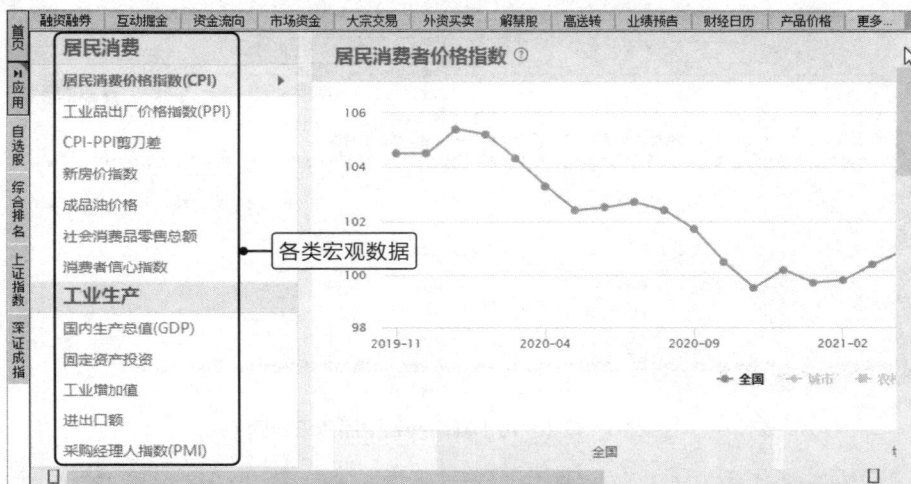

图 2-7　宏观数据界面

对宏观数据的研究涉及基本面选股，同时也可以帮助投资者了解当前的经济环境，查看是否适宜投资，或者适宜什么方向的投资。

2.1.3　个股分析深入了解

在前面的内容中已经介绍了查看资讯的方式，比如业绩预测、个股研究报告等。

但有些时候投资者在研究个股走势时想要查看相应资料，为此特地退出个股界面去资讯中心或数据中心寻找的话，会显得比较麻烦，有没有一种快捷方式能直接切换到个股资讯页面呢？

当然有，那就是【F10】键。

在某只个股的 K 线图或分时图界面中，投资者只需要按【F10】键，就可以快速切换到个股资讯界面，如图 2-8 所示。

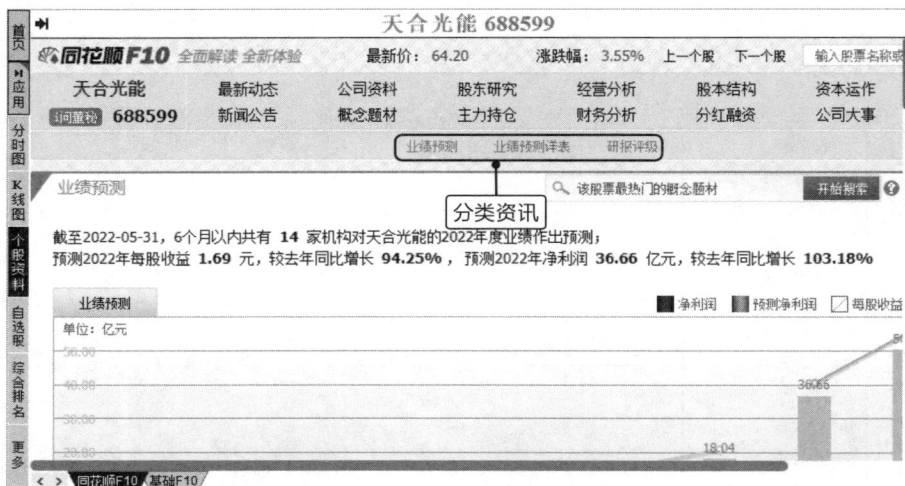

图 2-8　按【F10】键切换到个股资讯界面

　　软件默认的界面是同花顺开发的更为智能和人性化的资讯界面，在下方还有一个"基础 F10"的标签选项，单击就会打开另一种资讯界面，如图 2-9 所示。

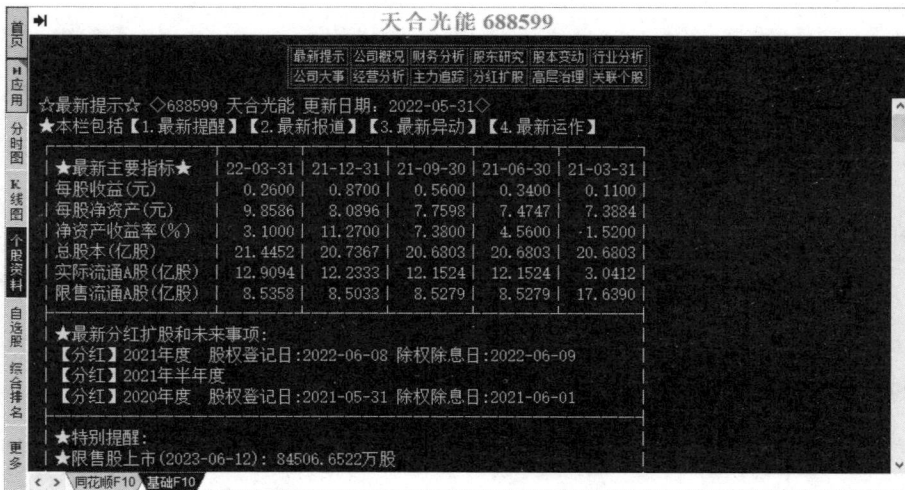

图 2-9　基础【F10】的个股资讯界面

从两张图的对比可以看出，基础【F10】的界面比较简洁原始，仅仅展示了既有的股票数据和上市公司概况，只能算是一种简单的信息披露。而同花顺【F10】的界面相较于基础界面更直观，查看更方便。

在个股资讯界面的菜单栏中提供了上市公司最新动态、公司资料、股东研究、经营分析、股本结构、资本运作、新闻公告、概念题材、主力持仓、财务分析、分红融资、盈利预测、行业对比以及公司大事等分类信息，每一类中还会有更细致的划分，基本可以满足投资者对上市公司信息和数据的大部分需求。

投资者在查看完资讯后，再次按快捷键就可以回到之前停留的个股走势图界面，省去了再次查找的麻烦，简便的特性也使得【F10】键成为常用的快捷键之一。

2.2　便捷查看资金流向与技术指标

在股价运行过程中，资金的动向对价格的波动影响非常大，二者之间关系密切，资金的出入带动股价产生变化，股价的涨跌又推动资金向内或向外流动，形成共振，密不可分。

技术指标也同样占据了重要地位，通过对技术指标的分析，投资者能够从多方面分析并预判价格的走向，定位买卖位置。因此，资金流向的分析和技术指标的选择与设置，也是投资者需要重点关注的方面。

2.2.1　资金流向和资金分析功能

同花顺资金分析系统是通过盘口成交数据，解析主力资金进出的专业主力资金跟踪利器。它能够针对个股股性的差异化，对盘中个股和板块主力动向做及时、深入的分析与研判，帮助投资者在盘中及时把握主力资金动向，做出更准确的投资决策。

资金分析系统的入口在界面上方的工具栏中，单击“资金”按钮即可进入资金分析系统，如图 2-10 所示。

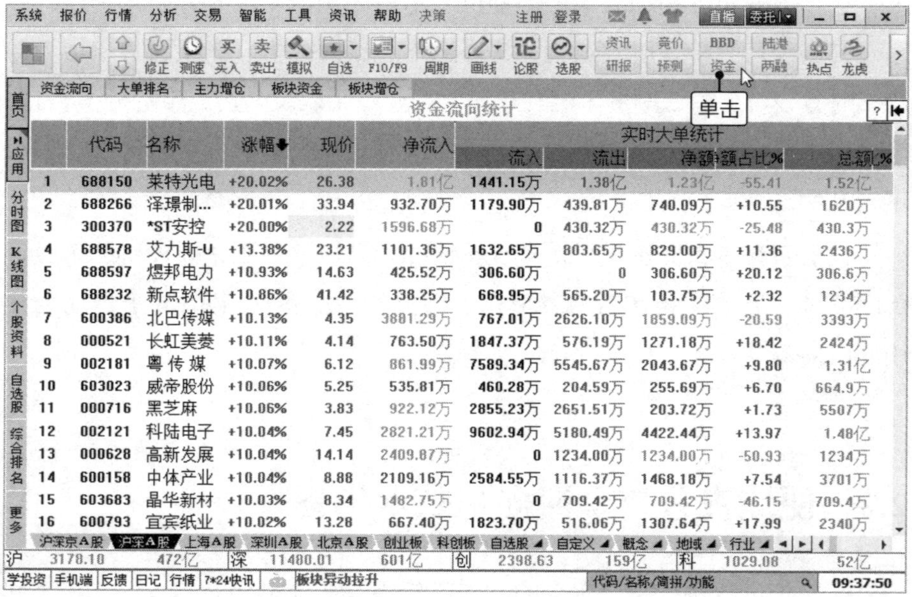

	代码	名称	涨幅	现价	净流入	实时大单统计				
						流入	流出	净额	净额占比%	总额%
1	688150	莱特光电	+20.02%	26.38	1.81亿	1441.15万	1.38亿	1.23亿	-55.41	1.52亿
2	688266	泽璟制...	+20.01%	33.94	932.70万	1179.90万	439.81万	740.09万	+10.55	1620万
3	300370	*ST安控	+20.00%	2.22	1596.68万	0	430.32万	430.32万	-25.48	430.3万
4	688578	艾力斯-U	+13.38%	23.21	1101.36万	1632.65万	803.65万	829.00万	+11.36	2436万
5	688597	煜邦电力	+10.93%	14.63	425.52万	306.60万	0	306.60万	+20.12	306.6万
6	688232	新点软件	+10.86%	41.42	338.25万	668.95万	565.20万	103.75万	+2.32	1234万
7	600386	北巴传媒	+10.13%	4.35	3881.29万	767.01万	2626.10万	1859.09万	-20.59	3393万
8	000521	长虹美菱	+10.11%	4.14	763.50万	1847.37万	576.19万	1271.18万	+18.42	2424万
9	002181	粤 传 媒	+10.07%	6.12	861.99万	7589.34万	5545.67万	2043.67万	+9.80	1.31亿
10	603023	威帝股份	+10.06%	5.25	535.81万	460.28万	204.59万	255.69万	+6.70	664.9万
11	000716	黑芝麻	+10.06%	3.83	922.12万	2855.23万	2651.51万	203.72万	+1.73	5507万
12	002121	科陆电子	+10.04%	7.45	2821.21万	9602.94万	5180.49万	4422.44万	+13.97	1.48亿
13	000628	高新发展	+10.04%	14.14	2409.87万	0	1234.00万	1234.00万	-50.93	1234万
14	600158	中体产业	+10.04%	8.88	2109.16万	2584.55万	1116.37万	1468.18万	+7.54	3701万
15	603683	晶华新材	+10.03%	8.34	1482.75万	0	709.42万	709.42万	-46.15	709.4万
16	600793	宜宾纸业	+10.02%	13.28	667.40万	1823.70万	516.06万	1307.64万	+17.99	2340万

图 2-10　资金分析系统界面

在界面上方的菜单栏中，分别有资金流向、大单排名、主力增仓、板块资金、板块增仓 5 个功能。在界面下方，则是沪深京 A 股、沪深 A 股、上海 A 股、深圳 A 股、创业板等多个子类，方便投资者查看不同板块股票的资金流向。

在资金流向界面中看主力动向可能还不太直观，此时投资者就可以转而查看大单排名和主力增仓界面。

大单排名界面会非常明确地列示出主力和散户的出入数量，以及主力注入的金额、个股当前的涨跌幅、涨速等数据，如图 2-11 所示。投资者通过这些数据可快速判断出主力介入了哪些个股，进而分析这些个股，看是否值得追涨买进或是杀跌卖出。

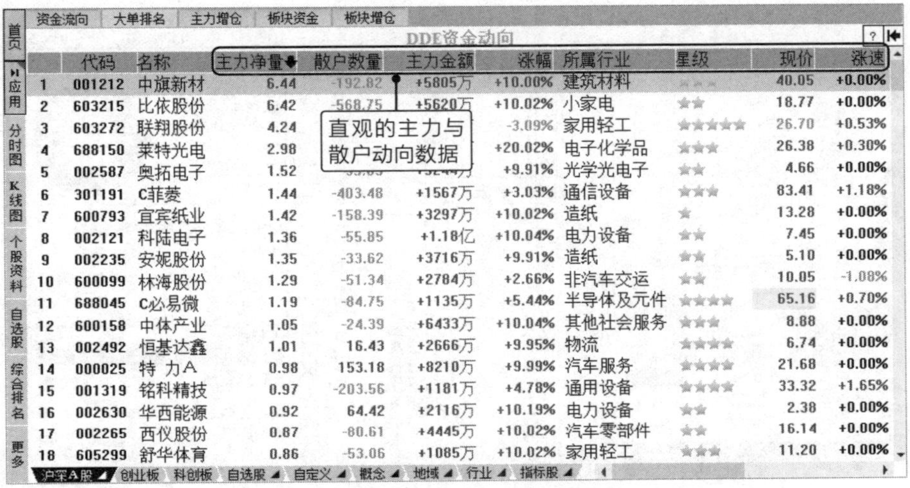

图 2-11　大单排名界面

主力增仓界面则会显示主力在某只个股中的增仓占比，也就是当日的大单净额与总成交额之比，其后还会显示 2 日、3 日以及多日的增仓占比，如图 2-12 所示。通过这些数据，投资者也可以观察到主力的异动。

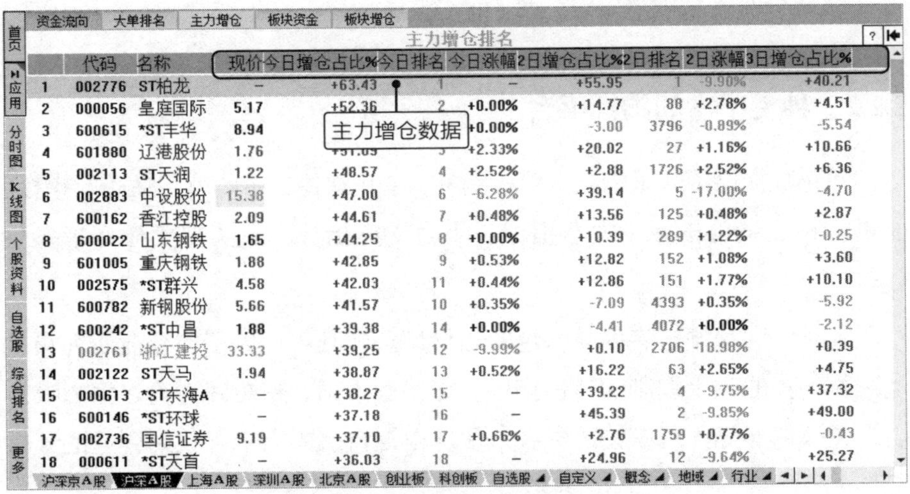

图 2-12　主力增仓界面

资金分析会展示在个股分时图或是 K 线图右侧，以圆环图显示，如图 2-13 所示。

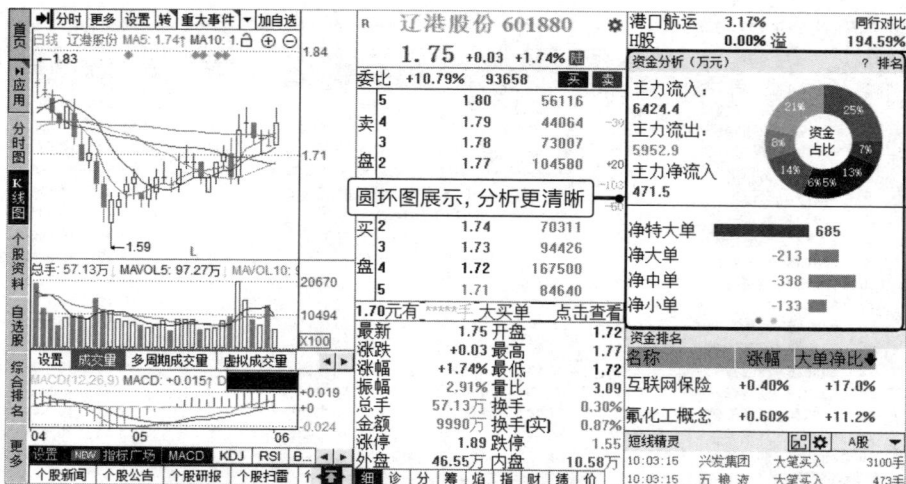

图 2-13　资金分析功能界面

在资金分析窗口中，会显示个股盘中的主力流入、主力流出、主力净流入、净特大单、净大单、净中单以及净小单的买入卖出数据，并绘制成圆环图展示，以便投资者直观地观察主力大资金和散户小资金的对比，结合 K 线或分时走势就可以进一步判断主力意图。

2.2.2　种类丰富的指标平台

同花顺提供了大量的技术分析指标，单是软件自带的就包括趋向指标、能量指标、量价指标、大盘指标、压力支撑指标、超买超卖指标等多种分类。

同时，同花顺还有独具特色的指标广场，其中提供了由专业研究员或是经验丰富的人士编制的特色指标，如抄底逃顶、超短线操盘、主力吸筹以及突破信号等，可以让投资者方便地根据自己的需求寻找到合适的分析工具。

（1）软件自带的传统指标

在个股的 K 线图界面下方，除了成交量窗格外，还有一个单独的指标窗格，单击窗格左下角的"设置"按钮，就可以进入软件自带的传统指标设置界面，如图 2-14 所示。

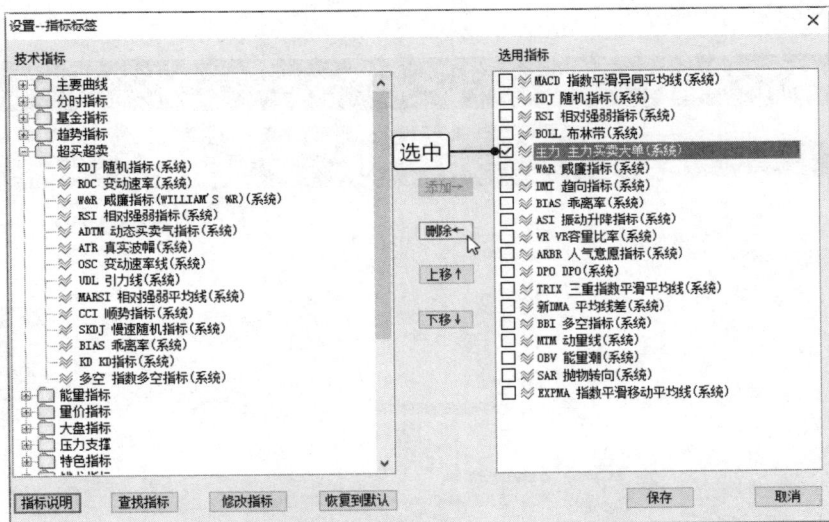

图 2-14　软件自带的传统指标设置界面

可以看到，软件自带的传统指标种类还是非常丰富的，每一个大类下都有数量众多的相关指标。界面右侧的指标可快速选用并展示在 K 线图指标窗格中，一般会将常用指标列入其中。

如果想要添加或删除某些指标，可在"选用指标"栏中选中该指标后执行上移、下移或是删除命令，"技术指标"栏中的指标可执行添加命令，投资者可根据喜好或习惯编辑。

（2）独具特色的指标广场

在 K 线图下方的指标窗格"设置"按钮右侧就是指标广场的入口，单击"指标广场"按钮，就可以进入界面中。

进入指标广场界面后，单击上方的"指标"导航按钮，在切换的界面中单击左侧菜单栏中的"指标仓库"下拉按钮，选择"全部指标"选项，就可以查看到指标广场上所有可供下载的指标。

单击指标右侧的"安装"按钮，就可以快速将其安装到软件中，并自动显示在常用指标列表的末尾，如图 2-15 所示。

图 2-15　指标广场界面

当然，投资者也可以根据下拉列表中的分类选项来寻找需要的指标。比如想要知道明确买卖点的投资者，就可以进入"含买卖点"界面；希望低买高卖的投资者，可以选择"抄底逃顶"选项。

图 2-16 为已经安装了主力吸筹指标的 K 线图界面。

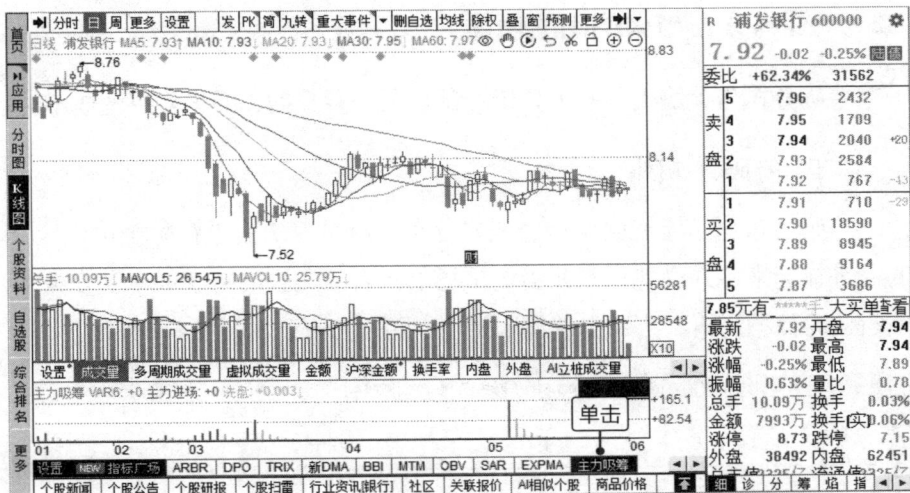

图 2-16　已经安装了主力吸筹指标的 K 线图界面

从图 2-16 中可以看到，在安装了主力吸筹指标后，单击该按钮就可以显示在指标窗格中，为有需求的投资者提供一定的参考。

想要卸载也很简单，可以右击该指标，在弹出的快捷菜单中选择"删除常用"命令即可。这样的方式只是将指标从常用列表中删除，不会将其从软件中卸载。要想彻底卸载指标，投资者还需要打开指标广场，在"已安装指标"界面中找到需要卸载的指标，单击右侧的"卸载"按钮即可，如图 2-17 所示。

图 2-17　卸载指标

2.2.3　筹码分布与火焰山的使用

筹码分布与火焰山本质上分析的都是同一种数据，即平均持仓成本。

（1）筹码分布图

筹码分布也叫流通股票持仓成本分布，就是将历史上在每个价位成交的量叠加起来，并以此来判断当前市场上所有流通股的持仓成本。在 K 线图右侧的数据窗格下方单击"筹"按钮就可以打开，如图 2-18 所示。

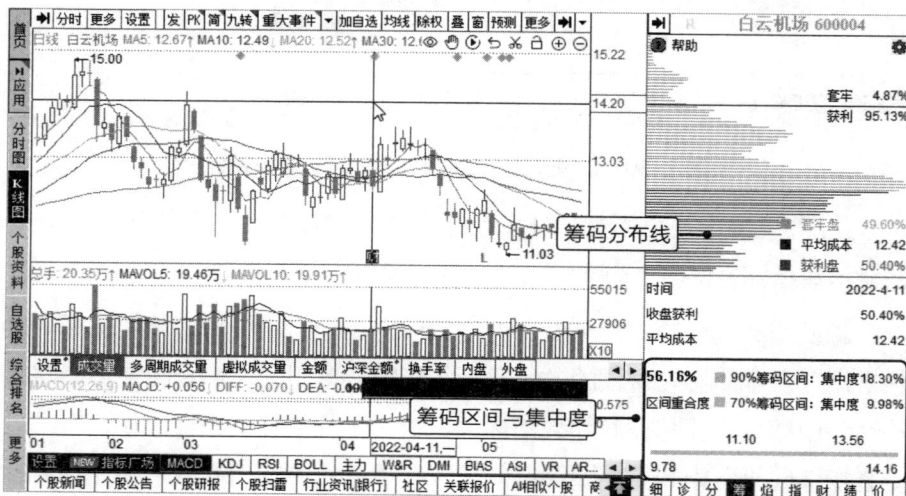

图 2-18　打开筹码分布图

简单来说，筹码分布图展示的就是每个价位上投资者的持股数量。图中的蓝色筹码线代表高于收盘价的套牢盘；黑色筹码线代表所有筹码的平均成本；红色筹码线代表低于收盘价的获利盘。

将鼠标光标移到 K 线图中时，筹码分布图会根据鼠标光标所在的交易日显示出当日的筹码分布情况，包括套牢盘比例和获利盘比例。

在筹码分布线下方，分别列示了时间、收盘获利比例以及平均成本，再下方则是筹码区间和集中度。

90% 筹码区间指的是场内 90% 的筹码所处的价格区间，在下方的条状图例中以灰色条形框表示，左右两侧的数值分别为 90% 筹码区间的最低价格和最高价格。

而筹码区间的集中度是由区间中最高价与最低价之间的差值除以最高价与最低价之和计算而来，集中度数值越低，表明筹码越集中，反之则筹码越分散。

70% 筹码区间的图示和含义类似于 90% 筹码区间，二者之间的区间重合度指的是 70% 筹码区间占 90% 筹码区间的比例，重合度越高，代表场内筹码越集中。

举个简单的例子，图 2-19 为白云机场（600004）2022 年 4 月 11 日的筹码分布图下方的数据栏。

时间		2022-4-11
收盘获利		50.40%
平均成本		12.42
56.16%	■ 90%筹码区间:	集中度18.30%
区间重合度	■ 70%筹码区间:	集中度 9.98%
	11.10	13.56
9.78		14.16

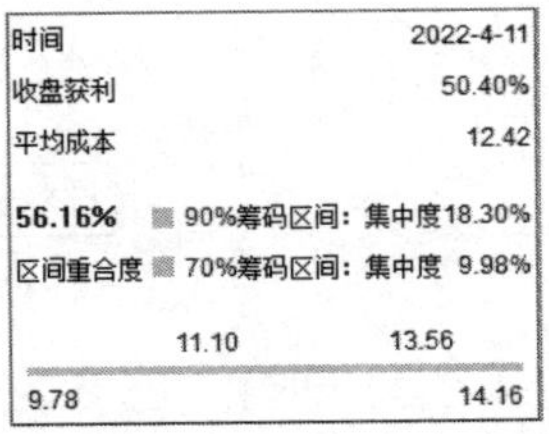

图 2-19　筹码分布图下方的数据栏

从图中可以看到，白云机场在 2022 年 4 月 11 日这一天收盘后的获利盘比例达到了 50.40%，场内平均持仓成本为 12.42 元。

在 9.78 元到 14.16 元的价格区间内汇聚了场内 90% 的筹码，这个区间内的集中度为 18.30%，稍稍有些分散。在 11.10 元到 13.56 元的价格区间内汇聚了场内 70% 的筹码，区间内的集中度为 9.98%，相对比较集中。

从区间重合度来看，这两个价格区间的重合度达到了 56.16%，说明场内七成的筹码占据了 9.78 元到 14.16 元的价格区间一半以上的位置，剩下的筹码则分散在另外一小半的价格区间内，还是比较集中的。

（2）火焰山和活跃度

火焰山正式的名称叫作远期成本分布图，它设计的初衷源于筹码分布图。在筹码分布图中，可以查看从股票上市以来的所有筹码的搬移过程，投资者能够清晰地看到每个价格上的持仓数量，但却无法看出持股时间的长短，更无从分析主力的持仓时间。

因此，为了进一步反映筹码的时间性，便引入了远期成本分布的概念，以不同的颜色区别不同时期的筹码，于是火焰山诞生了，在 K 线图右侧的数据窗格下方单击"焰"按钮即可打开。

火焰山的色彩是由大红色到金黄色，持股时间越短，颜色越红；持股时间越长，颜色就越黄。并且由于各个时期筹码叠加的原因，其色彩图也是叠加的，默认长周期在上方，短周期在下方，如图 2-20 所示。

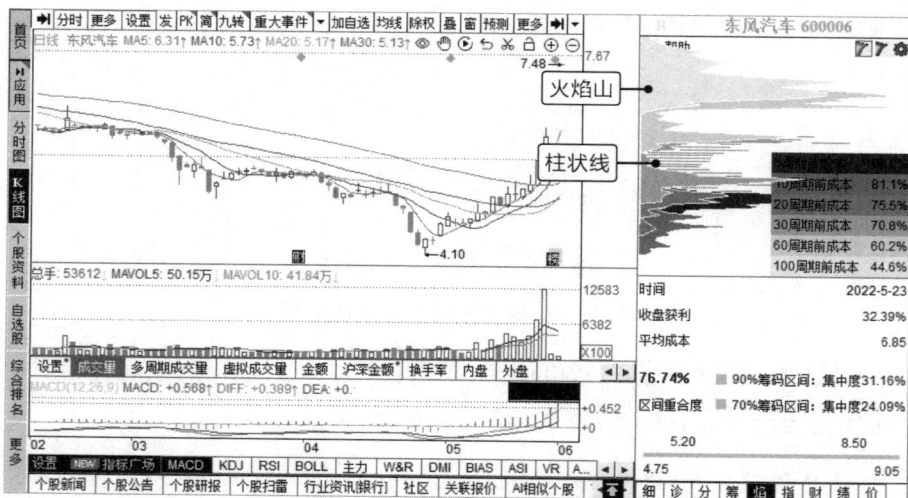

图 2-20　火焰山界面

火焰山中夹杂的柱状线代表当天最新产生的筹码分布，右下方的条状图代表一定时期内的筹码分布，比如"30 周期前成本"指的就是所在日期 30 个交易日前建仓的筹码。

通过这样的展示，投资者就能更加真实地了解到筹码的沉淀状态和活跃程度，进而观察主力吸筹、拉升、派发的完整过程。

活跃度也叫近期筹码分布图，在火焰山界面中单击 图标就可以进行切换。活跃度显示了一段时期内的成本分布，显示的色彩是由深紫到浅蓝，持股时间越短，色彩越靠近深紫；持股时间越长，色彩越靠近浅蓝。

与火焰山不同的是，活跃度的叠加规则是短周期在上、长周期在下。火焰山反映的是一定时期前的筹码分布情况，活跃度则反映的是筹码在一定时期内的活跃程度，如图 2-21 所示。

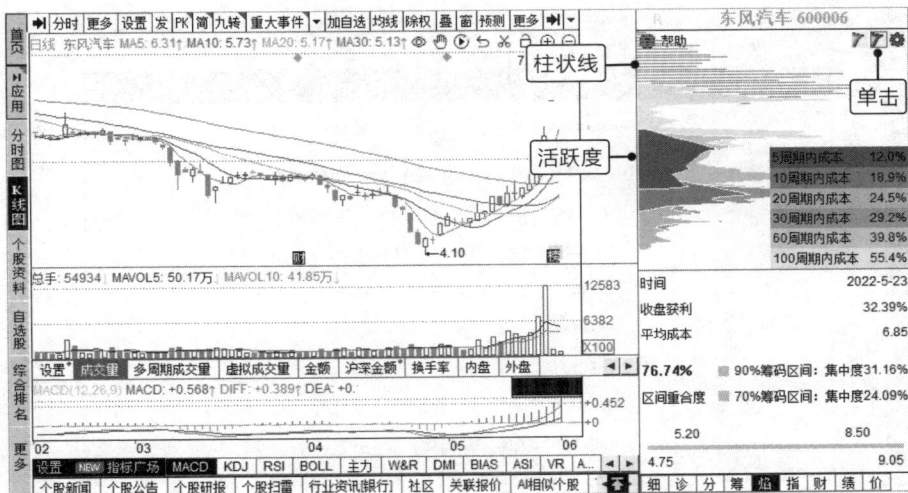

图 2-21 活跃度界面

2.3 软件的智能分析功能

每个炒股软件都提供了一些智能盯盘或是智能分析功能，同花顺也不例外，如股票预警、鹰眼盯盘、选股平台、形态选股、小窗看盘、短线精灵等，本节就选取几种常用的功能进行介绍。

2.3.1 股票预警与鹰眼盯盘

同花顺的智能功能基本都可以在主菜单栏中的"智能"菜单中找到，股票预警与鹰眼盯盘也在其中。

　　这两种功能比较类似，都是用来帮助投资者在瞬息万变的股市上监控任何值得注意的情况。投资者可以自己定义涨跌幅度、内外盘之比、成交量异动、指标突破价位等一系列的预警条件。

　　图 2-22 为股票预警的设置界面。

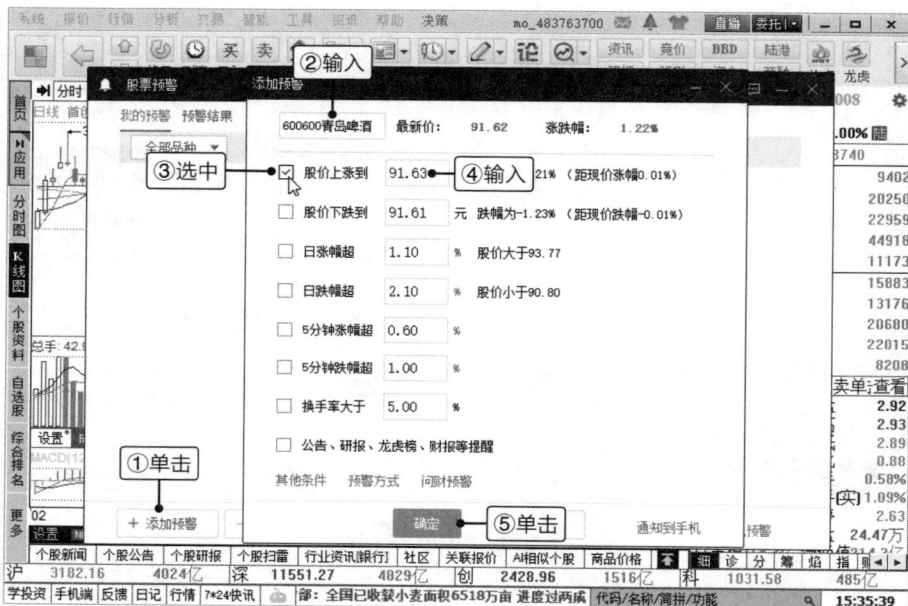

图 2-22　股票预警设置界面

　　第一次调出股票预警界面的投资者从未添加过任何预警，如果需要盯某只股票，可以单击界面下方的"添加预警"按钮，在打开的对话框中输入目标股的代码、名称或是简拼，按回车键添加。

　　输入框右侧将自动显示股票的最新价格与目前的涨跌幅，下方则是各项预警条件，包括股价上涨到和下跌到的价格、日涨跌幅、5 分钟涨跌幅、换手率以及公告、研报、龙虎榜、财报等提醒，投资者可根据自身需求进行设置，在确认后还可以同步到手机 App 上。

拓展贴士 *更多预警条件的设置*

在预警条件设置界面中，除了系统默认显示的条件外，下方还有"其他条件"和"问财预警"选项，里面包含了更为丰富多样的预警条件。

"其他条件"其实就是另一个智能功能，即选股平台，其中有条件选股、技术指标和交易系统三大类，包含了上百种预警条件，比如 K 线连续 N 天收阴（阳）、MACD 指标出现卖出条件等比较复杂的预警条件。

在"问财预警"中，则有基本面、消息面和技术面三大类，其中的种类并不多，但胜在常用，比如机构扎堆调研个股、机构评级为买入、重磅利好消息、箱体突破、股价上穿均线、K 线形成特殊形态等，为投资者提供了更多预警选项。

鹰眼盯盘与股票预警功能很相似，其界面如图 2-23 所示。

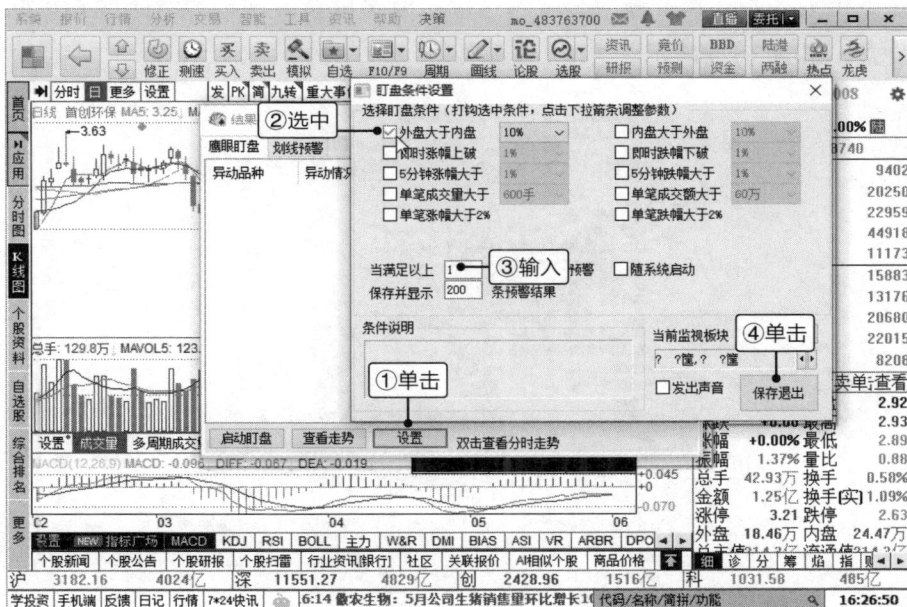

图 2-23　鹰眼盯盘设置界面

鹰眼盯盘的设置界面中也有众多盯盘条件设置，如内外盘比例、单笔成交量、单笔涨跌幅等。除此之外，投资者还可以设置多条件预警，这是股票预警没有的功能。

2.3.2　可设置条件的选股平台

在选股平台中，投资者可以实现更加全面、丰富、复杂的选股设置。在这里投资者既可以使用系统内置的选股公式、技术指标来选股，也可以用自己编写的选股条件来选股。

打开选股平台的界面后，会出现条件选股、技术指标和交易系统三大类选股条件，每一大类中的子目录众多，如 K 线选股、指标选股、财务选股等，选择某种选股方式后，投资者可以单击界面左下方的"公式"按钮，在下拉列表中选择"修改公式"选项，就可以查看或修改该选股指标的公式，如图 2-24 所示。

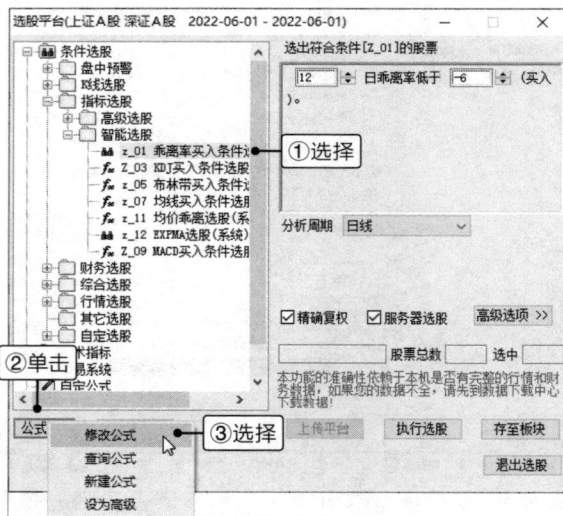

图 2-24　选股平台界面

在公式编辑界面中，投资者可以更改指标的名称、周期以及分类等，甚至还可以修改下方的参数以及公式，如图 2-25 所示。

图 2-25 选股指标的公式编辑界面

如果投资者需要新建指标，自己编写公式，也可以在这个界面中进行。当然，投资者完全可以从其他渠道获取一段公式代码，粘贴到编辑区内，再设置好公式名称和描述，就可以拥有一个新的选股指标。

当选择好指标后，回到选股平台界面，单击右下方的"执行选股"按钮就可以开始选股了，选股结果将以报价表的形式显示在页面中。一般来说，选股结果会在执行选股后自动展示，投资者也可以在主菜单栏的"智能"菜单中选择"选股结果"命令，打开选中的股票列表。

图 2-26 为用"连续 N 天上涨"指标选出的股票列表。

图2-26 "连续N天上涨"指标选出的股票列表

如果投资者需要选出同时满足多个条件的股票，则可以分别选中条件，单击"添加"按钮将其添加为组合条件，保存后单击"组合选股"按钮即可。设置的组合条件会保存在"组合条件"目录下，以方便下次选股，如图2-27所示。

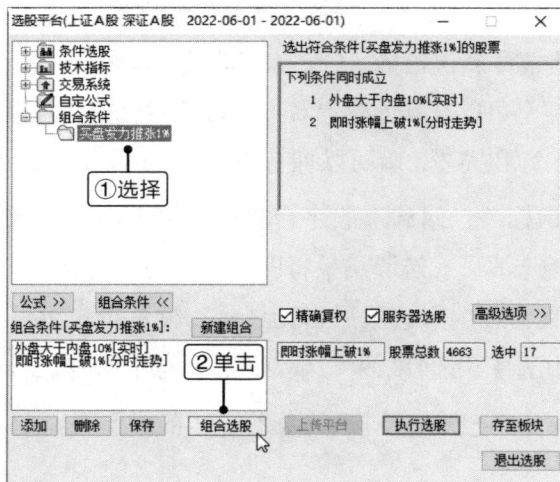

图2-27 组合选股

2.3.3　形态选股一键找同类

同花顺的形态选股是利用一种形态找出具有相同形态个股的功能，可以满足投资者在形态上的选股需求。

形态选股的使用非常简单，投资者只需进入目标个股的 K 线图中，按住鼠标左键框选 K 线形态，此时会弹出快捷菜单，选择"形态选股"命令就可以直接进行筛选，并将结果显示在右侧弹窗中，如图 2-28 所示。

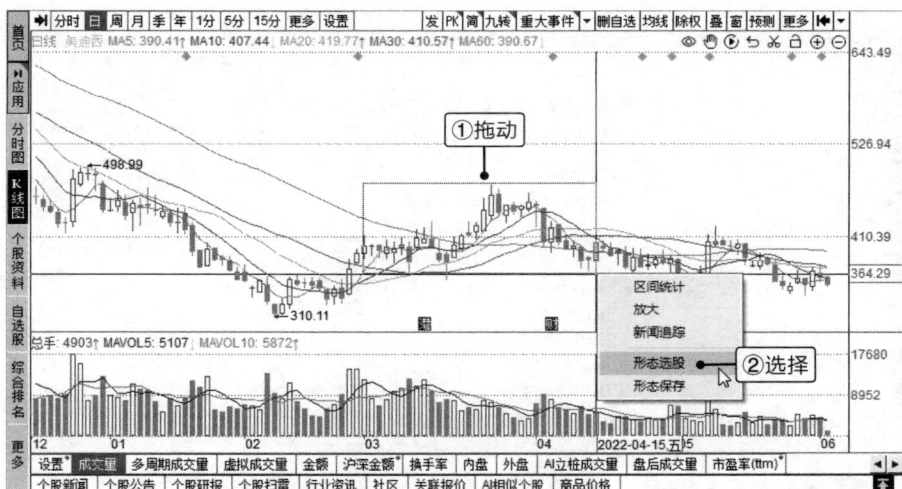

图 2-28　形态选股

图 2-29 为选股结果弹窗。

图 2-29　选股结果弹窗

选择选股结果弹窗中的股票，程序会自动跳转到该股形态相似的位置，非常方便。如果投资者不满意选股结果，还可以单击选股结果弹窗下方的"设置"按钮，进行形态方案的设置。

在打开的对话框中，投资者可以对本次框选的形态命名，设置形态匹配度，还可以在下方的形态匹配条件中选择条件，如价格走势匹配、成交量走势匹配、涨跌幅走势匹配等。确定后，单击下方的"重新选股"按钮即可再次进行筛选，如图 2-30 所示。

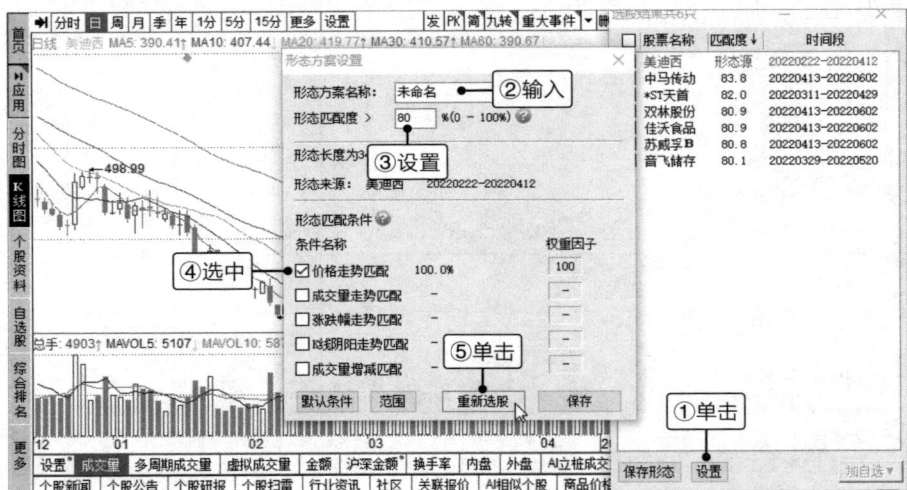

图 2-30　形态方案的设置

如果投资者希望保存形态方便下次使用，可以单击选股结果窗口下方的"保存形态"按钮，将此次框选的形态和形态设置方案保存到系统中。

那么，投资者如何查看自己保存的形态呢？

很简单，单击主菜单栏中的"智能"菜单项，选择"形态选股"命令，或者直接输入数字"79"调出键盘精灵，再按回车键就可以进入形态选股方案界面。

保存后的形态会出现在"实际形态"一栏中，选择该形态后，框选的形态走势将会出现在右侧窗口中。单击下方的按钮，可执行形态设置、形态删除和再次选股命令，如图 2-31 所示。

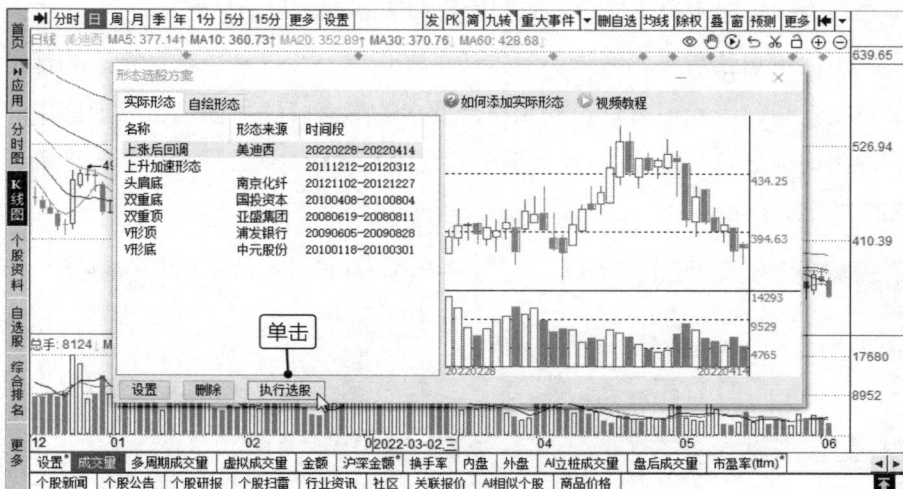

图 2-31　形态选股方案的界面

除了可框选实际形态以外，形态选股还支持自绘形态，也就是投资者自行绘制 K 线走势。这样的形态选股方式一般是在需要精准寻找形态，或是长时间找不到合适的实际形态时使用，图 2-32 为自绘形态中的"假头肩顶形态"。

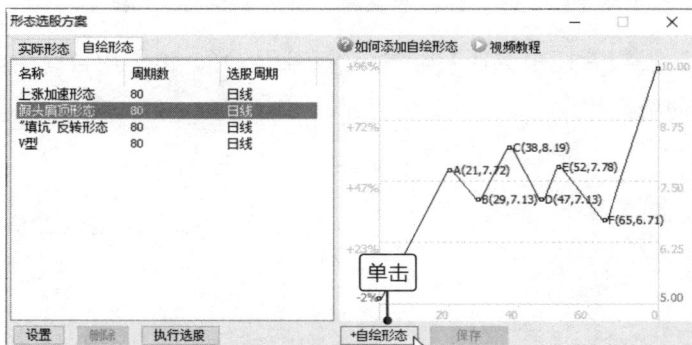

图 2-32　自绘形态中的"假头肩顶形态"

如果投资者需要添加形态，单击"＋自绘形态"按钮即可进行形态的编辑。绘制完成后单击"保存"按钮，再输入名称就可以将其保存到自绘形态列表中，使用自绘形态选股的流程与实际形态是一样的。

但由于自绘形态始终与实际走势存在误差，并且系统基本筛选的都是最新的走势，因此很难真正找到符合要求的形态。比如使用自绘形态中的"假头肩顶形态"选股，不仅筛选出的个股数量较少，其形态也不太准确，如图2-33所示。

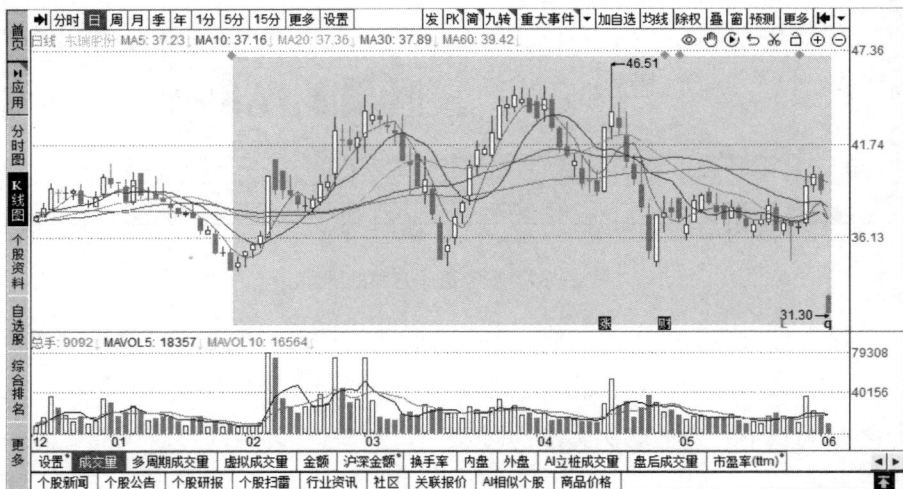

图2-33　使用"假头肩顶形态"筛选出的个股

因此，投资者还是选择实际形态选股比较好，也不用自己绘制形态，操作更为便捷。

3

如何从基本面选潜力股

选股对炒股来说非常重要，投资者是获利还是亏损，有很大一部分因素取决于股票的选择。其中，基本面是选股的关键，这一步是从股票的根基，也就是上市公司方面来进行筛选的，从深层次分析其发展前景、经营状况等，可以有效优选出具有高投资价值的股票。

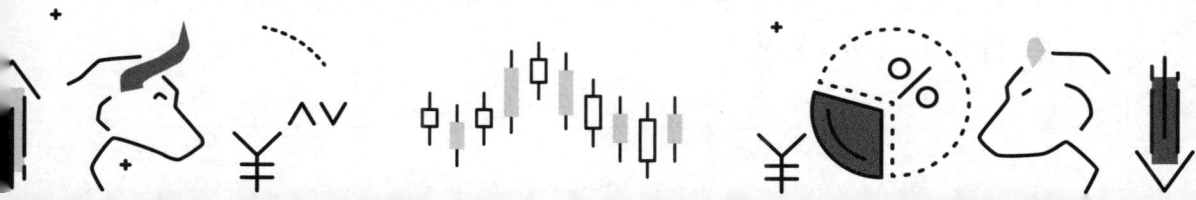

3.1 各种分类板块如何选股

股票板块指的是部分上市公司在某一方面有某些特定的相关要素，如主营业务、分红方式等，就将这些公司的股票集中在一起，并以这些要素命名，形成的一种分类板块。

每一种分类板块都有自己的特点和热度，如何在不同的板块中选股，是投资者学习基本面选股的第一步。

3.1.1 板块的分类以及内涵

首先来了解股票大致都有哪些板块，以及各个板块的特点和内涵。

在同花顺软件中，常用的板块有行业板块、概念板块、大盘风向板块、特色指数板块以及地域板块等，如图3-1所示。

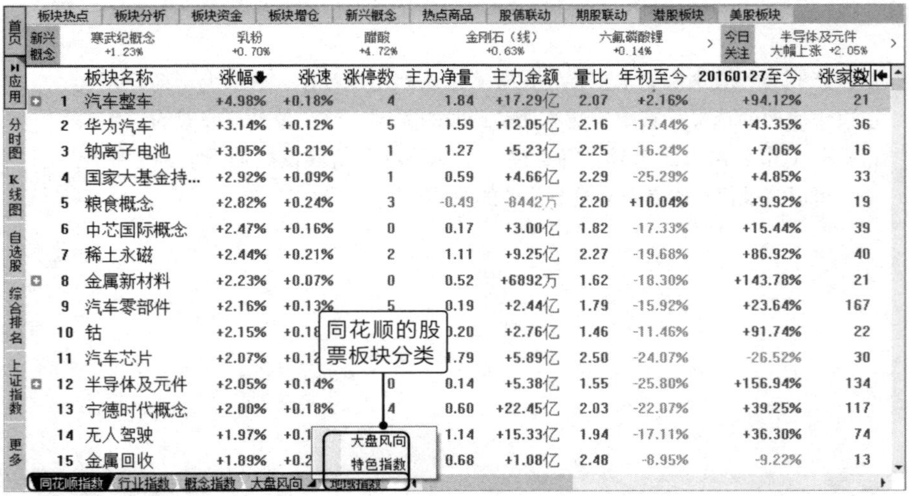

图3-1 同花顺中的板块分类

◆ 行业板块

行业板块指的是将某些主营业务处于同一行业的公司股票划归为一类，得出的一个分类板块。

证监会对上市公司所处的行业有一个分类标准，即当上市公司某类业务的营业收入比重大于或等于 50%，则将其划入该业务相对应的行业。

拓展贴士　*上市公司没有业务营业收入占比超过 50% 的情况*

如果上市公司没有一类业务的营业收入比重大于或等于 50%，但某类业务的收入和利润均在所有业务中最高，而且均占到公司总收入和总利润的 30% 以上（包含本数），则该公司归属该业务对应的行业类别。

证监会的行业分类包括：A 农、林、牧、渔业；B 采矿业；C 制造业；D 电力、热力、燃气及水生产和供应业；E 建筑业；F 批发和零售业；G 交通运输、仓储和邮政业；H 住宿和餐饮业；I 信息传输、软件和信息技术服务业；J 金融业；K 房地产业；L 租赁和商务服务业；M 科学研究和技术服务业；N 水利、环境和公共设施管理业；O 居民服务、修理和其他服务业；P 教育；Q 卫生和社会工作；R 文化、体育和娱乐业；S 综合。

根据证监会的分类，不同的炒股软件会做出相应调整，并不会严格按照这一分类标准来划分股票。比如同花顺的行业板块中，就有汽车零部件、半导体及元件、钢铁、电力设备等细分行业板块。

◆ 概念板块

概念板块指的是由某些具有特别内涵或特点的概念股划分而成的特殊板块。

概念板块不同于一般的分类板块，它往往会依靠某一种题材来对价格形成支撑，成为某一时期内股市的热点。比如元宇宙概念板块、大基金持股概念板块、新能源汽车概念板块、金属回收概念板块等，都是借助某种概念聚集而成的板块。

由于概念板块没有特定的分类方式，市场热门题材变动的速度也很快，因此热门的概念往往具有很强的时效性和广告效应，风险相较于其他分类板块来说也比较高。同样，投资者一旦在合适的时机抓住了热门概念股，也有可能在短时间内获得数倍收益。

◆ 大盘风向板块和特色指数板块

大盘风向板块和特色指数板块是分在一个大类中的两个板块，这两个类别也比较特殊。

图 3-2 为特色指数板块的分类。

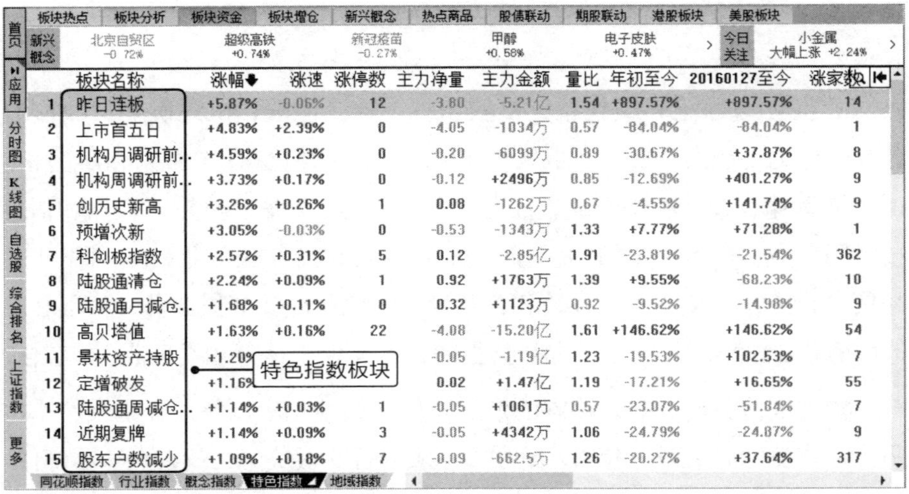

	板块名称	涨幅	涨速	涨停数	主力净量	主力金额	量比	年初至今	20160127至今	涨家数
1	昨日连板	+5.87%	-0.06%	12	-3.80	-5.21亿	1.54	+897.57%	+897.57%	14
2	上市首五日	+4.83%	+2.39%	0	-4.05	-1034万	0.57	-84.04%	-84.04%	1
3	机构月调研前..	+4.59%	+0.23%	0	-0.20	-6099万	0.89	-30.67%	+37.87%	8
4	机构周调研前..	+3.73%	+0.17%	0	-0.12	+2496万	0.85	-12.69%	+401.27%	9
5	创历史新高	+3.26%	+0.26%	1	0.08	-1262万	0.67	-4.55%	+141.74%	9
6	预增次新	+3.05%	-0.03%	0	-0.53	-1343万	1.33	+7.77%	+71.28%	1
7	科创板指数	+2.57%	+0.31%	5	0.12	-2.85亿	1.91	-23.81%	-21.54%	362
8	陆股通清仓	+2.24%	+0.09%	1	0.92	+1763万	1.39	+9.55%	-68.23%	10
9	陆股通月减仓..	+1.68%	+0.11%	0	0.32	+1123万	0.92	-9.52%	-14.98%	9
10	高贝塔值	+1.63%	+0.16%	22	-4.08	-15.20亿	1.61	+146.62%	+146.62%	54
11	景林资产持股	+1.20%			-0.05	-1.19亿	1.23	-19.53%	+102.53%	7
12	定增破发	+1.16%			0.02	+1.47亿	1.19	-17.21%	+16.65%	55
13	陆股通周减仓..	+1.14%	+0.03%	1	-0.05	+1061万	0.57	-23.07%	-51.84%	7
14	近期复牌	+1.14%	+0.09%	3	-0.05	+4342万	1.06	-24.79%	-24.87%	9
15	股东户数减少	+1.09%	+0.18%	7	-0.09	-662.5万	1.26	-20.27%	+37.64%	317

图 3-2　特色指数板块

从上图可以看到，特色指数板块的分类非常特殊，有昨日连板、上市首五日、创历史新高、高贝塔值、近期复牌等。尽管分类方式不常见，但对某些有专门需求的投资者来说，这样的分类正合心意。

◆ 地域板块

地域板块的分类就很好理解了，即按照上市公司注册地所处的地区来分类。

每个地区发达的行业会因地理位置而有所区别，比如西北部的能源矿业、北部的畜牧业、南部的农林牧渔业等，当然还有科技、金融等难以凭地理位置划分的行业。

依靠地区划分，投资者就可以明显地看出地域特色，比如青海板块的成分股，就是以能源矿业为主导，如图 3-3 所示。

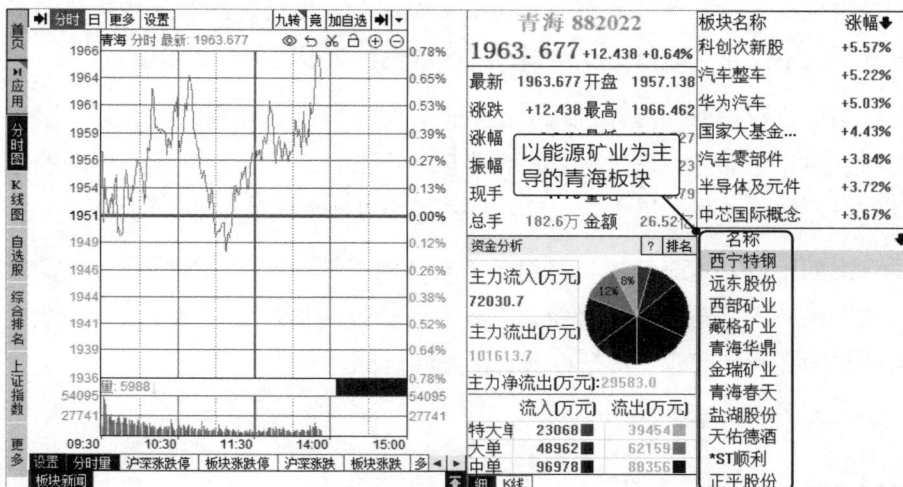

图 3-3　青海板块

因此，投资某一地区的板块就相当于投资于某一类发达的行业，尽管指向性没有行业板块强。但当某一行业周期轮动到低谷或是有利空消息打击时，地区板块也不会受到太大的冲击，投资地区板块也相当于寻求一种缓冲和平衡风险的方式。

3.1.2　行业板块选龙头股

企业的发展与壮大，与其所处的行业休戚相关。当一个行业的前景壮阔，潜力巨大，那么所处其中的企业自然能够乘风扶摇直上，其中具有显著优势的无疑是行业中的龙头企业。

龙头企业是指在某个行业中，对同行业的其他企业具有很深的影响、号召力和一定的示范、引导作用，并对该地区、该行业或者产业做出突出贡献的企业。

　　优秀的龙头企业需要具备规模较大、经济效益好、带动能力强、产品具有市场竞争优势等条件。这些优质企业一般会在政策上得到一定扶持，如税收优惠、贷款条件放宽等，再加上龙头企业聚拢资源的天然优势，多管齐下，不仅龙头地位更加稳固，其股票也具有很高的投资价值。

　　当然，对行业的选择也是很重要的，除了周期性较强的行业如大宗原材料、汽车、船舶、房地产、有色金属、石油化工等，会受行业周期的轮动而自然起伏以外，投资者尽量选择有稳定发展前景的企业。

　　比如市场需求高速增长、包含了未来创新带动产业的朝阳行业，受政策长期扶持而受益巨大的行业，以及企业营收增长强劲、部分龙头企业发展快速的高利润行业，都是投资者优选的目标。

　　下面来看一个具体的案例。

实例分析
中国神华（601088）煤炭开采行业的龙头企业

　　煤炭作为社会发展的基础能源支柱，在工业发展、电力供应以及能源储备等细分行业占据了极其重要的地位。

　　尽管"碳中和"理念的提出和清洁能源的大力发展，对煤炭的价格和部分企业的运营产生了一定冲击，但新能源的开发还远未达到能够彻底替代煤炭的地步。因此，煤炭作为能源压舱石的地位在短期内无法替代，煤炭行业的投资价值在数年内依旧居高。

　　图3-4为煤炭开采加工行业从2020年11月到2022年6月的行业指数走势。

　　从近两年的走势来看，煤炭行业的发展可以说是又一次进入了繁荣期，直到2022年，最高指数已经达到了2 577.024。在这段时间内，行业内的龙头企业表现非常亮眼。

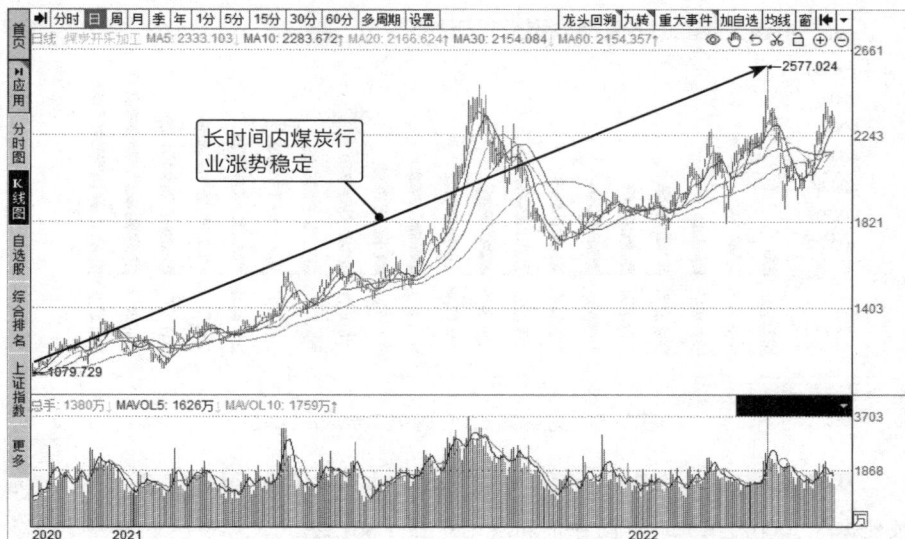

图 3-4　煤炭开采加工 2020 年 11 月到 2022 年 6 月的行业指数

20 世纪 90 年代，煤炭行业在很长一段时间内几乎不存在行业壁垒，民营企业非常活跃，这也导致了行业的集中度不高。但近十年来，一轮轮的震荡使得行业的集中度有了巨大改善。

从 2009 年开始，主要产煤省份进行资源整合，部分民营资本退出行业，煤炭开采的产能逐步向国有企业集中。

2012 年到 2015 年的煤炭下行周期，进一步洗掉行业中的中小企业，行业资源开始向龙头倾斜。

"碳中和"期间，供给端优化产能分布，高危矿井以及南方地区的小矿陆续退出，资源再次向大型煤企聚拢。

在多种因素影响下，煤炭行业的集中度不断提高，行业龙头的地位不断巩固，低成本、高产能成为最重要的核心竞争力之一。只有位于成本曲线低端的企业，才能在一轮又一轮的行业发展中存活下来，最终成为龙头。

图 3-5 为龙头煤炭企业吨煤完全成本比较（2013 年到 2019 年均值）。

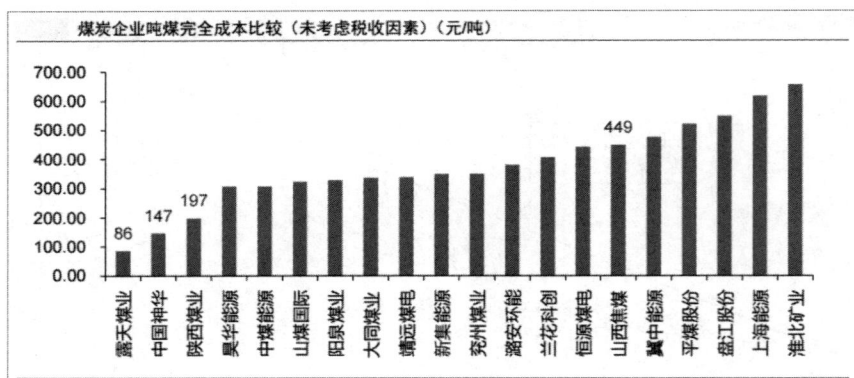

图 3-5　龙头煤炭企业吨煤完全成本比较

从数据看，成本在 200.00 元 / 吨以下的企业主要有露天煤业（现用名为"电投能源"，002128）、中国神华和陕西煤业（601225）。其中，中国神华的多数产能为井工矿，相较于露天煤业的露天矿，其开采成本会增加不少，但依旧能将综合成本控制在 200.00 元 / 吨之下，说明其具有相当高的行业竞争优势。

中国神华作为煤炭行业龙头企业，其煤炭资源储备丰富，自上市以来，公司不断扩大规模，以煤炭生产、销售，电力、热力生产和供应，煤制油及煤化工，相关铁路、港口等运输服务为主营业务，是我国规模最大、现代化程度最高的煤炭企业，也是世界上最大的煤炭经销商。

在煤炭业务方面，截至 2021 年，公司单矿平均产能达千万吨，产能规模化程度极高。

在运输业务方面，公司拥有神朔铁路、朔黄铁路、包神铁路等 10 条铁路运线，自有铁路运价自主可控，运价低、运距短，进一步降低了煤炭的运输成本，低成本、高产能的核心竞争力在中国神华身上得到了充分体现。

2021 年公司三季报显示，2021 年前三季度实现营业收入 2 330.00 亿元，同比增长 40.2%；实现归母净利润 408.00 亿元，同比增长 21.4%。其中，三季度单季实现归母净利润 147.00 亿元，环比增长 2.2%，业绩符合预期。

优秀的业绩与强大的竞争力，使得中国神华成为投资者投资的优选对象。图 3-6 为中国神华 2021 年 2 月到 2022 年 6 月的 K 线图。

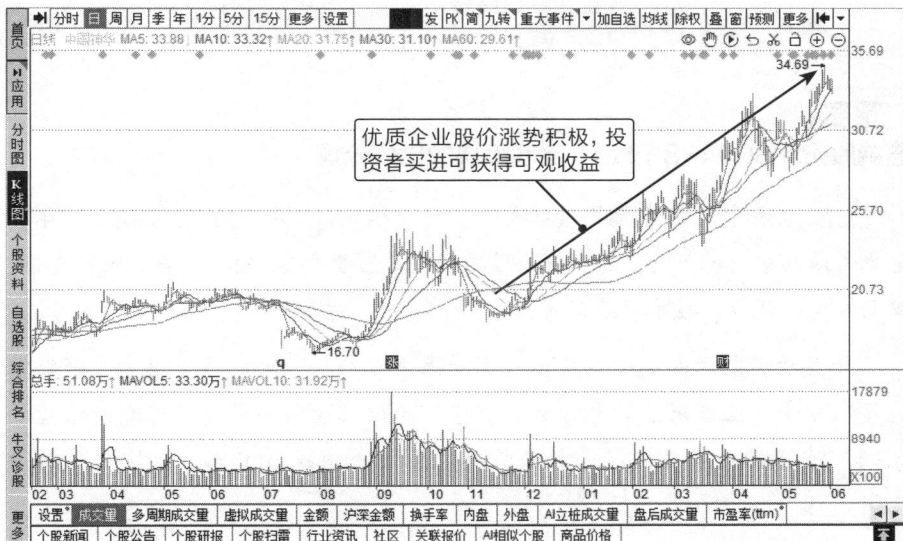

图 3-6　中国神华 2021 年 2 月到 2022 年 6 月的 K 线图

从图 3-6 中可以看出，中国神华自 2021 年初起就开始了持续的上涨，尽管中途出现了不同幅度的震荡，但整体趋势是积极向上的。尤其是在 2021 年 10 月底三季报发布后，股价涨势更为稳定。

截至 2022 年 5 月，中国神华最高已经涨到了 34.69 元。如果投资者在 2021 年期间看准了煤炭行业和中国神华的潜力，那么长期持有的盈利将非常可观。

3.1.3　概念板块选热门股

在前面的内容介绍过，概念板块属于一种时效性较强的分类板块，板块的走势积极与否，和该题材的热门程度以及成长空间有很大关系。

因此，投资者要想在概念板块中选股，最好选择当前比较热门，并且在后续有较大发展空间的题材。毕竟如果只选热门话题而不注重前景的话，板块很有可能在市场炒作数月后就迅速下滑，投资者不仅难以赚取足够收益，还有可能被深套其中。

下面来看一个具体的案例。

实例分析
通威股份（600438）HJT 电池板块的优质公司

HJT 电池中文名称为异质结电池，是光伏电池的一种。它综合了晶体硅电池与薄膜电池的优势，具有转换效率高、工艺温度低、稳定性高、衰减率低、双面发电等优点，技术具有颠覆性。

受益于新能源的高速发展以及新能源汽车行业巨大的成长潜力，新能源的各细分子行业需求前景非常大。其中，光伏行业作为最具价值的清洁能源之一，对传统能源的替代是大势所趋，其细分领域 HJT 电池板块自然前景广阔。

图 3-7 为 HJT 电池板块 2021 年 3 月到 12 月的板块指数走势。

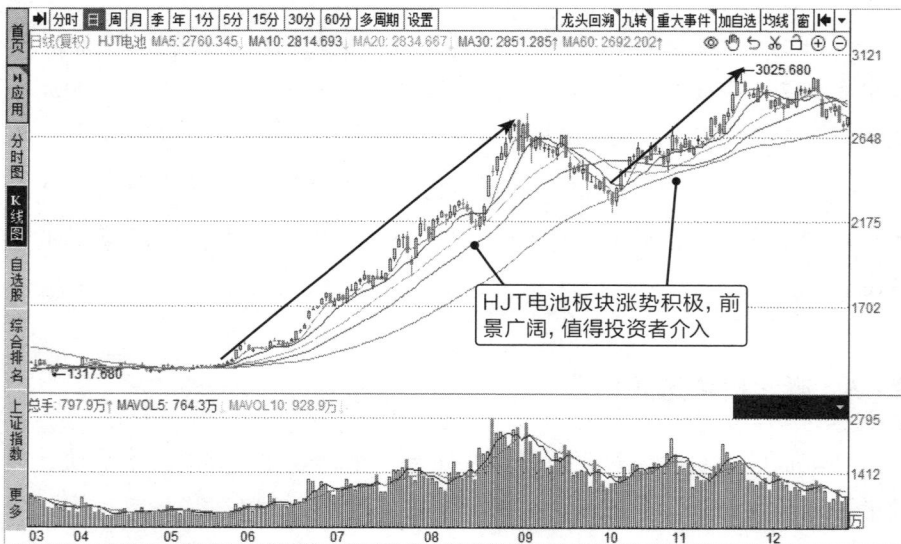

图 3-7　HJT 电池板块 2021 年 3 月到 12 月的板块指数走势

从 2021 年 HJT 电池板块的走势来看，光伏行业的积极发展无疑给 HJT 电池带来了广阔的市场和成长空间。短短一年不到的时间内，HJT 电池板块指数就从 1300.00 左右上涨至最高的 3025.68。

通威股份作为光伏多晶硅及 HJT 电池片双龙头，在板块中的表现优异。2021 年，公司实现多晶硅产量约 10.93 万吨，同比增长 26.85%，产量全球第一，国内市场占有率达 22%。截至 2021 年末，公司已实现高纯晶硅年产能 18 万吨，产能进一步扩张。

2021 年 4 月初公司发布一季报，报告显示 2021 年一季度实现营业收入 106.18 亿元，同比增长 35.69%；实现归母净利润 8.47 亿元，同比增长 145.99%；实现扣非归母净利润 7.96 亿元，同比增长 151.86%，业绩符合预期。

无论是从成长性、稳定性，还是从热门度各方面来看，通威股份都属于比较理想的投资对象，投资者可积极参与。

图 3-8 为通威股份 2021 年 3 月至 11 月的 K 线图。

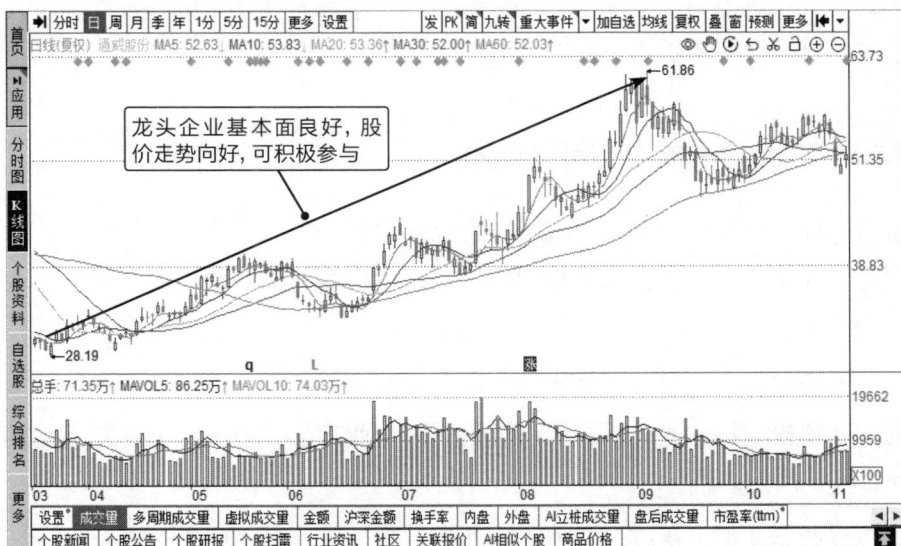

图 3-8　通威股份 2021 年 3 月至 11 月的 K 线图

从 K 线图中可以看出，通威股份自 2021 年一季度以来，几乎全年维持着持续的上涨，尽管上涨过程中震荡频繁，但依旧有惊人的涨幅。

从 3 月的 28.00 元左右上涨至 9 月初的最高价 61.86 元，短短两个季度，涨幅就达到了 120%，实现了翻倍上涨，收益非常可观。

3.2 分析企业数据与事件选股

从优质行业和板块中选股，需要经过最少两道筛选过程，属于自上而下的选股逻辑，虽然比较麻烦但可靠度较高。

而抛开宏观与板块直接聚焦企业面，属于自下而上的选股逻辑。使用这样的选股方式，投资者需要具备独到的眼光和一定的技巧，才能从 A 股市场的数千家上市公司中选出优质公司。

这其中的技巧就是关注企业的数据和重要事件。一般来说，这些因素都会对公司的股价产生比较大的影响，只要投资者抓住正确的介入节点，就有机会获得一波不错的涨幅。

3.2.1 产品的市场占有率很重要

市场占有率一般简称市占率，也被称为市场份额，它指的是企业的某产品（或品类）的销售量（或销售额），在市场同类产品（或品类）中所占的比重。

市场占有率一般有两类表示方法，一类是用某企业产品销售占总体市场产品销售的百分比表示，另一类是用该企业产品销售占竞争者产品销售的百分比表示。

该指标在很大程度上反映了企业的竞争地位和盈利能力。通常，市场份额越高，企业的竞争力越强，得到行业资源倾斜的力度也越大。这样的企业一般都是某行业中的龙头企业，其股票自然具有不错的投资价值。

除了原本市占率就比较高的龙头企业，还有一些企业会因为各种原因，产品销量突然崛起，市占率大幅提高。这样的企业可能是龙头企业，也可能是黑马企业，但无论其原本走势如何，在市占率大幅提高的同时，其股价很有可能受刺激而大幅上涨，这就是抓住黑马的绝佳机会。

下面来看一个具体的案例。

实例分析

长城汽车（601633）市占率大幅提升的龙头企业

长城汽车是一家全球化的智能科技公司，业务包括汽车及零部件设计、研发、生产、销售和服务，同时涉足氢能、太阳能等清洁能源领域，在实现全产业链布局的同时，重点进行智能网联、智能驾驶、芯片等前瞻科技的研发和应用。

长城汽车销售网络覆盖全球，目前已出口上百个国家和地区，海外销售渠道也很多，并在多个国家和地区设立了研发中心和技术创新中心。

从 2020 年开始，公司产品销量持续提升。2020 年 4 月到 7 月，长城汽车的单月批发销量均维持在 8 万辆左右，并且从 8 月以来，环比数据显著走强。

图 3-9 为长城汽车 2020 年 8 月到 12 月的单月批发销量。

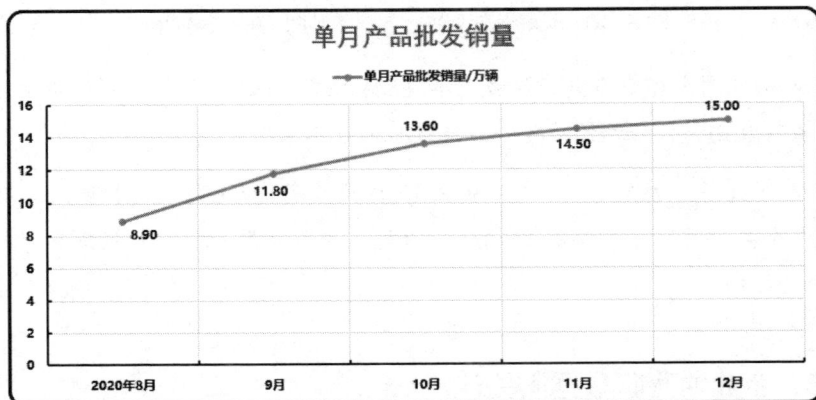

图 3-9　长城汽车 2020 年 8 月到 12 月的单月批发销量

进入 2021 年后，销量更是实现大幅突破。公司在 2021 年 2 月销售汽车 89 050 辆，同比增长近 788%，市占率创历史新高。其中，境内、海外销量分别同比增长 1 029% 和 226%。

从公司层面来看，长城汽车的经典车型持续热销，现有产品口碑较好。同时，公司的新产品发布极其频繁，适应市场以及消费者喜好变动，更有可能出现爆款产品带动公司市占率进一步提升。由此可见，公司成长性和稳定性兼具，股票投资价值较高。

图 3-10 为长城汽车 2021 年 3 月到 11 月的 K 线图。

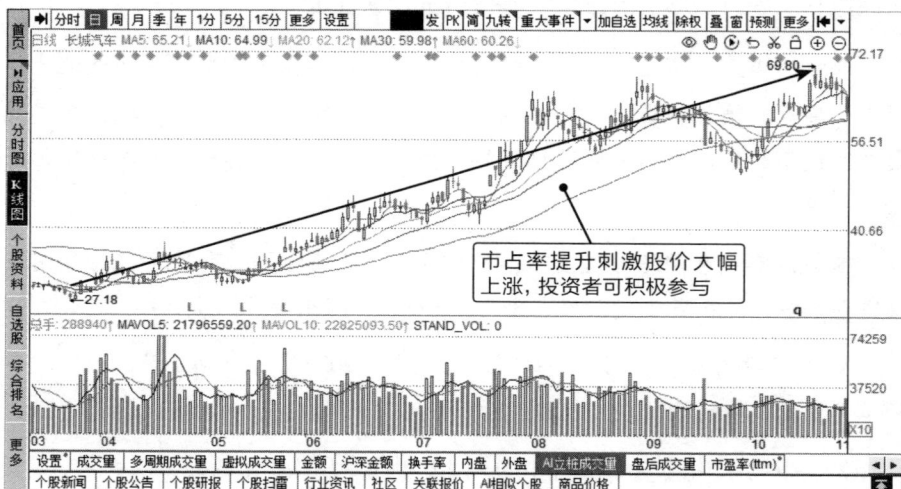

图 3-10　长城汽车 2021 年 3 月到 11 月的 K 线图

从 K 线图中可以看到，长城汽车股价从 2021 年 3 月开始就在稳步上涨，期间虽有震荡，但普遍幅度较小，持续时间也不长。

从 2021 年 3 月的 27.18 元上涨至 10 月的最高价 69.80 元，长城汽车只用了约 7 个月时间，涨幅却有近 157%，可见市占率提升和营收数据优异对其股价的刺激程度。

3.2.2　企业的营收数据需关注

企业的营收数据基本都会显示在每季度披露的财务报告上，其中包含的营业总收入、归母净利润、扣非归母净利润、现金流量净额、毛利润、净利润等关键数据，是投资者衡量企业运营和盈利状况的重要依据。

按照交易所规定，上市公司需要定期向投资者和社会公众公开披露财务报告，主要包括年度报告、中期报告和季度报告。

投资者需要持续追踪报告数据，如果目标企业的营收数据连续增长，统计曲线呈上升状态，那么该企业就有买入的价值。但投资者也需要注意其估值是否过高，也就是说，价格是否已经到达历史高位，避免买进后估值向低位修复导致被套。

下面来看一个具体的案例。

实例分析

泰晶科技（603738）营收数据持续增长的优质企业

泰晶科技是一家高新技术企业，专门从事频控器件、精密电路、微声学器件等电子元器件，高速高稳通信网络器件及组件，汽车电子及模组等智能应用，精密冲压组件及部件，相关智能装备的研发及生产。

从 2019 年一季度到 2021 年四季度，泰晶科技的营收数据持续增长，呈现非常积极的走势。

图 3-11 为泰晶科技 2019 年一季度到 2021 年四季度的营收数据。

图 3-11　泰晶科技 2019 年一季度到 2021 年四季度的营收数据

2021 年年报显示，泰晶科技全年实现营收 12.41 亿元，同比增长 96.6%；

实现归母净利润 2.45 亿元，同比增长 533.5%；实现扣非净利润 2.44 亿元，同比增长 1003.4%，业绩大超往年同期。

营收数据的大幅提升，说明公司在电子元器件行业景气度提升和国产替代的大背景下，发掘出了巨大的成长空间，各领域业务发展趋势积极，该企业的股票投资价值较高。

图 3-12 为泰晶科技 2021 年 1 月到 12 月的 K 线图。

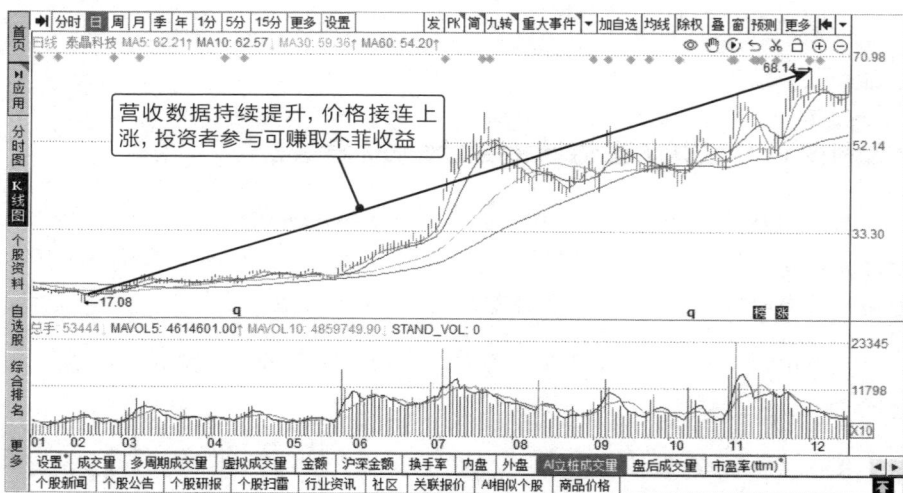

图 3-12　泰晶科技 2021 年 1 月到 12 月的 K 线图

从 K 线图中可以看到，泰晶科技在 2021 年的涨势向好，截至年末最高已经上涨到了 68.14 元，相较于年初的最低价 17.08 元，涨幅达到了近 299%，几乎翻了 3 倍。

一年之内股价有如此巨大的涨幅，与其优秀的营收数据和盈利能力是分不开的。投资者如果对其长期保持关注和数据跟踪，及早看好买进，相信收益将会非常不错。

3.2.3　优质企业才拥有垄断技术

垄断技术是指某经营者在某件产品或某类产品上拥有关键技术，其通过合法的关键技术拥有权,从而达到提升市占率的目的。有些关键的垄断权利还会受到国家法津的界定与保护。

不同于财务数据的直观展示,垄断技术是一种无法以外在形式表现的无形资产,它对企业的影响将会通过产品的销量、市占率、净利润等间接展示。但其作用极为重大,只要垄断不被打破或代替,企业在行业中的地位几乎就是屹立不倒的。

一旦垄断技术泄露、不再受法律保护或是被其他企业攻破,企业的价值将会大打折扣,其股价很有可能出现一落千丈的颓势,投资者的损失将不可估量。

因此,企业拥有这样的优势是有利有弊的,大多数情况下向好,但也不可能完全排除意外情况的发生。投资者在选择时一定要注意,在持仓期内也要对企业近况保持关注。

同样,多年以来,因为某些原因导致一些设备比较依赖进口,制造成本增加,但如果有企业实现了技术的突破,解决成本难题,将极大地加快产品的国产化替代进程,该企业将得到第一波红利的回馈,其投资价值大幅飙升,股价上涨也成为必然。

下面来看一个具体的案例。

实例分析
东华测试(300354)打破电化学分析设备垄断

东华测试是国内领先的结构力学性能测试仪器设备及测试系统供应商,设备几乎涵盖所有领域,专注于智能化测控系统的研发和生产。同时,企业还与上百家高校实验室、上千家合作企业和部分科研机构保持着长期合作关系。

近年来,为大力发展新型基础设施建设,实现数字化、智能化,市场加快了高端仪器设备国产化步伐。其中,结构力学测试仪器市场成长空间广阔,为公司带来较大的市场需求。

基于市场的需求，公司以"抗干扰"技术为核心，历时数年，推出了DH7000 系列电化学工作站，成为国内首家自主掌握核心技术的公司。并且产品技术指标与稳定性能已达到国外同类产品先进水平，打破国内依赖进口电化学分析设备的被动局面。

公司设备可广泛应用于电化学分析、环境测试、腐蚀和涂料、电池、超级电容器、纳米技术、传感器、燃料电池、太阳能电池的研究，拥有广阔的市场前景。再加上打破海外垄断技术，该股的投资价值逐年攀升。

图 3-13 为东华测试 2021 年 2 月到 2022 年 1 月的 K 线图。

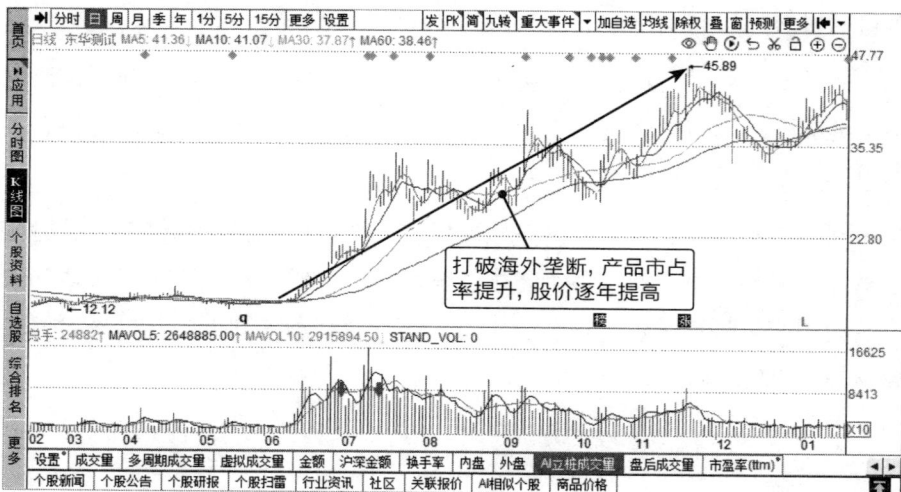

图 3-13　东华测试 2021 年 2 月到 2022 年 1 月的 K 线图

从 K 线图中可以看到，东华测试长期以来的股价走势都维持着上涨，尽管其中震荡不断，有些幅度还比较深，但依旧不改其上扬的走势。投资者尽早看准其投资价值后买进，可以有效扩大获利空间。

3.3　选股需要避开的雷区

在根据基本面选股时，有许多雷区需要投资者注意，其中最关键的就是风险和收益的匹配度，以及投资者自身的风险承受能力。

参与股票市场的投资是一定要承受风险的，这一点毋庸置疑，并且大部分个人投资者的风险承受能力远低于机构投资者。也就是说，机构投资者有能力以大笔资金跟进的股票，个人投资者不一定有能力介入并承受其可能存在的风险。

这样的股票，投资者可以利用基本面和技术面的分析来尽量规避，首先需要筛选掉的就是问题企业和上涨过高的企业。

3.3.1　避免参与风险较高的股票

什么是风险较高的股票呢？这个概念其实没有具体的界定方式，每个投资者认为的高风险也不尽相同，但在企业面有问题的股票，风险大概率会比普通股票高，具体如下。

- 有严重经济诉讼纠纷、公司财产被依法查封的上市公司。
- 连续几年出现亏损、负债占比过大、有宣告破产风险的上市公司。
- 被中国证监会列入摘牌行列的特别处理公司。
- 虚构财务、业绩等数据以获得上市资格、有征信风险的上市公司。
- 有严重违规行为、被相应监管组织通报批评的上市公司。
- 社会讨论度较高、股价容易受舆论影响的上市公司。

这些问题企业的股票，一般波动幅度比较大，剧烈的变动也会比较突然。尤其是被挂上“ST”或“★ST”前缀的股票，因其单日涨跌幅被限制在 5% 以内，就更容易出现暴涨和暴跌走势。

这样的股票虽然可能在短时间内为眼光独到的投资者带来不菲的收益，但也很有可能将失误的投资者套到血本无归，风险承受能力低的投资者，最好不要参与这种股票。

下面来看一个具体的案例。

实例分析

ST 东洋（002086）面临退市风险

ST 东洋原名东方海洋，主要从事海水水产品苗种繁育、养殖、食品加工及保税仓储业务。

但在 2018 年，公司年报显示报告期内实现营业收入 7.25 亿元，同比下降 6.98%，其中的亏损额达到了约 7.88 亿元。公司计提 7.83 亿元的资产减值损失，是出现亏损的主要原因。

2019 年年报显示，公司实现营业收入 6.06 亿元，较上年同期减少 16.42%，并且依旧亏损 5.53 亿元，主要是因为计提存货跌价准备、应收账款准备和费用提高。

因公司 2018 年度、2019 年度连续两个会计年度经审计的净利润均为负值，且公司 2019 年年度报告出具了无法表示意见的审计报告，根据相关规定，公司股票交易于 2020 年 7 月 1 日起被实施"退市风险警示"，东方海洋更名为"*ST 东洋"。

并且，公司股票因存在被控股股东山东东方海洋集团有限公司非经营性占用资金、主要银行账号被冻结、2020 年依旧出现亏损等情形，公司股票还需被叠加实施"其他风险警示"。

连续的预警和负面消息，导致东方海洋股价接连暴跌，从 2018 年末的 13.00 元以上，下滑至 2020 年的 2.00 元以下。但在 2021 年，公司董事会认为公司符合申请撤销股票交易"退市风险警示"的条件，并向深圳证券交易所申请撤销"退市风险警示"。

2021 年 12 月 27 日，公司的"退市风险警示"被深圳证券交易所核准撤销，但由于公司前期存在的主要银行账户被冻结、最近 3 个会计年度亏损、出具无法表示意见的审计报告等情形尚未完全消除，公司股票将被继续实施"其他风险警示"，其简称将由"*ST 东洋"变更为"ST 东洋"。

退市风险的消除让部分机构和个人投资者看到了希望，纷纷注资追涨。

图 3-14 为 ST 东洋 2021 年 9 月到 2022 年 3 月的 K 线图。

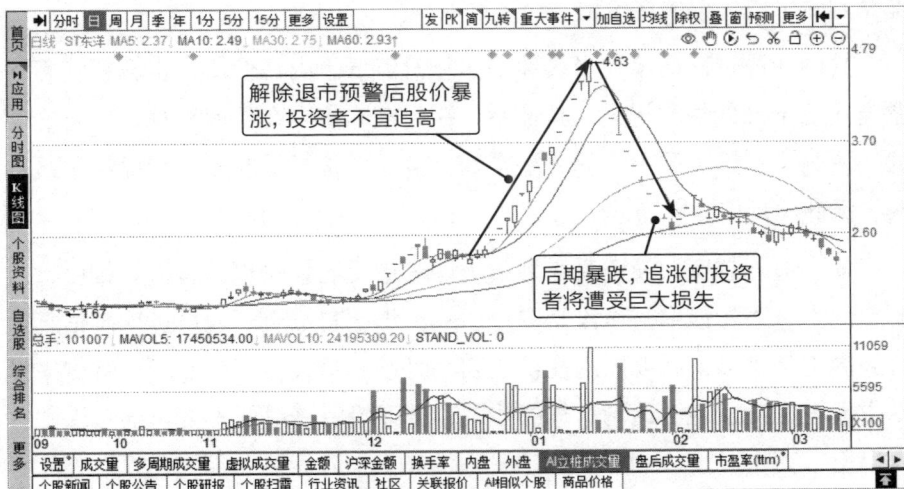

图 3-14　ST 东洋 2021 年 9 月到 2022 年 3 月的 K 线图

从 K 线图中可以看到，ST 东洋在改名后几乎是持续涨停，在非常短的时间内就从 2.00 元以下上涨至最高的 4.63 元，快速实现了翻倍。

但是，投资者不能忘记该股票还存在的其他风险警示，公司基本面依旧存在较大的问题，连年的亏损还未扭转，负面影响也没有消除，短时间的暴涨只是机构投资者的狂欢。

从后续的发展可以看出，在 2022 年 1 月股价创出新高后，就开始了连续跌停的暴跌，下跌速度比起前期涨势有过之而无不及，并且在此之前没有任何的预警。

由此可见，参与高危股票的利润有多大，风险就有多大。普通投资者没有灵敏的信息来源、雄厚的资金、顶尖的操盘手法，最好还是不要参与这样的股票，宁愿没有赚，也不要亏到崩。

3.3.2　安全边际的存在很重要

安全边际的概念在很早之前就被提出，经过多年的发展而不断完善。

目前来说，安全边际指的是股票的内在价值与实际价值之间的差值，但前提是实际价值低于内在价值。

其内在逻辑很简单，当股票的实际价值低于内在价值，也就意味着股票当前处于被低估的状态，其价格会在后期向着内在价值靠拢。二者之间的差值为股票提供了一定的上涨空间，也为低位买进的投资者提供了缓冲垫，因此出现了安全边际。

安全边际越宽，投资者在判断失误时遭受的损失也会越小。相反，当股票的安全边际很窄甚至没有安全边际，那么其很有可能被过度高估，短时间内上涨越多，后期向内在价值回归时跌幅越大，并且对于投资者来说基本没有缓冲余地。遇到这样的股票，普通投资者最好不要再继续追涨，尽早出手为佳。

要判断一只股票是否被高估，投资者可以从市盈率、财务数据及重大事件三个方面来判断，如图 3-15 所示。

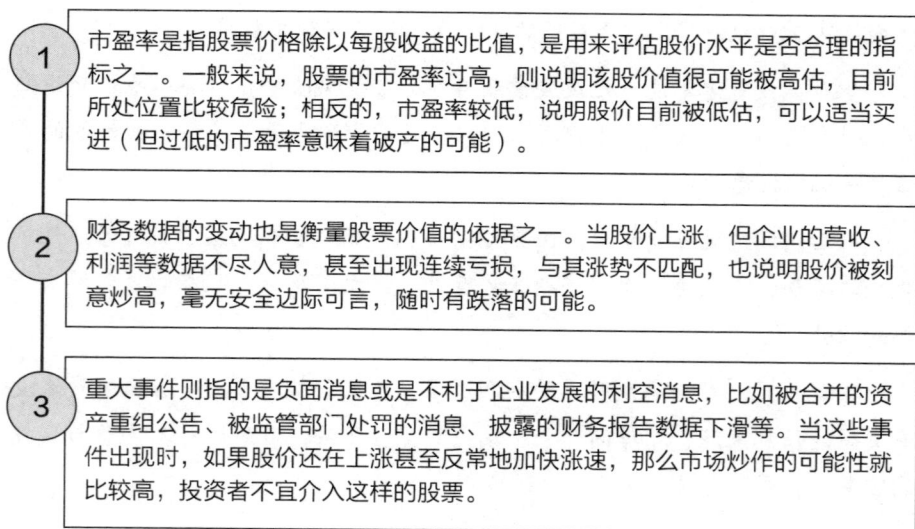

① 市盈率是指股票价格除以每股收益的比值，是用来评估股价水平是否合理的指标之一。一般来说，股票的市盈率过高，则说明该股价值很可能被高估，目前所处位置比较危险；相反的，市盈率较低，说明股价目前被低估，可以适当买进（但过低的市盈率意味着破产的可能）。

② 财务数据的变动也是衡量股票价值的依据之一。当股价上涨，但企业的营收、利润等数据不尽人意，甚至出现连续亏损，与其涨势不匹配，也说明股价被刻意炒高，毫无安全边际可言，随时有跌落的可能。

③ 重大事件则指的是负面消息或是不利于企业发展的利空消息，比如被合并的资产重组公告、被监管部门处罚的消息、披露的财务报告数据下滑等。当这些事件出现时，如果股价还在上涨甚至反常地加快涨速，那么市场炒作的可能性就比较高，投资者不宜介入这样的股票。

图 3-15　判断股票是否被高估的方法

下面来看一个具体的案例。

水发燃气（603318）被市场过度高估的后果

水发燃气是高新技术企业，专注于燃气输配和燃气应用领域（以天然气发电为主）的设备制造，产业链遍及上游液化天然气生产以及中游燃气装备制造。

自上市以来，水发燃气的营收数据都在连年上涨，但直到 2018 年，受到进口天然气供给量大幅攀升、煤炭作为基础能源的经济效益优势等综合因素的影响，水发燃气的盈利开始出现负增长。

图 3-16 为水发燃气 2018 年二季度到 2019 年四季度的营收数据。

报告期 全部	每股收益(元)	每股收益(扣除)(元)	营业总收入			净利润			每股净资产(元)	净资产收益率(%)	每股经营现金流量(元)	销售毛利率(%)
			营业总收入(元)亿	同比增长(%)	季度环比增长(%)	净利润(元)	同比增长(%)	季度环比增长(%)				
2019 12-31	-0.3	-0.30	3.24亿	-23.43	-40.08	-1.20亿	-2840.9	-143.87	2.2493	-12.48	0.1762	8.49
2019 09-30	-0.16	-	2.58亿	-22.11	20.83	-6622万	-717.91	-19.46	2.3757	-6.69	0.2025	9.91
2019 06-30	-0.11	-0.11	1.48亿	-49.60	61.60	-4412万	-261.86	27.79	2.4282	-4.41	0.2222	10.84
2019 03-31	-0.06	-	5639万	-65.31	-38.60	-2562万	-379.77	-304.45	2.472	-2.54	0.0829	11.76
2018 12-31	0.01	0.00	4.23亿	-25.07	141.23	438.2万	-92.01	61.70	2.5351	0.43	-0.1709	28.34
2018 09-30	0.03	-	3.31亿	-23.02	-70.74	1072万	-79.31	-191.38	2.5569	1.04	-0.2102	31.08
2018 06-30	0.07	0.07	2.93亿	18.50	-19.96	2726万	5.566	97.66	2.5937	2.63	-0.208	31.03

图 3-16　水发燃气 2018 年二季度到 2019 年四季度的营收数据

从 2018 年二季度到 2019 年四季度的营收数据可以看出，水发燃气在 2018 年四季度之前还维持着盈利，但同比增长已经呈现负值。2019 年一季度开始，公司出现了亏损，并且每一季度的亏损额都在快速放大，到四季度，公司已经亏损了 1.20 亿元。

营收数据的大幅下滑，本应为投资者敲响警钟，但反常的是，从 2019 年一季度开始，水发燃气的股价突然快速上涨。

图 3-17 为水发燃气 2019 年 1 月到 12 月的 K 线图。

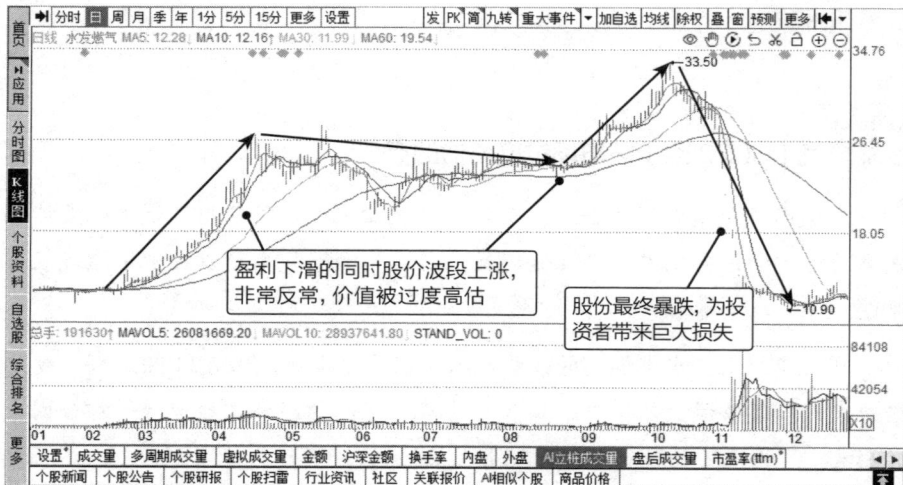

图 3-17　水发燃气 2019 年 1 月到 12 月的 K 线图

从 K 线图中可以看到，水发燃气从 2019 年年初开始上涨，前期涨速还非常快，一季度结束后股价经历了长时间的盘整，在此期间公司营收数据依旧不理想，但股价始终没有大幅下跌。

进入三季度，股价甚至再次攀升，结合其盈利来看，市场已经是过度高估其股价了，目前位置非常危险。

果然，进入 10 月，股价在创出 33.50 元的高价后拐头下跌，甚至出现连续跌停。短短一个月的时间，股价就跌破了前期一年积累的涨幅，场内投资者的损失可谓非常惨重，由此可见安全边际的重要性。

第 4 章

如何从技术面选优质股

技术分析指的是以市场行为为研究对象，判断市场趋势并跟随趋势的周期性变化来进行股票交易决策的方法。简单来说，就是根据股价走势，结合各类技术指标或其他因素来预判后市走向，选择优质股票。技术面选股是不同于基本面的一种筛选方式，但重要性与其相当，投资者需要重点掌握。

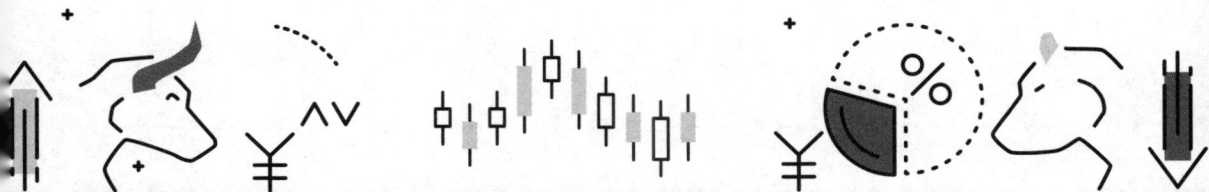

4.1 根据市场所处行情选股

市场行情的走向在很大程度上会影响投资者的决策，以及能够操作的利润空间。比如在稳定的上升行情中，投资者的获利空间会随着行情的发展不断扩大，操作风险较小，是非常理想的买卖阶段。

但市场行情不可能永远上涨，更多的时候还会出现震荡或下跌，在这些行情中又该如何选股呢？下面就来逐一讲解。

4.1.1 震荡行情见好就收

震荡行情也被称为猴市，指的是市场趋势在一定的区间内上下震荡，但始终无法确认未来的走向，股价走势如同活跃的猴子一般跳动，如图 4-1 所示。

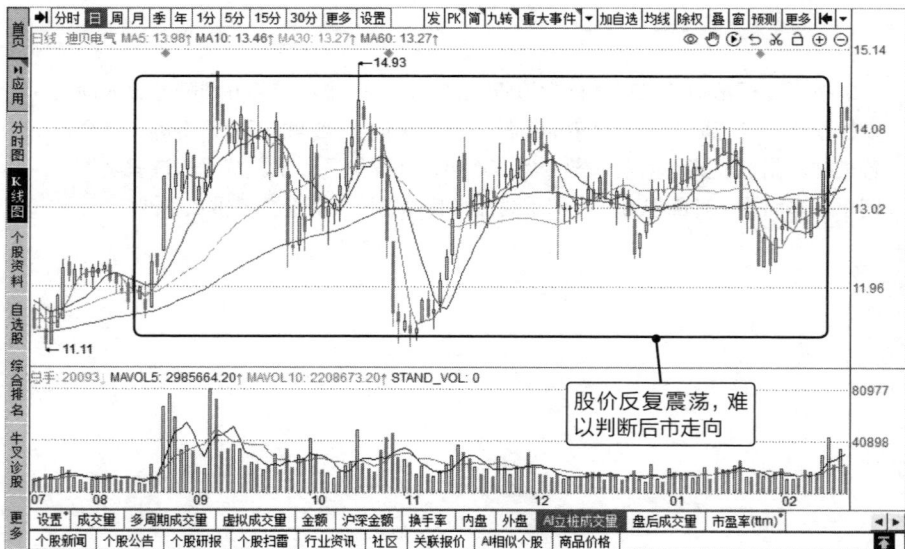

图 4-1 震荡行情的走势

在震荡行情中，投资者几乎难以判断后市的走向，更无从辨别趋势是否改变，操作难度是比较大的。

但有些时候，投资者可以选择震荡幅度比较大的股票，结合一些技术指标，如均线、KDJ 指标、MACD 指标等来判断可能的买卖点，执行快进快出的短线买卖操作，见好就收，分段操作。

通过这样的操作方式，投资者获利的机会还是比较大的。不过需要注意，只有震荡幅度比较大的股票才能有效执行这套策略，小幅波动的股票只会浪费投资者的精力和手续费。

下面来看一个具体的案例。

实例分析
亚玛顿（002623）波动幅度大的震荡行情

图 4-2 为亚玛顿 2020 年 1 月到 2021 年 5 月的 K 线图。

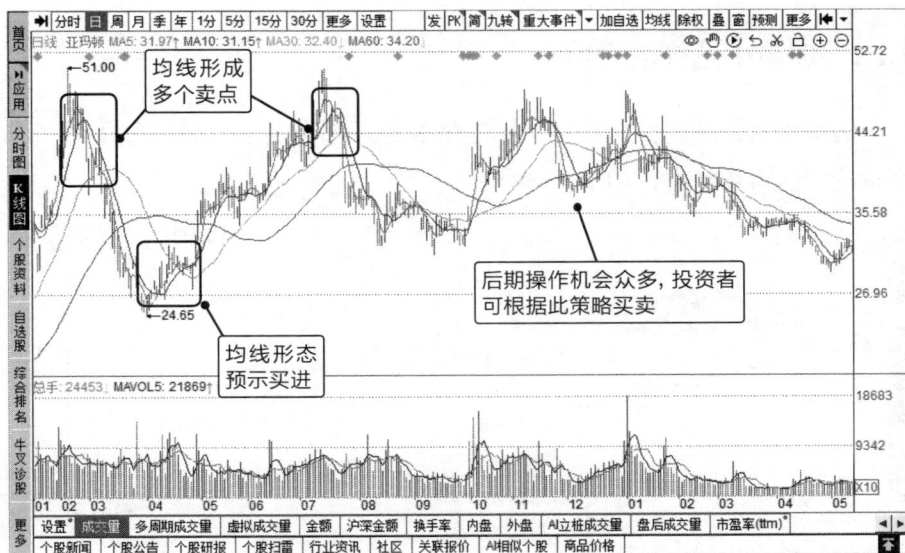

图 4-2　亚玛顿 2020 年 1 月到 2021 年 5 月的 K 线图

从 K 线图中可以看到，亚玛顿正处于一段震荡行情中。从均线的状态可以发现，在 2020 年 1 月之前，股价还在快速上涨，均线组合呈现陡峭的上扬走势。进入 2 月，股价创出 51.00 元的新高后才开始回落。

在股价下跌的同时，5 日均线和 10 日均线迅速拐头向下形成死亡交叉，随后很快下穿 30 日均线，明确的卖出信号出现，投资者可直接卖出。

4 月初，股价在 25.00 元价位线附近受到支撑止跌，并迅速开始回升，5 日均线和 10 日均线转向上方形成黄金交叉，随后迅速上穿 30 日均线，买入信号出现，投资者可积极建仓。

这一波上涨持续了数月，直到 7 月初股价再次来到 50.00 元价位线附近，但未能成功突破前期高点，后续再次出现了下跌，均线又一次形成卖出信号，此时投资者可卖出。

在后续的走势中，该股始终维持着这样的震荡走势，虽然后期震荡幅度变小，但依旧为短线操作留下了空间。投资者根据之前的手法分段买卖，还是有很多机会赚取收益的。

4.1.2　弱市中选择潜力股

弱市也可以说是空头市场，指的是 K 线阴多阳少、行情持续下滑、成交量冷淡的市场状态，如图 4-3 所示。

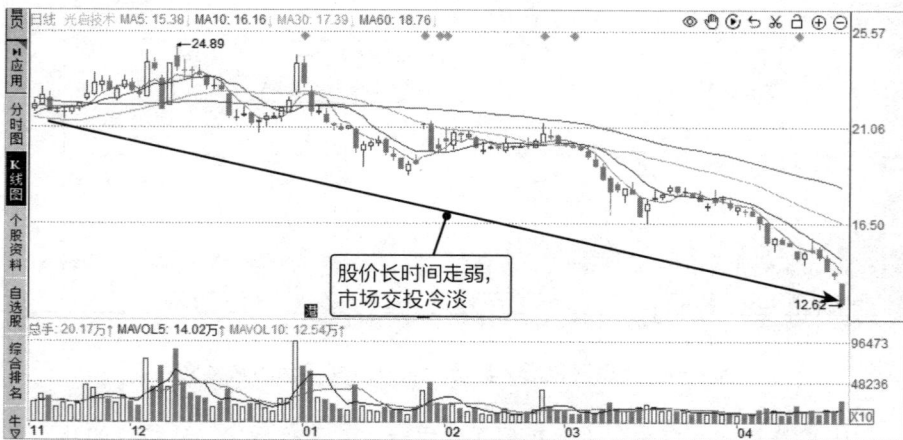

图 4-3　弱市的走势

在这样的市场中选股和操作都相对比较困难，但有的优质股票处于弱市时价格被低估，安全边际被拉大，买进成本极大地降低，为长期投资者提供了入场机会。

不过，不是所有处于弱市的股票都适合低位买进，此时投资者就有必要将基本面与技术面结合起来分析。基本面看上市公司的业绩是否对股价起支撑作用，技术面则看长周期均线的运行方向。

只要确定公司的业绩良好，短期未出现影响未来发展的重大事件，长周期均线的运行方向没有彻底拐头向下，那么投资者就可以在弱市大胆买进，长期持有，等待强市的到来。

下面来看一个具体的案例。

实例分析
石英股份（603688）弱市中的潜力股

图 4-4 为石英股份 2020 年 2 月到 2021 年 5 月的 K 线图。

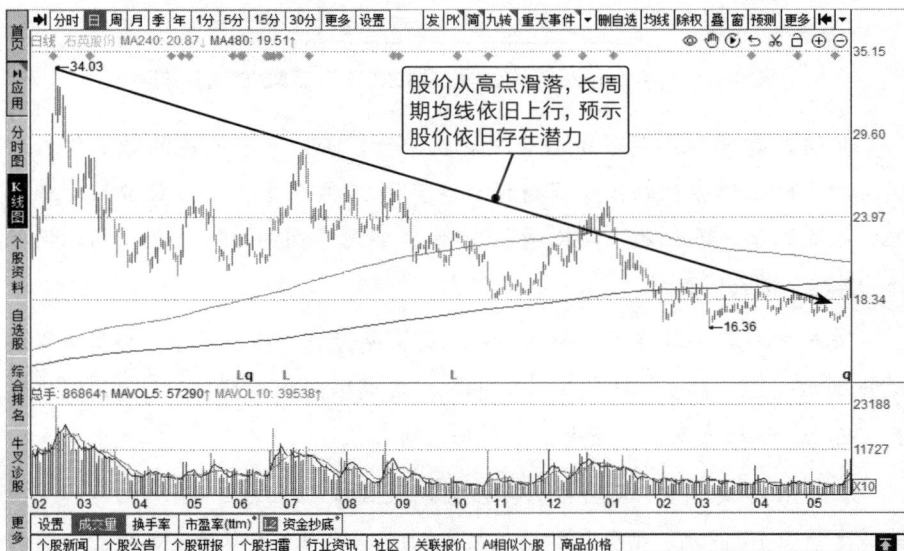

图 4-4 石英股份 2020 年 2 月到 2021 年 5 月的 K 线图

从 K 线图中可以看到，石英股份在 2020 年初创出 34.03 元的新高后，就开始逐渐下滑，进入了弱市行情中。在此期间，股价多次出现震荡和反弹，但始终未能越过前期高点，低点不断下移。

观察两条长周期均线可以发现，在较长一段时间内，240 日均线和 480 日均线都维持着上扬状态。尽管进入 2021 年后，240 日均线开始拐头向下，但 480 日均线依旧上行，只是上扬角度变缓。从技术面来看，该股还存在上涨的潜力和空间。

那么，从基本面的数据来看，石英股份在此期间的表现如何呢？

图 4-5 为石英股份 2020 年一季度到 2021 年二季度的营收数据。

报告期 全部 ∨	每股收益(元)	每股收益(扣除)(元)	营业总收入			净利润			每股净资产(元)	净资产收益率(%)	每股经营现金流量(元)	销售毛利率(%)
			营业总收入(元)	同比增长(%)	季度环比增长(%)	净利润(元)	同比增长(%)	季度环比增长(%)				
2021 06-30	0.32	0.29	4.41亿	42.63	12.42	1.13亿	-7.130	65.52	5.6294	5.61	0.033	42.92
2021 03-31	0.12	-	2.08亿	48.94	18.33	4239万	35.56	8.059	5.5898	2.15	-0.0068	40.37
2020 12-31	0.54	0.36	6.46亿	3.732	9.152	1.88亿	15.31	41.65	5.4589	10.86	0.0928	40.74
2020 09-30	0.43	-	4.70亿	1.482	-5.340	1.49亿	31.06	-69.20	5.3407	8.59	-0.0024	42.27
2020 06-30	0.36	0.19	3.09亿	0.474	21.82	1.21亿	59.01	187.55	4.8892	7.48	0.0338	42.28
2020 03-31	0.09	-	1.39亿	-0.973	-12.39	3127万	8.780	-36.87	4.4826	2.01	-0.0704	42.17

图 4-5 石英股份 2020 年一季度到 2021 年二季度的营收数据

从这段时间内石英股份的业绩表现来看，2020 年一季度的营业收入确实有所下降，但净利润依旧保持增长。直到 2020 年末，石英股份的营业收入已经达到了 6.46 亿元，同比增长 3.73%；实现净利润 1.88 亿元，同比增长 15.31%，业绩表现良好。

进入 2021 年一季度后，公司业绩更是大超预期。报告显示，公司单季实现营业收入 2.08 亿元，同比增长 48.94%；实现净利润 4 239.00 万元，同比增长 35.56%，业绩表现极其亮眼，盈利拐点到来。

但在 K 线走势中，2021 年一季度时该股股价已经跌至 480 日均线以下，最低达到了 16.36 元。结合基本面与技术面的分析基本可以确定，该股未来的上涨空间巨大，目前所处位置是不可多得的估值低点，投资者可趁机迅速买进，持股等待后市上涨。

图 4-6 为石英股份 2021 年 2 月到 2022 年 6 月的 K 线图。

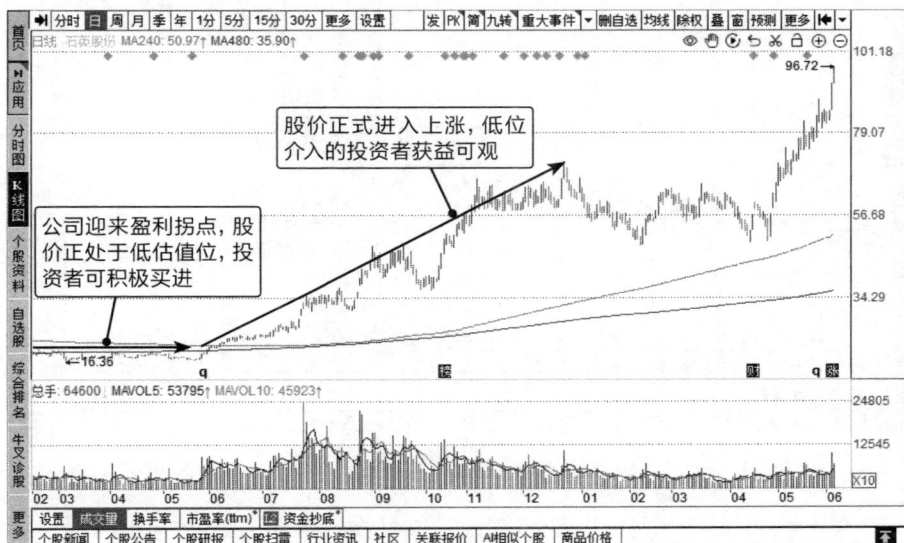

图 4-6　石英股份 2021 年 2 月到 2022 年 6 月的 K 线图

从后续的发展可以看到，在 2021 年一季度过去后，股价继续横向整理了近两个月。从 5 月底开始，股价出现快速上涨，之后涨速逐步加快，带动两条长周期均线加大上行角度，并迅速突破了前期 34.03 元的高点。

至此石英股份正式进入了强市中，前期在低估值区域入场的投资者无论在何时卖出，都能获得不错的收益。而打算长期持有的投资者，只要对该股的看好意愿没有改变，就可以一直保持持有，在这样的心态下，获得翻倍涨幅也是很有可能的。

4.1.3　强势调整适宜介入

强势调整指的是股价在上涨过程中因获利盘回吐或是主力清理浮筹等原因，进入一段整理阶段，如图 4-7 所示。

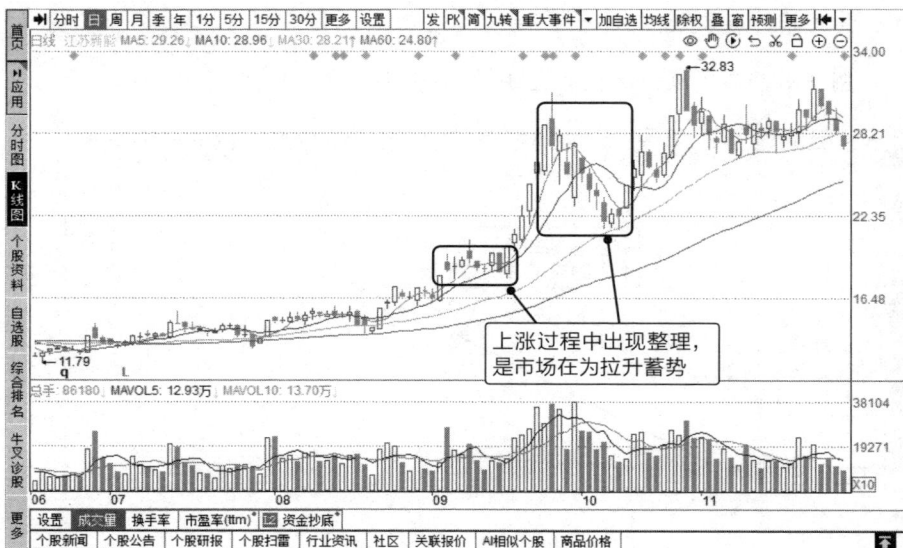

上涨过程中出现整理，
是市场在为拉升蓄势

图4-7 强势调整的走势

在上涨行情中出现整理是非常正常的情况。股价在长时间上涨后，盘中会积累一批亟待兑现的筹码，当某一段时间这些筹码集中抛售时，自然会将股价下压，进而进入整理阶段，属于被动型整理。

还有一种情况是主力主动将股价下压，借此机会让场内筹码实现充分换手，市场意愿趋于一致，看多情绪更加浓厚，减轻后市的拉升压力，这种整理就属于主动型整理。

无论是哪种整理方式，一般来说投资者都可以根据长周期均线的支撑作用来判断股价是否还有上涨空间。

◆ 如果长周期均线没有被跌破，那么后市大概率会继续上涨，投资者可在低位加仓或买进。

◆ 如果长周期均线被短暂跌破，后续股价又回到了其上方，只要回踩时确认了其支撑力，投资者依旧可以买进。

不过，投资者还需要警惕长周期均线被彻底跌破的情况，一旦确认股价短时间内很难回到其上方，就要及时止损或持币观望，避免贸然买入遭受损失。

下面来看一个具体的案例。

实例分析

海源复材（002529）强势整理时的买入时机

图 4-8 为海源复材 2021 年 4 月到 12 月的 K 线图。

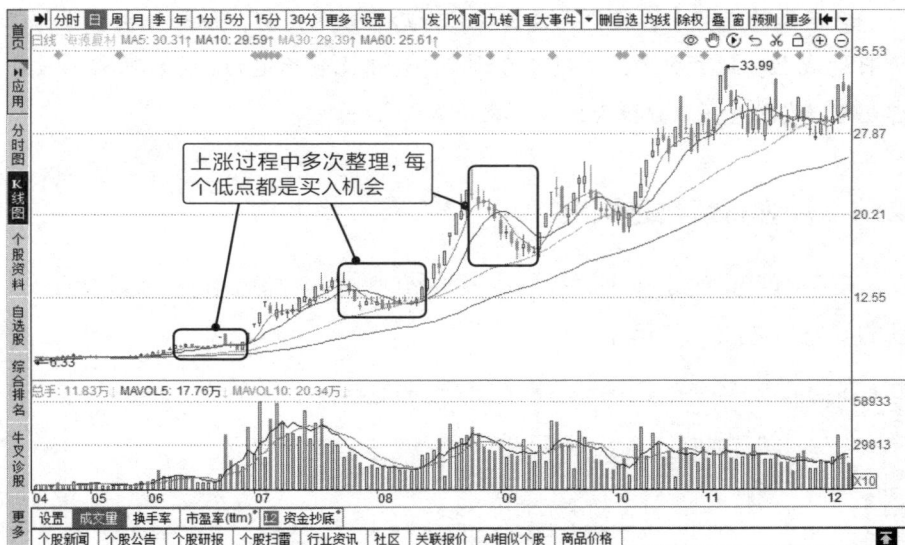

图 4-8　海源复材 2021 年 4 月到 12 月的 K 线图

从 K 线图中可以看到，海源复材正处于稳定的上涨行情中。在 4 月到 5 月期间，股价还在低位横向整理，但进入 6 月后就开始积极上涨，并在 6 月中上旬进行了第一波整理。

第一波整理幅度非常小，几乎是横向运行，时间也比较短，在 6 月底股价就开始了再次的上涨，直到越过 12.55 元的价位线后才出现下跌，开始第二波的整理。

此时股价的涨势已经比较明确，并且股价在下跌一段距离后在 30 日均线附近受到强力的支撑，横向整理一段时间后又回到上涨轨道。此时，投资者就可以趁机建仓，持股待涨。

8月中上旬，股价再次快速上涨，此次拉升速度较快，股价从12.55元附近上涨至20.21元价位线以上，只用了不到一个月的时间，随后便出现了快速的下跌。

从成交量的量能来看，这一次整理很有可能是主力出手的主动性整理，后续股价也在30日均线上受到了支撑，此时投资者依旧可以适当加仓。

在后续的走势中，股价反复出现拉升后下跌的走势，但每一次下跌都在30日均线上受到了支撑，说明股价的涨势还是比较确定的。分批买进的投资者也可以在拉升高点分批卖出，将收益落袋为安。

4.1.4 反弹行情快进快出

反弹行情指的是在下跌过程中股价暂时止跌，随后出现一定幅度的上涨的状态，如图4-9所示。

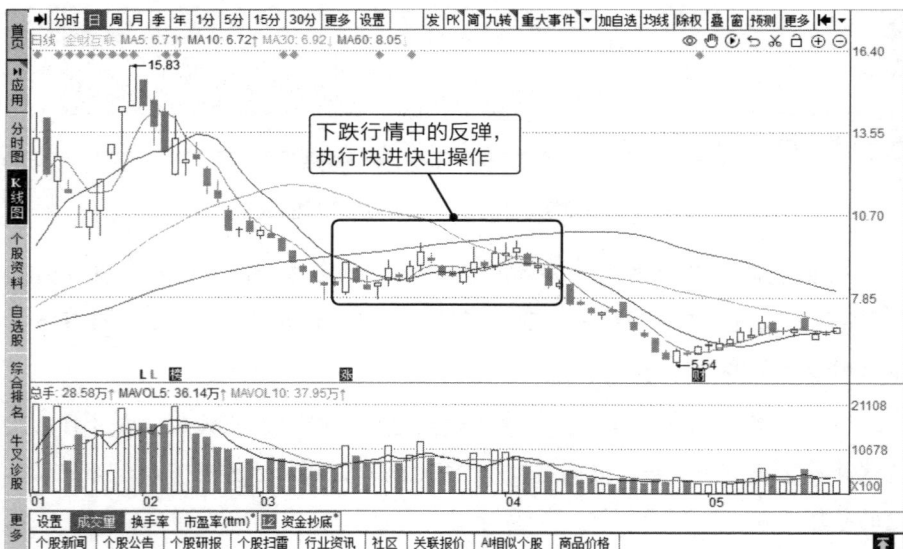

图4-9 反弹行情走势

在下跌行情中的反弹可大可小，经验丰富的投资能够通过快进快出的方式，从一波波的反弹行情中获取快速的短线收益。不过大多数时候，投资者都无法准确地买在最低、卖在最高，只能尽量通过技术指标来辅助确定合适的买卖点。

同时，投资者在反弹行情中操作还需要保持果断，快进快出的精髓就在于快，一旦决定就要立刻出手。无论是卖出还是买入，只要判断准确，执行力强，在小幅反弹中也有机会抢到收益。

下面来看一个具体的案例。

实例分析

科沃斯（603486）反弹行情中快速买卖

图 4-10 为科沃斯 2021 年 7 月到 2022 年 1 月的 K 线图。

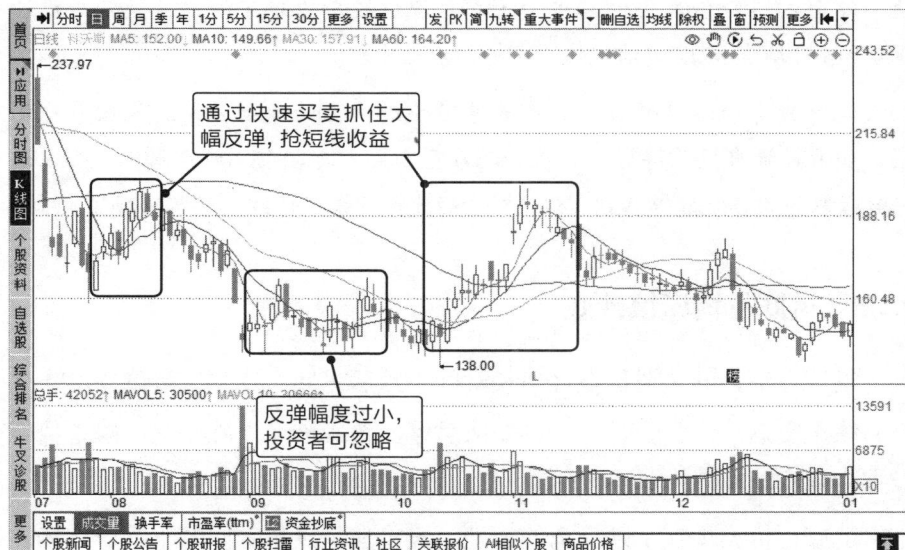

图 4-10　科沃斯 2021 年 7 月到 2022 年 1 月的 K 线图

从 K 线图中可以看到，科沃斯正处于下跌行情中，但整体跌势并不稳定，股价震荡幅度较大。

2021 年 7 月底，股价在 160.48 元价位线附近受到支撑暂时止跌，随后快速收阳上涨，5 日均线和 10 日均线拐头向上。在两条短周期均线拐头的同时，反应快的投资者已经果断买进。

8 月中上旬，股价受到 60 日均线的压制滞涨，随后很快下滑，5 日均线和 10 日均线转向下方。此时机警的投资者就要快速出手，将之前买进的筹码抛出，赚取一波短线收益。

在后续下跌的过程中，股价又出现了几次非常小幅度的反弹，因其时间较短，涨幅也不大，投资者可以选择不参与。

10 月中上旬，股价下跌创出 138.00 元的低价后止跌回升，股价接连收阳上涨。此次反弹涨速较快，直接带动 5 日均线、10 日均线和 30 日均线纷纷拐头向上，形成金叉，绝佳的买入点出现。

投资者在买进后要保持关注，因为反弹行情的特点就是来得快去得也快。11 月初，股价在上涨越过 188.16 元价位线后出现了滞涨，数日后迅速下跌，5 日均线和 10 日均线快速下行，卖点出现。

此时投资者不可惜售，一定要遵循快进快出的原则，果断抛出手中筹码。如果投资者操作得好，买在 140.00 元左右，卖在 185.00 元附近，那么这一波赚取的收益就能够达到 32%，对于短线操作来说已经是非常可观了。

4.1.5　筑底行情谨慎抄底

筑底行情指的是股价在经历长时间下跌后见底，反弹后再度跌落，并在后续重复这一走势，甚至经过多次盘整，直到进入上涨，这一段走势就被称为筑底，如图 4-11 所示。

筑底行情出现在下跌行情的末期，股价在经过长时间的下跌后，场内的做空动能已经得到充分释放，市场中的多空双方力量暂时处于平衡状态。与此同时，成交量也会出现一定的缩减，说明市场大多持观望态度，交投比较冷清。

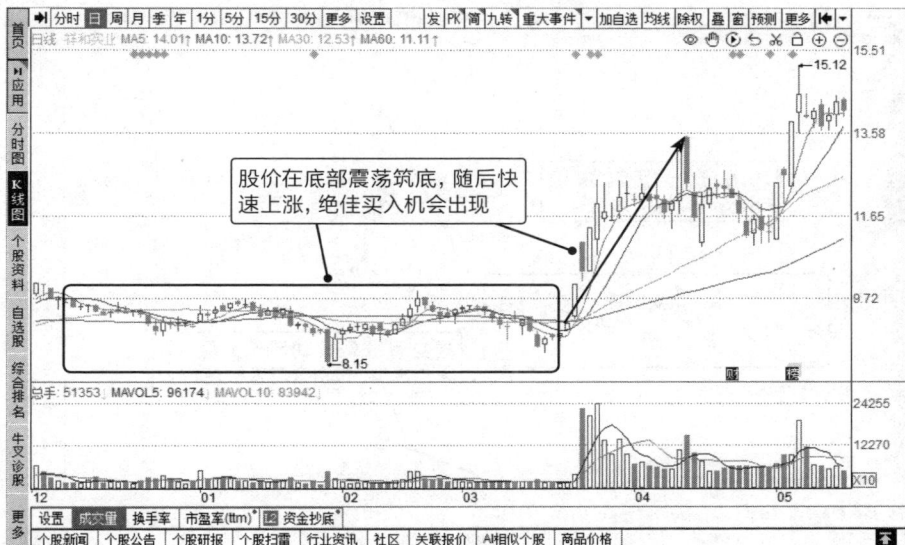

图 4-11　筑底行情走势

投资者的介入时机在上涨出现后，毕竟股价还在震荡时很难准确判断后市走向，如果在低位抄底很容易因判断失误被套。

因此，在筑底行情中投资者最好保持谨慎，就算不能在最低点买入，也可以在股价出现大幅拉升之前买进。

一般来说，合适的买进时机有以下两种。

◆　股价上穿长周期均线，并在回踩后站稳，后续收阳上涨。

◆　均线全部拐头向上，形成多个金叉，并向上发散开。

需要注意的是，股价在上涨时需要有成交量的配合放大，否则很有可能继续下跌，导致投资者被套。

下面来看一个具体的案例。

实例分析

陇神戎发（300534）筑底行情中谨慎抄底

图 4-12 为陇神戎发 2021 年 1 月到 7 月的 K 线图。

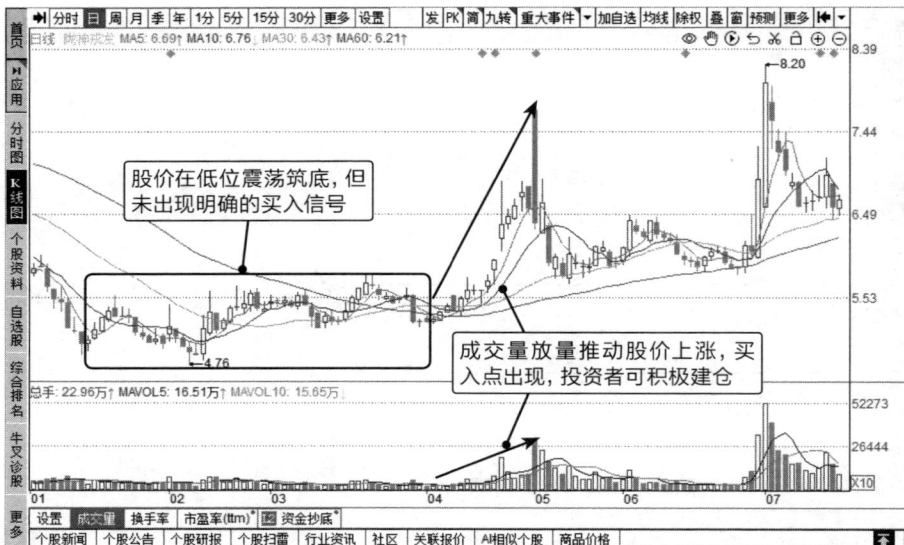

图 4-12　陇神戎发 2021 年 1 月到 7 月的 K 线图

从 K 线图中可以看到，陇神戎发正处于下跌行情的底部。从均线的状态可以发现，在 2021 年 1 月之前，股价还处于持续的下跌状态，直到进入 1 月后，股价在 4.85 元价位线附近止跌后回升，开始了在低位的震荡。

从 1 月中上旬到 3 月，股价始终维持着震荡状态，并在后期有所上扬，在此期间成交量也在不断回缩，直至收出地量。这些迹象都说明行情正在筑底，但明显的上涨信号还未出现，投资者不可贸然进入。

4 月中上旬，成交量开始逐步放量，股价被推动快速上涨，在较短时间内突破了均线并站在了其上方。与此同时，均线也纷纷被带动上扬，互相上穿后形成多个金叉，并向上发散开来。

连续出现的两个看多信号预示着明确的买入机会，再加上成交量的配合放量，基本上可以确定上涨行情的诞生，该位置就成了绝佳的建仓位，投资者要积极买进。

4.2　借助技术理论选股

在股市的发展历程中，涌现出了非常多的经典技术理论，包括投资者耳熟能详的道氏理论、艾略特波浪理论等。这些理论经历了长久的完善和验证，已经成为技术分析不可或缺的部分。对于投资者来说，也具有非常强的指导意义。

4.2.1　量价理论的配合与背离

量价理论最早由股市分析家葛兰威尔提出，他认为成交量是股价波动的基石，成交量的变动直接体现股市交易是否活跃，人气是否旺盛，而且体现了市场运作过程中供给与需求之间的动态实况。

也就是说，成交量是支撑股价浮动的骨架，没有成交量就没有市场波动，更不存在行情和趋势。成交量的增加或萎缩，都会在股价的走势中体现出来。

在经典的量价理论中，存在 9 种量价关系，其中有量价的配合，也有量价的背离，每种关系反映出的市场含义和未来走势都不尽相同。

（1）量价的配合关系

量价的配合关系主要有量增价涨、量减价跌以及量平价平三种，具体含义如图 4-13 所示。

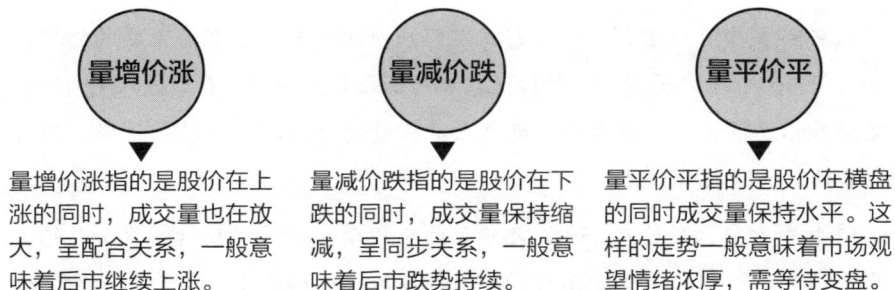

量增价涨指的是股价在上涨的同时，成交量也在放大，呈配合关系，一般意味着后市继续上涨。

量减价跌指的是股价在下跌的同时，成交量保持缩减，呈同步关系，一般意味着后市跌势持续。

量平价平指的是股价在横盘的同时成交量保持水平。这样的走势一般意味着市场观望情绪浓厚，需等待变盘。

图 4-13　量价配合的三种关系

　　当量价呈现配合状态时，股价走向通常都会沿着当前状态发展，上涨的继续上涨，下跌的仍然下跌，横盘的依旧横盘。再结合其他技术指标，如均线，投资者就可以初步确定是否买卖。

　　下面来看一个具体的案例。

实例分析

三人行（605168）量价配合下的买卖操作

　　图 4-14 为三人行 2021 年 10 月到 2022 年 3 月的 K 线图。

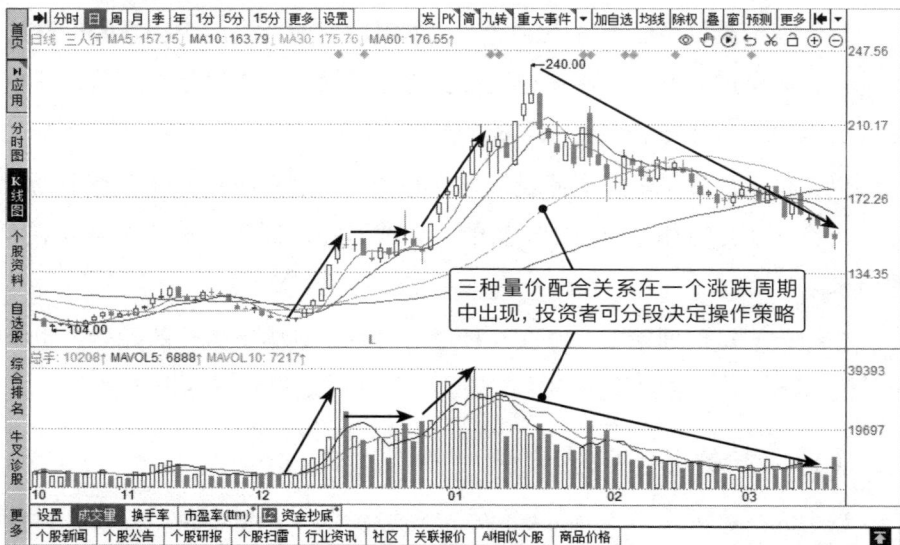

图 4-14　三人行 2021 年 10 月到 2022 年 3 月的 K 线图

　　从 K 线图中可以看到，三人行正在经历一次完整的上涨后下跌的周期。在 2021 年 10 月到 11 月期间，股价还在相对低位横向波动。直到进入 12 月后，成交量开始逐步放大，推动股价迅速上涨，量增价涨的配合关系形成，同时均线上扬，一个买点出现。

　　12 月中上旬，股价在 155.00 元价位线附近受阻后滞涨横盘，股价开始走平整理。与此同时，成交量在回落一定幅度后也开始走平，量平价平的配合关系形成，均线也跟随股价走平，投资者此时应保持观望。

12 月底，成交量再次放大推涨股价，又一次形成了量增价涨的配合关系，均线也恢复上行，买入信号出现，投资者可适当加仓。

2022 年 1 月中上旬，股价最高上涨至 240.00 元的位置，随后拐头向下。同时成交量也在快速缩减，量价呈现量减价跌的配合关系，均线转向下方形成死叉，说明后市即将进入下跌，投资者需要及时卖出。

这样的一轮涨跌周期基本上能够同时呈现出 3 种量价的配合关系，投资者根据这些明确的量价配合关系，就可以确定当前的操作策略。

（2）量价的背离关系

量价的背离关系主要有量增价跌、量增价平、量减价涨、量减价平、量平价涨以及量平价跌 6 种，具体含义见表 4-1。

表 4-1　6 种量价背离关系及其含义

量价背离关系	含　义
量增价跌	指的是股价在下跌的同时，成交量反而出现放大，呈现背离状态。这样的背离关系一般出现在下跌行情的初期以及行情的底部，前者意味着主力在大量出货，后市看跌；后者意味着主力在压低股价吸筹，后市看涨
量增价平	指的是股价在走平时，成交量还在放大的状态，一般出现在上涨途中以及行情的高位。前者意味着市场在进行调整，获利盘出货量较大，待到整理完毕股价将继续上涨；后者意味着主力已经开始出货，多空筹码交换活跃，待到出货完毕，后市将进入下跌
量减价涨	指的是股价在上涨的同时，成交量却在缩减，一般出现在上涨的初期以及行情的高位。前者意味着主力控盘程度较高，无须太大量能即可带动股价上涨；后者意味着多方推涨乏力，股价已经到达高位，随时可能进入下跌
量减价平	指的是股价在走平的同时，成交量出现缩减。一般出现在上涨的途中以及行情的高位。前者意味着市场进入了整理阶段，观望情绪浓厚，投资者需等待变盘；后者意味着股价已经进入滞涨，随时可能见顶下跌
量平价涨	指的是股价在上涨的同时，成交量反而出现走平的现象。这样的背离状态，出现的位置以及预示意义与量减价涨类似，但信号强度不如量减价涨

续表

量价背离关系	含　义
量平价跌	指的是股价在下跌时，成交量却在走平，一般出现在下跌途中以及行情底部。前者意味着场内抛压减小，多方开始发力，股价可能出现反弹；后者意味着股价持续探底，抛压渐小，下跌空间已经有限，若后续出现看涨信号，就可能是新行情的诞生

当量价呈现背离关系时，处于不同的位置会有不同的预示意义，相较于量价配合关系来说比较复杂。但投资者熟悉后，在实际操作中将得到非常大的助力。

下面来看一个具体的案例。

实例分析

金辰股份（603396）行情顶部的量价背离关系

图 4-15 为金辰股份 2021 年 5 月到 2022 年 1 月的 K 线图。

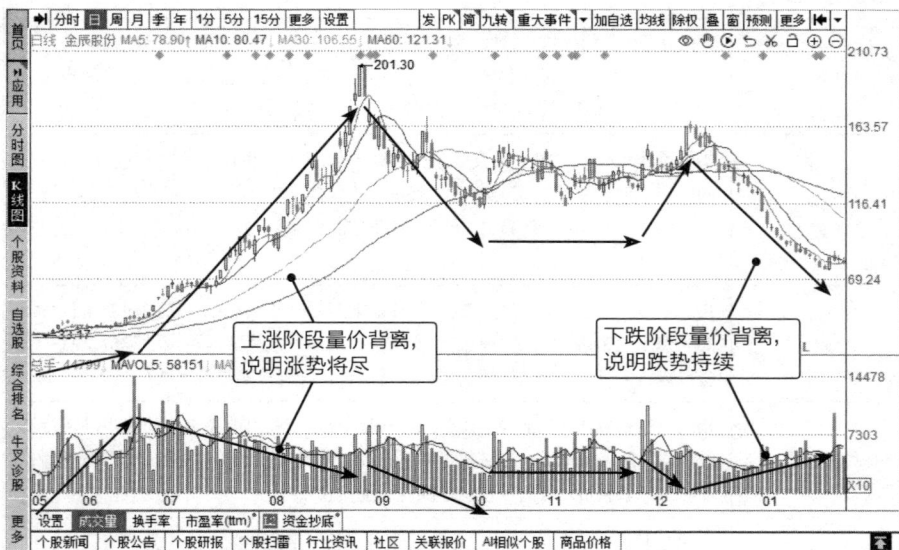

图 4-15　金辰股份 2021 年 5 月到 2022 年 1 月的 K 线图

从 K 线图中可以看到，金辰股份正处于上涨行情的顶部。在 2021 年 5 月到 6 月中上旬期间，股价在成交量的放大推涨下缓慢上涨，买入信号出现。

但到了 6 月中下旬时，成交量量能明显缩减，但股价涨速却在加快。在接近顶部的位置出现量缩价涨的背离，传递出危险的信号，说明股价在失去支撑的情况下很难维持长时间上涨，投资者应提高警惕，必要时及时离场。

8 月下旬，股价在创出 201.30 元的新高后快速拐头下跌，成交量也同步下滑，呈现量价配合的关系，预示后市将进入下跌，投资者需尽快卖出。

10 月初，股价在 116.41 元价位线附近受到支撑，随后止跌回升，开始在其上方横向运行。此时成交量也在相应放大后走平，二者呈现量平价平的走势，投资者需保持观望。

11 月底，股价再次反弹，成交量在放大数日后又快速回缩，量价形成量缩价涨的背离。这说明此次反弹持续时间不长，幅度也不会太大，反弹的高位就是投资者最后的离场机会。

12 月中上旬，股价在反弹越过 163.57 元价位线后止涨，随后开始下跌，一路下滑至 69.24 元价位线附近。在此期间，成交量却呈现整体放大的状态，与股价形成了量增价跌的背离，意味着场内抛压加重，后市跌势将持续。还留在场内的投资者已经被深套，最好及时卖出止损。

4.2.2　箱体理论的分段与突破

箱体理论是由证券分析师尼古拉斯·达瓦斯提出的，是一种建立在趋势发展方向上，用于验证趋势规律的理论。

股票在运行过程中，会分段形成一定的价格区域，在这些区域中，股价会在一定的范围内波动，形成一个箱体。基于这样的情况，箱体理论将一段完整的行情分为一个个独立的箱体，分别来研究这些独立箱体的高点和低点。

当股价上涨接触到箱体顶部时，会受到卖盘的压制回落；当股价下跌接触到箱体底部时，会受到买盘的推动回升，箱体的顶部与底部就形成了关键的压力位与支撑位。

一旦股价上涨（下跌）突破（跌破）箱体的压力位（支撑位），并在后续的回踩（回抽）中确认有效后，那么股价就将进入下一段箱体的运行，运行方向取决于股价突破的方向。

也就是说，如果股价向上突破箱体，那么后市大概率会朝着上升行情发展，反之就会出现下跌。

需要注意的是，股价在向上突破压力位时，一般会伴随着成交量的放大，否则可能突破无效。而在向下跌破支撑位时，成交量可能会放大也可能会自然缩减，投资者需要根据实际情况进一步分析。

下面来看一个具体的案例。

实例分析

西藏矿业（000762）上升行情中的箱体理论应用

图 4-16 为西藏矿业 2021 年 2 月到 11 月的 K 线图。

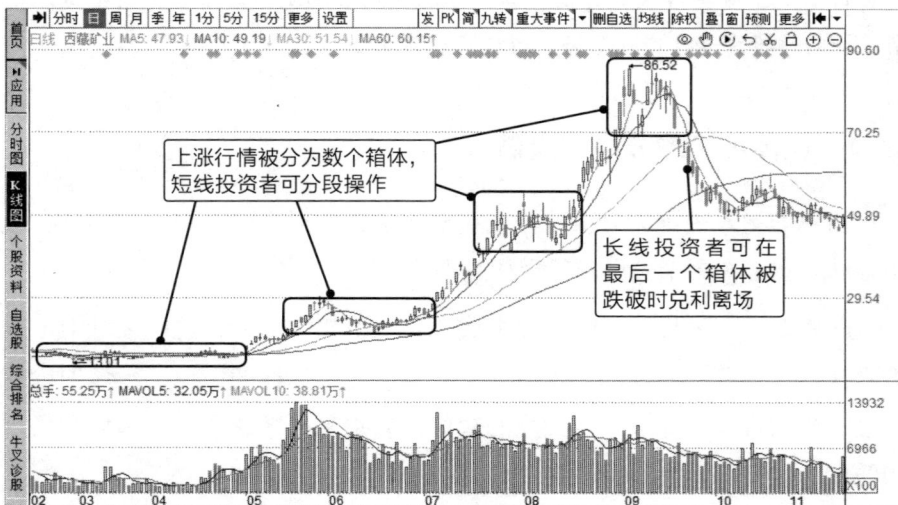

图 4-16　西藏矿业 2021 年 2 月到 11 月的 K 线图

从 K 线图中可以看到，西藏矿业正处于上涨行情的顶部。在 2 月到 4 月期间，股价还在低位横向盘整，整体处于一个狭窄的箱体中。

从 4 月底开始，股价在成交量的推动下上涨并突破了箱体，最后于 5 月初回踩箱体顶部，确认站稳后，便进入了下一个箱体的运行，第一个买入信号出现。

5 月中下旬，股价在 29.54 元价位线附近受到压制后下跌，该位置便是新箱体的顶部。一段时间后，股价受 30 日均线支撑开始回升，一路上涨直至突破了 29.54 元价位线，数日后进行了小幅回踩，确认突破有效，随后继续上涨，进入了下一个箱体，这是第二个买入信号。

7 月中下旬，股价在 49.89 元价位线附近受阻回落，又在 41.00 元左右受到支撑，开始横向震荡。8 月中上旬，股价快速上涨，一举突破了 49.89 元价位线的压制，并在后续进行了小幅回踩，确认支撑力后再次进入了新箱体，此为第三个买入信号。

9 月初，股价在创出 86.52 元的新高后滞涨，随即开始横向震荡，70.25 元价位线成为新箱体的底部。震荡一段时间后，股价迅速收阴跌破了箱体底部，较快的跌速导致回抽幅度非常小，股价几乎是以斜线快速下坠，确认有效跌破了该箱体。

在出现连续数次向上突破箱体后，突然转变的突破方向显然预示着行情的扭转。长期持有的投资者在前期积累的利润，可以在最后一个箱体被跌破前迅速兑现；短线操作的投资者则可以在每一个箱体中分段买卖，以降低被套的风险。

4.2.3　波浪理论看准主升浪

波浪理论是证券分析家拉尔夫·纳尔逊·艾略特创建的一种研究趋势的理论。经过长期的发展与印证，艾略特波浪理论已经成为股市中重要且经典的技术分析理论之一。

波浪理论认为市场趋势的变动存在一定规律，每一个完整的循环都由几个固定的波段构成。这些波段可以缩小也可以扩大，小波段可以嵌入大波段中，但无论市场趋势如何变化，基本波段形态永恒不变。

理论中，市场的一个完整的涨跌周期循环被分为 8 个波段，前 5 个波段属于上升，后 3 个波段则属于下跌。因此，波浪理论也常常被称为八浪循环，如图 4-17 所示。

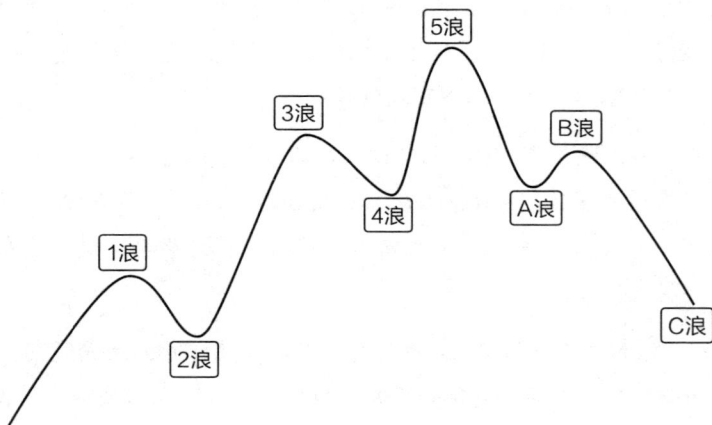

图 4-17　波浪理论的八浪基本形态

其中，1 浪、3 浪和 5 浪属于上升浪，3 浪一般来说都是主升浪，因此不可以是最短的一浪；2 浪和 4 浪则属于下跌浪。在下跌波段中，只有 B 浪是上升浪，A 浪和 C 浪都是下跌浪。

通过分段，市场的完整周期被分为了明确的上升阶段和下跌阶段，投资者在使用时就可以像套用公式一般，对后市的浪形进行预测，以确定操作策略。

但是，波浪理论的研究周期可能短至几月，也可能长至几年。一个超级大浪的形成可能就需要半年到一年的时间，当八浪完成一个完整的循环，可能需要数年时间，更适合长线投资者使用。

不过，由于波浪理论能够嵌套的特点，一个超级大浪中就有可能嵌入多个小浪，甚至是一个完整的八浪循环，这样短线投资者也可以使用波浪理论来确定买卖点。

下面来看一个具体的案例。

实例分析

恒力石化（600346）大循环中嵌套的小循环

图 4-18 为恒力石化 2019 年 8 月到 2022 年 1 月的 K 线图。

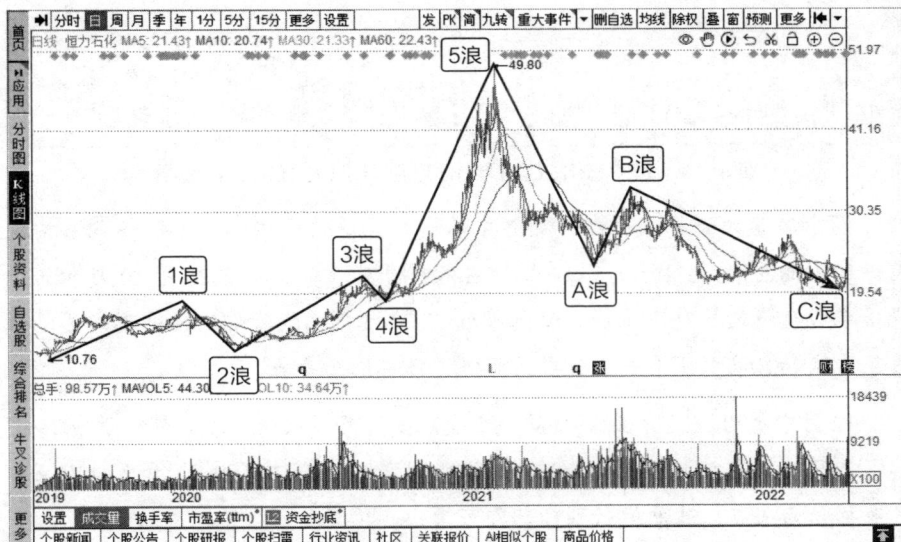

图 4-18　恒力石化 2019 年 8 月到 2022 年 1 月的 K 线图

从 K 线图中可以看到，恒力石化在长达数年的时间内，完成了一个完整的八浪循环。这一段循环浪形十分清晰，但耗费时间太长，几乎没有投资者能够完整持有整个周期。

既然无法在大循环中坚持，那么投资者就可以考虑其中嵌套的小循环。一般来说小循环的周期不长，中长线投资者完全有能力跟踪整个周期，短线投资者也可以分段操作。

图 4-19 为恒力石化 2020 年 10 月到 2021 年 3 月的 K 线图。

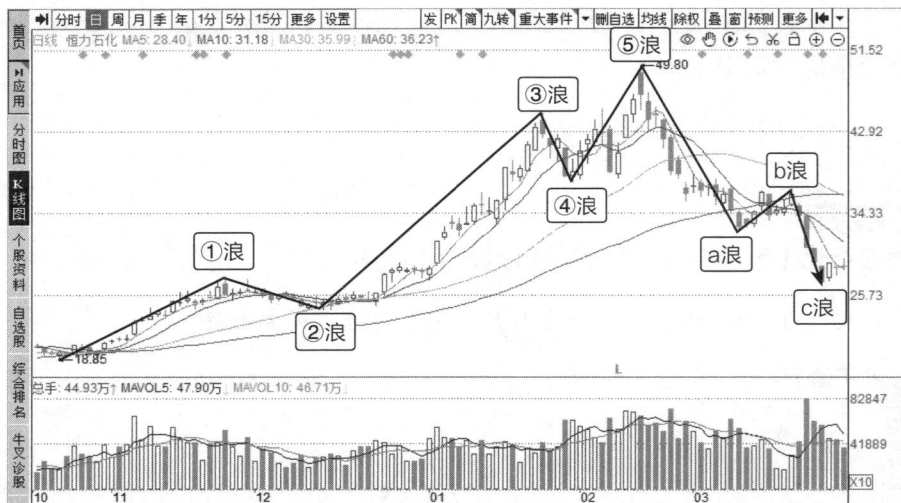

图 4-19　恒力石化 2020 年 10 月到 2021 年 3 月的 K 线图

　　图中展示的正是嵌套在大循环中的一个完整的小循环（①浪～⑤浪构成大循环中的 5 浪，a 浪～c 浪构成大循环中的 A 浪）。从 2020 年 10 月开始，股价在成交量的推动下上涨，直到越过 25.73 元价位线后阶段性见顶回落，形成了①浪和②浪。①浪初始位置为买点，顶部则为卖点。

　　12 月中上旬，股价在 30 日均线上受到支撑开始快速上涨，最终于 2021 年 1 月中下旬，在 42.92 元价位线附近阶段性见顶回落，形成了③浪和④浪。③浪初始为买点，波浪运行到顶部即可卖出。

　　随后一波上涨从 1 月下旬开始，一致持续到了 2 月中旬左右，股价最高上涨至 49.80 元，⑤浪出现。行情在见顶后快速反转，股价跌至 34.33 元价位线下方后止跌反弹，但很快又再次下跌，形成 a 浪、b 浪和 c 浪。其中⑤浪顶部为绝佳卖点，b 浪顶部则为止损卖点。

　　这就是跟随八浪循环进行的买卖操作，只要投资者足够熟练和果决，就有机会将各段涨幅收入囊中。

4.2.4　缺口理论确定买卖点

　　缺口理论中的缺口指的是 K 线与 K 线之间的真空区域，也常被称为跳空缺口。具体指的是股价当日的最低价高于前一交易日的最高价，或者当日最高价低于前一交易日最低价的现象，如图 4-20 所示。

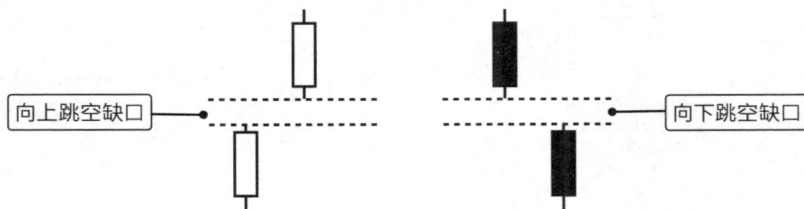

图 4-20　两种方向的缺口

当股价出现缺口，经过几天甚至更长时间的变动，股价会反转过来填补原来缺口的价位，称为缺口的封闭或回补。

缺口分普通缺口、突破缺口、持续性缺口与消耗性缺口 4 种。从缺口发生的部位以及大小，可以预测走势的强弱，确定是突破还是已到趋势尽头，具体如下。

◆ **普通缺口：** 一般出现在横盘整理中，属于偶然出现的跳空缺口，并且很快就会被回补，对趋势研判作用不大，但短线投资者可趁机低吸高抛，赚取缺口回补的小段收益。

◆ **突破缺口：** 一般会在密集的反转或整理形态完成后，突破盘局时产生，表示真正的突破已经形成。缺口越大，变动越剧烈。

◆ **持续性缺口：** 一般在离开形态或密集交易区域后的急速上升或下跌过程中出现，可帮助投资者估计未来市场的波动幅度。

◆ **消耗性缺口：** 大多在恐慌性抛售或消耗性上升的末段出现，也叫衰竭缺口，意味着趋势即将发生转变。

下面来看一个具体的案例。

实例分析
华联综超（600361）缺口买卖策略

图 4-21 为华联综超 2021 年 6 月到 10 月的 K 线图。

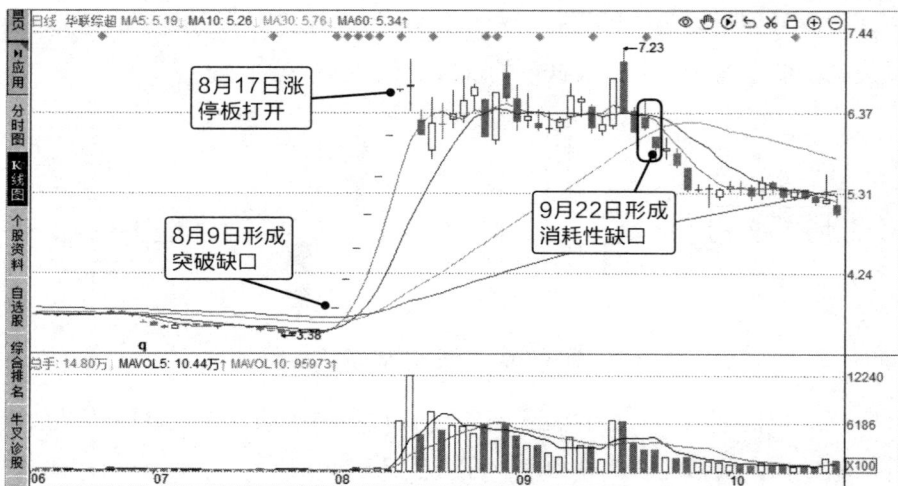

图 4-21　华联综超 2021 年 6 月到 10 月的 K 线图

从 K 线图中可以看到，华联综超正处于行情的顶部。在 6 月到 7 月期间，股价还在横向小幅度波动，属于成交密集区域。直到 8 月 9 日，该股突然出现跳空的一字涨停，成功突破前期盘整区间，形成了一个突破缺口。

在后续的数个交易日内，股价连续收出跳空的一字涨停板，这些缺口则可以视为持续性缺口。8 月 17 日，股价终于打开了涨停板，并在次日结束连续的跳空涨停，随后股价在 6.37 元价位线附近开始横向震荡。

9 月 22 日，股价向下跳空形成了一个缺口，股价从顶部滑落后快速下跌，此处的缺口可视为一个消耗性缺口，说明趋势即将转向下跌。

投资者在实际操作中，可以在向上的突破缺口出现时迅速买进，在持续性缺口形成时保持关注，最后在消耗性缺口的位置卖出。本案例的一字涨停属于比较极端的情况，一旦形成一字涨停投资者就无法买进了，但在实际情况下这样的走势很难遇见，因此投资者可以大胆按照这一策略操作。

第5章

学习观察K线分析盘面

K线图是投资者看盘的重要窗口之一，K线图中包含了股票的历史走势和技术指标变化，投资者从中能够分析出大量的有效信息。其中，K线形态的变化是非常关键的分析目标，一些特殊的形态甚至还能传递出明确的买卖信号，帮助投资者预判后市走向。

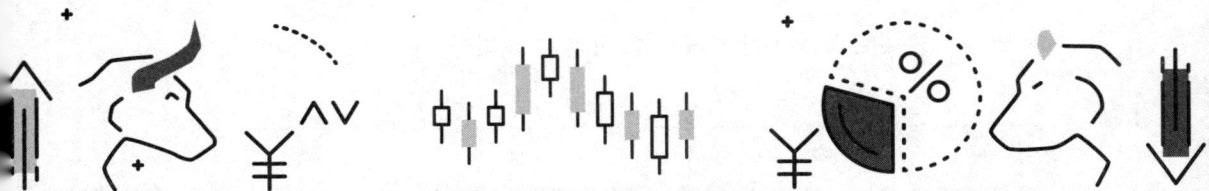

5.1 K 线组合形态的分析技术

K 线在运行过程中可能会形成多种特殊形态，当这些特殊形态出现在特定位置时，将具有较高的参考价值，同时也能够为投资者提供一定的指导和预示。

5.1.1 旭日东升积极看多

旭日东升指的是在下跌过程中，K 线首先收出一根中阴线或大阴线，次日收出一根高开中阳线或大阳线，阳线的收盘价需要高于阴线的开盘价，如图 5-1 所示。

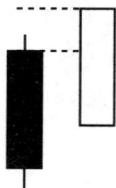

图 5-1　旭日东升 K 线形态

当股票价格长期处于下跌趋势时，K 线时常会出现低开低走，甚至连续收阴的走势。但随着空方力量的逐渐耗尽，多方开始反攻，在次日大力推涨，令股票的价格突然大幅高开，并继续上升直至收盘，收出近乎光头光脚的大阳线，并一举将上一交易日的阴线覆盖。

下跌趋势中出现旭日东升形态，表示股价暂时见底，后市出现反弹的概率较大。而在筑底过程中出现旭日东升形态，就属于见底信号，意味着后市将转势回升，买入信号比较强烈。

下面来看一个具体的案例。

实例分析
祁连山（600720）旭日东升积极看多

图 5-2 为祁连山 2020 年 8 月到 12 月的 K 线图。

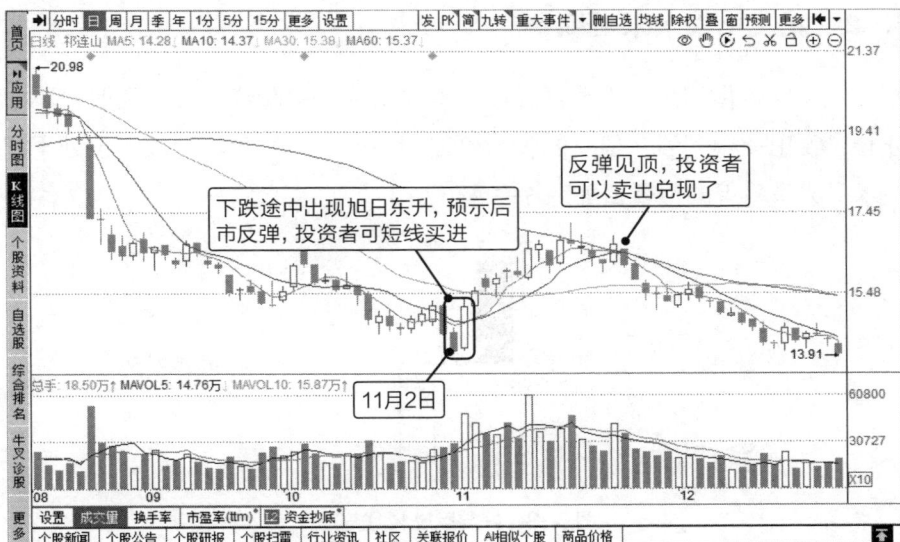

图 5-2　祁连山 2020 年 8 月到 12 月的 K 线图

从 K 线图中可以看到，祁连山正处于下跌过程中。在 8 月到 10 月期间，股价都在快速下跌，只是到后期跌速有所减缓。

11 月 2 日，股价在止跌横盘数日后再次收阴下跌，当日高开后持续低走，形成一根中阴线。但在次日，股价突然高开后迅速上涨，盘中最高涨幅达到了 9.28%，当日收出一根大阳线，大幅越过前一个交易日的最高价，两根相邻的 K 线形成了旭日东升形态。

在下跌行情中出现旭日东升形态，说明股价可能在后续出现反弹，短线投资者可在此位置积极买进。

11 月初，股价在形成旭日东升形态后接连上涨，直至靠近 60 日均线后受到阻碍滞涨。股价在 60 日均线附近横盘数日后，最终还是场内的空方占据了优势，股价回到下跌轨道中。

此时，5 日均线和 10 日均线也已经跟随股价下行，卖出信号明确，前期买进的投资者需要果断抛售，保住已有收益。

5.1.2　好友反攻未来可期

好友反攻指的是在下跌过程中，首先出现一根阴线，第二天股价跳空低开，收出一根阳线，但它的收盘价需要与前一天的阴线的收盘价处于同一水平或是附近的位置，如图 5-3 所示。

图 5-3　好友反攻 K 线形态

好友反攻的第一根阴线是原来下跌趋势的延续，第二根跳空低开高走的阳线则表示在开盘初始时，空方仍占据优势，因而开盘价与前一根阴线的收盘价之间有一定的跳空。但在之后，多方发力并扭转了局面，在收盘时将股价拉升至前一日收盘价附近，填补了这一跳空。

好友反攻表示股价大概已接近底部，行情有反弹或反转的可能，也是提示投资者不要盲目看空的信号。

遇到这种形态，持股的投资者应静观其变，空仓的投资者则可以结合其他技术进行综合研判，尤其是成交量是否有相应放大，如果确认后市会出现上涨，则应该适时买进。

下面来看一个具体的案例。

实例分析
威尔药业（603351）好友反攻未来可期

图 5-4 为威尔药业 2021 年 12 月到 2022 年 4 月的 K 线图。

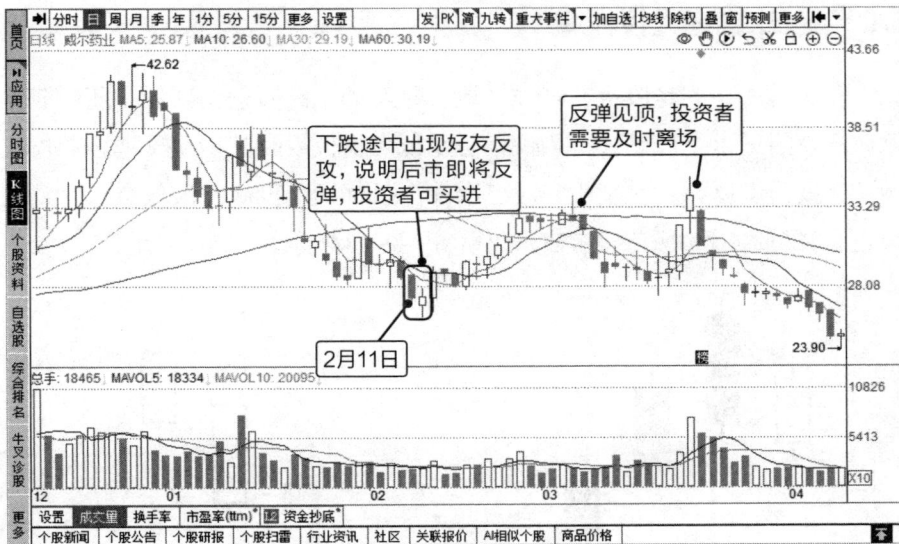

图 5-4　威尔药业 2021 年 12 月到 2022 年 4 月的 K 线图

从 K 线图中可以看到，威尔药业正处于下跌行情中。在 2021 年 12 月中下旬，股价创出 42.62 元的新高后滞涨数天，最终还是向下滑落。

2022 年 1 月底，股价下滑到 28.08 元价位线附近后止跌横盘，并于 2 月 11 日再次收阴下跌，股价当日高开后持续低走，收出一根跌幅达到 4.76% 的中阴线。次日，股价大幅低开后快速冲高回落，之后进入震荡行情中直至收盘，最终以 0.37% 的涨幅收出一根收盘价位于前一日阴线开盘价附近的阳线，构筑出好友反攻形态。

在下跌过程中出现的好友反攻形态，意味着股价可能即将进入反弹，向投资者传递出了非常明确的买入信号。从后续的走势也可以看出，股价很快连续收阳上涨，短时间内就从 28.00 元左右上涨至 33.00 元附近，涨幅近 18%。

在 33.29 元价位线下方横盘一段时间后股价下跌，但很快又在 28.08 元价位线附近受到支撑再次反弹。此次反弹的力度更大，速度也更快，前期没来得及卖出的投资者，可以在此高点迅速出手。

5.1.3　三次触底直接抄底

三次触底指的是股价在经过一段长时间的下跌后创出新低，随后股价就在低点附近上下波动，每当价格触及低点价位线时就止跌反弹，若再次触及，就再次反弹。在至少完成三次冲击后都未能彻底跌破低点，这几根触底的 K 线，就构成三次触底形态，如图 5-5 所示。

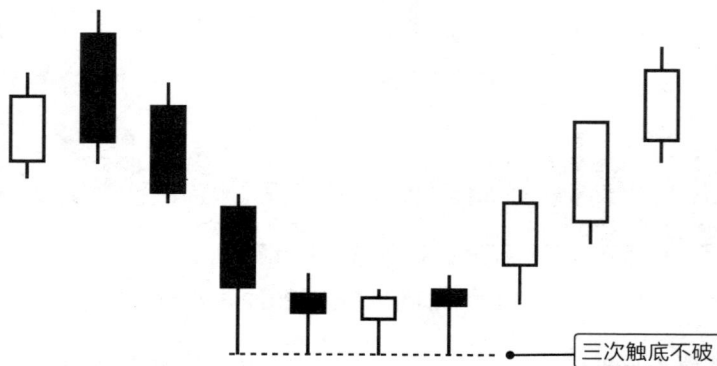

图 5-5　三次触底 K 线形态

三次触底形态的出现是空方助跌动能消散的表现，同时多方在占据优势后谨慎试探，确定空方颓势后，将在后续发展出一波上涨行情。

激进的投资者此时大胆抄底，就有可能获得丰厚利润；谨慎的投资者则可以暂时保持观望，待到股价出现明显的上涨信号时再买进，会相应降低判断失误的风险。

投资者在判断后市上涨的时候需要注意，成交量必须要有相应的配合放量，否则可能踏入筑底陷阱中，被套在场内。

下面来看一个具体的案例。

实例分析

九洲药业（603456）三次触底直接抄底

图 5-6 为九洲药业 2018 年 8 月到 12 月的 K 线图。

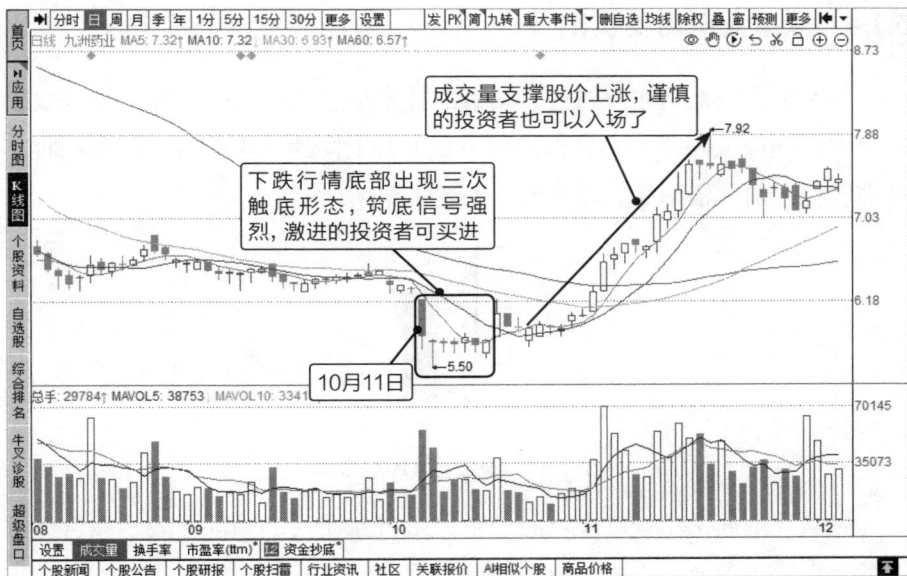

图 5-6　九洲药业 2018 年 8 月到 12 月的 K 线图

从 K 线图中可以看到，九洲药业正处于下跌行情的底部。从长周期均线的状态可以发现，在 8 月之前，股价还在快速下跌，只是后期跌势减缓，在 6.18 元价位线上方缓慢下行。

10 月 11 日，股价突然低开后大幅低走，在经历一系列震荡后最终以 7.92% 的跌幅收盘，形成一根大阴线。次日，股价再次下滑探底，盘中创出 5.50 元的新低后回升，以 1.03% 的跌幅收盘，形成一根带长下影线的小阴线。

在随后的数个交易日内，股价横向运行，最低价几乎保持水平，呈现出反复探底不破的走势。在连续三次触底不破后，三次触底形态形成。

事实上，此次形态的构筑过程中，股价对底部的冲击远不止三次，这更说明了筑底信号的强烈，激进的投资者在此时已经可以大胆建仓试探。

在形态成立后，股价很快开始在成交量的推动下上涨，均线也纷纷上扬并形成数个金叉，买入信号出现，谨慎的投资者也可以迅速买进了。

5.1.4 倾盆大雨需要卖出

倾盆大雨与旭日东升对应，二者的技术形态刚好相反。首先 K 线收出一根中阳线或大阳线，次日再出现一根低开大阴线或中阴线，阴线的收盘价需要低于前一根阳线的开盘价，如图 5-7 所示。

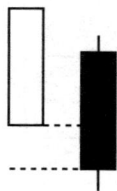

图 5-7　倾盆大雨 K 线形态

倾盆大雨通常出现在上涨行情的末端或是阶段的顶部，表示股价经过连续上涨后，多方推涨力量已经消耗殆尽，空方开始占据优势，股价后市继续上涨的压力较大，随时可能掉头下跌。

该形态属于比较强的看跌卖出信号，如果在上涨行情中发现，投资者可根据自身策略选择是否暂时卖出观望；若在股价的顶部或是下跌行情中发现，投资者就需要尽快出手了。

下面来看一个具体的案例。

实例分析

风语筑（603466）倾盆大雨需要卖出

图 5-8 为风语筑 2021 年 12 月到 2022 年 4 月的 K 线图。

从下图可以看到，风语筑正处于下跌行情的初期。在 2021 年 12 月期间，股价的涨势非常积极，K 线接连收出大阳线。但到了 12 月中旬时，股价涨速减缓，开始在 26.45 元价位线附近横盘。

此时观察成交量可以发现，在前期放量推涨股价后，成交量就出现了缩减，股价的横盘也说明了场内多方动能开始消减，涨势难以维持，向投资者传递出了危险信号。

2022 年 1 月中下旬，股价再次上冲，成交量虽有相应放大，但量能并未超过前期高点。而且后续成交量在推涨股价创出新高后就迅速回缩，导致股价再难以上冲，维持在高位横盘。连续的危险信号，意味着股价可能已经见顶，随时会向下跌落。

1 月 26 日，股价在高开后反复震荡，最终以 6.42% 的涨幅收出一根中阳线。次日，股价低开震荡后快速低走，盘中直逼跌停板，最终收出一根跌停的大阴线，收盘价远低于前一日的开盘价，两根 K 线形成了倾盆大雨形态。

在量价接连发出警告信号后出现倾盆大雨形态，无疑将见顶信号再次巩固，此时投资者不宜再滞留在场内，以尽快出局为佳。

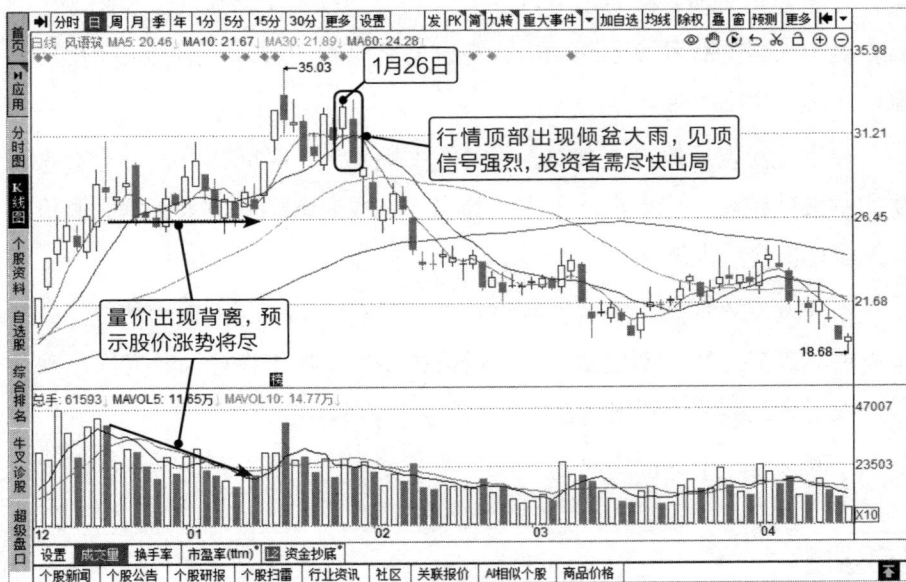

图 5-8　风语筑 2021 年 12 月到 2022 年 4 月的 K 线图

5.1.5　淡友反攻预示看空

淡友反攻指的是在上涨过程中，首先出现一根阳线，第二天股价跳空高开，收出一根阴线，但它的收盘价需要与前一天阳线的收盘价处于同一水平或是附近的位置，如图 5-9 所示。

图 5-9 淡友反攻 K 线形态

淡友反攻一般出现在上涨走势的顶部或是阶段顶部，表明多空双方的位置开始发生转换，多方不再占据绝对的主动权。在高开低走的阴线出现后，盘中大量的获利盘不断涌出，空方力量急剧增加，说明股价有反转迹象，发出了卖出信号。

在出现淡友反攻形态之前，股价的涨幅越大，时间越长，那么形态看跌的意义就越大。如果出现大阴线的当天，成交量相应放大，那么股价反转的概率就会大大增加。

当淡友反攻形态出现后，在没有其他看空信号同时出现的情况下，后市下跌的走势还暂时不确定。一旦量价或均线等技术指标同时发出下跌信号，投资者就需要果断出手，将已有收益收入囊中。

下面来看一个具体的案例。

实例分析

惠发食品（603536）淡友反攻预示看空

图 5-10 为惠发食品 2021 年 10 月到 2022 年 3 月的 K 线图。

从图 5-10 中可以看到，惠发食品正处于阶段的顶部。在 2021 年 10 月到 12 月期间，股价还在相对低位震荡，整体有缓慢上行的趋势。直到 12 月底，成交量突然集中放量，推动股价快速上涨，在短时间内就冲到了 13.94 元价位线附近。

2022 年 1 月 13 日，股价跳空高开，在震荡一段时间后直冲涨停板，最终以封板收出一根大阳线。次日，股价依旧高开，但盘中出现回落，未能延续上涨，最终以 0.28% 的跌幅收出一根收盘价在前日收盘价附近的阴线，两根 K 线形成了淡友反攻形态。

从 2021 年 10 月的 9.00 元附近上涨至最高的 15.51 元，涨幅达到了 72% 左右，已经非常高了，此时出现的淡友反攻形态就有较强的看空意义。并且在阴线形成的当日，成交量出现了剧烈放量，更确定了卖出信号，谨慎的投资者应立即出局。

在后续的走势中，股价也出现了快速的下跌，进一步巩固了下跌信号，还滞留在场内的投资者也需要及时卖出了。

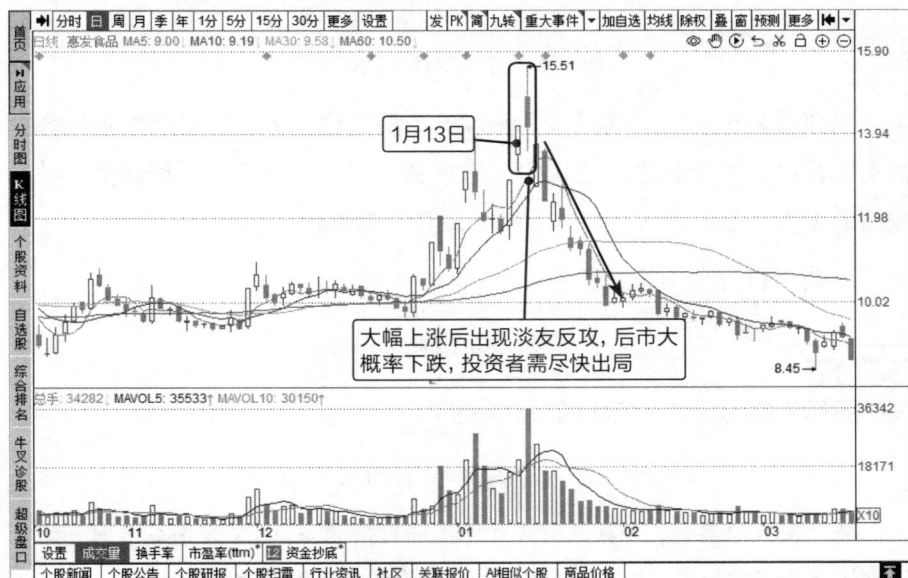

图 5-10　惠发食品 2021 年 10 月到 2022 年 3 月的 K 线图

5.1.6　三次触顶立刻逃顶

三次触顶指的是股价在经过一段长时间的上涨后创出新高，随后股价就在高点附近上下波动，每当价格触及高点价位线时就止涨回落，若再次触及，就再次下跌。若在至少完成三次冲击后都未能彻底突破高点，这几根触顶的 K 线，就构成三次触顶形态，如图 5-11 所示。

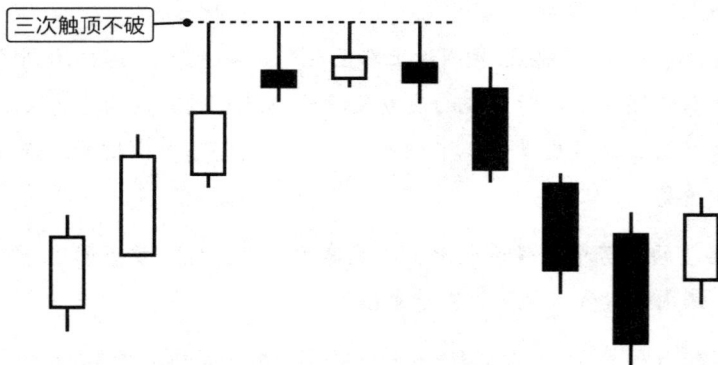

图 5-11　三次触顶 K 线形态

当股价处于长时间或是较大幅度的上涨高位，形成的三次触顶形态就具有比较高的反转意义。这说明多方推涨乏力，空方逐渐占据优势，随着抛压的增大，股价将很快步入下跌，投资者需尽快卖出。

下面来看一个具体的案例。

实例分析
恒林股份（603661）三次触顶立刻逃顶

图 5-12 为恒林股份 2020 年 7 月到 10 月的 K 线图。

从下图可以看到，恒林股份正处于上涨行情的高位。在 7 月到 8 月期间，股价的涨势非常稳定，K 线几乎沿着 10 日均线呈斜线向上攀升。

观察成交量可以发现，在 7 月中下旬成交量就已经到达峰值，在此之后都处于缩减状态，股价却还在上涨，说明行情已经接近顶部，多方力量逐渐匮乏。

8 月 31 日，股价高开后持续震荡，盘中最高达到了 89.50 元，随后小幅回落，收出一根中阳线。在后续的几个交易日内，股价始终在高位维持着震荡状态，高点几乎都保持在 90.00 元价位线附近，呈横盘状态。在连续三次冲击高位不破后，三次触顶形态形成。

从前期的涨势可以看出，股价已经经历了较长时间的上涨，上涨幅度也比较大。在此位置形成的三次触顶形态，预示着行情可能即将或已经见顶，后市下跌的概率比较大，投资者需尽快出局。

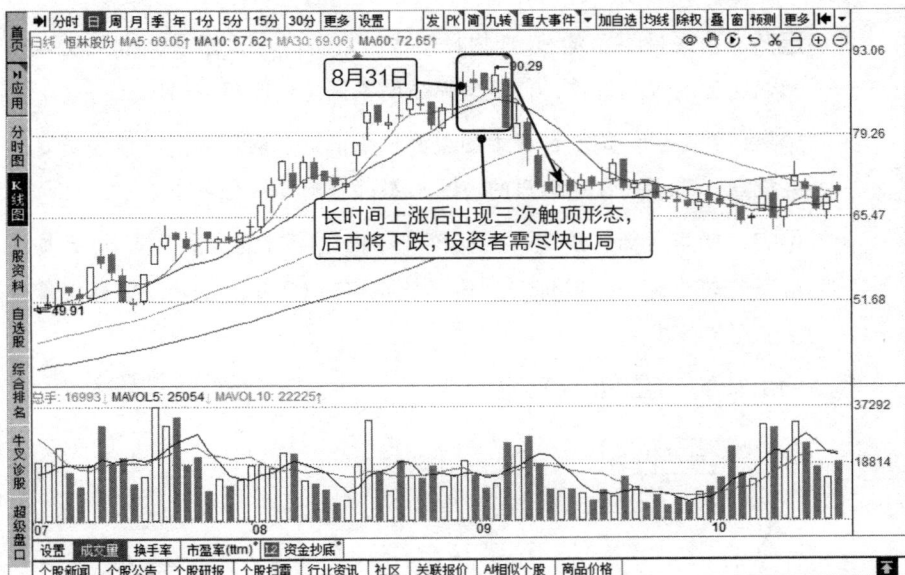

图 5-12　恒林股份 2020 年 7 月到 10 月的 K 线图

5.2　K 线底部形态可以建仓

K 线底部形态一般是行情在筑底过程中形成的一些具有分析价值的特殊形态。相较于之前介绍的 K 线组合形态，K 线的底部形态构筑时间一般都比较长，参与构筑的 K 线数量也大大增加，因此其可信度和信号强度也会更高，能够有效帮助投资者确定建仓位置。

5.2.1 金足底形态建仓位置

金足底形态的构筑过程比较复杂，主要由足跟、足背、足掌和足尖构成，具体如下。

◆ **足跟：**形成于下跌末期的加速赶底，股价跌速较快，跌幅较深，并在创出最低价后探底回升。

◆ **足背：**由缓慢下移的 60 日均线形成，股价踩出足跟后，进入反弹与回调交替的筑底阶段，但是反弹高度不能有效超越 60 日均线。

◆ **足掌：**就是股价筑底过程中回调的几个低点，回调幅度不能跌破足跟的低点，要形成掌高于跟的看涨形态，否则不符合形态要求。

◆ **足尖：**就是底部构筑完毕，股价开始向上突破的位置，当 60 日均线由下行转为走平，股价突然连续放量突破 60 日均线时，就标志着金足底形态的完成。

图 5-13 为金足底的 K 线形态。

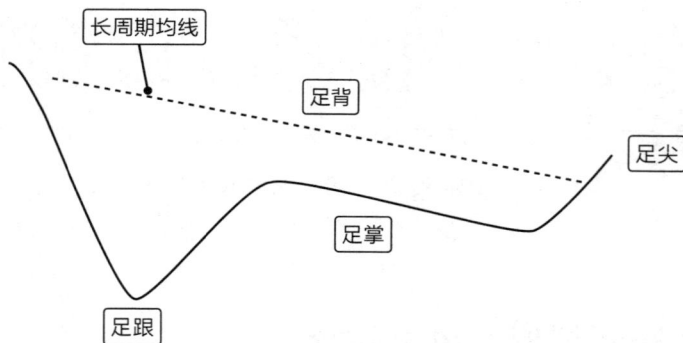

图 5-13　金足底的 K 线形态

金足底的形成原理主要关系到主力的建仓，在下跌后期出现的加速赶底，一般是主力出手压价，希望在低位吸筹的表现，股价快速跌到底部后就形成了足跟。

在触底后股价反弹到中长期均线（一般指的是 60 日均线）处，通常会遇阻回落，这是主力回升一段幅度后整理筹码的过程。之后股价在中长期均线的压制下逐步走低，此时的中长期均价线就像足背。

股价的回落一般不会跌破前期低点，只是在稍高的位置横向整理。如果主力在后续完成建仓的话，此时往往会放量突破均线而走出一段上涨行情，形成上扬的足尖。此时金足底构筑完成，释放出强烈的买入信号，投资者可以积极建仓。

下面来看一个具体的案例。

实例分析

中广天择（603721）金足底形态建仓位置

图 5-14 为中广天择 2020 年 12 月到 2021 年 5 月的 K 线图。

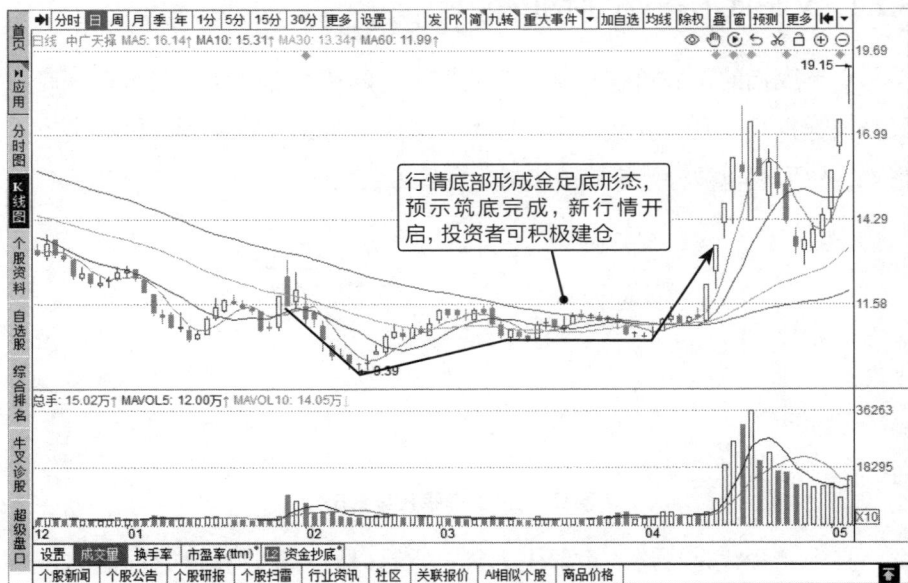

图 5-14 中广天择 2020 年 12 月到 2021 年 5 月的 K 线图

从 K 线图中可以看到，中广天择正处于下跌行情的末期。在 2020 年 12 月期间，股价还在快速下跌，中长期均线压制在股价上方运行。

直到 2021 年 1 月初，股价在 10.50 元价位线附近受到支撑止跌回升，在 1 月底上涨至 60 日均线附近时受阻回落。此次回落速度较快，股价迅速下滑创出 9.39 元的新低，随后再次回升，形成足跟。

3 月初，股价在上涨接近 60 日均线时受阻滞涨，并横盘了一段时间，最终还是在其带动下回落，在 10.30 元价位线附近震荡，形成足掌，压制在股价上方的 60 日均线则形成了足背。

4 月中上旬，成交量开始急剧放大，股价在其推动下快速上涨，彻底冲破了 60 日均线的压制，形成一个上翘的足尖。

此时金足底形态的 4 个构成部分都已经完成，形态成立，发出买入信号，投资者可以在股价突破 60 日均线时果断买进建仓，持股待涨。

5.2.2　V 形底形态买进时机

V 形底指的是股价在长期下跌后期时，跌速突然加快，股价在探底后又被快速推高，几乎在底部没有停留，形成一个尖锐的 V 形。因其尖尖的形态，V 形底也被称为锥底或尖底，如图 5-15 所示。

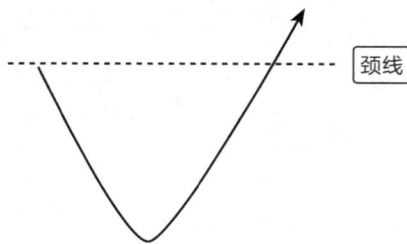

图 5-15　V 形底 K 线形态

其中，颈线是形态的重要压力线，它是以股价加速探底之前的高点为起点，水平延伸的一条压力线。当股价在探底回升后成功突破颈线，那么就可以视为形态成立。

其形成原理与金足底的足跟类似，都是主力希望在更低的位置吸筹，进而出手压价的手法，后期的拉升则是主力建仓基本完成的表现。

在有些时候，V 形底从底部回升后并不会立刻直线突破颈线，而是会在回调后横盘一段时间，进行筹码的交换和整理。这样的形态就与金足底比较类似了，只是金足底的突破对象是 60 日均线，而 V 形底的突破对象则是颈线。

在颈线被突破时，成交量需要有相应的放量配合，否则没有成交量支撑的股价很难走出新行情。

下面来看一个具体的案例。

实例分析
横店东磁（002056）V 形底形态买进时机

图 5-16 为横店东磁 2018 年 9 月到 2019 年 2 月的 K 线图。

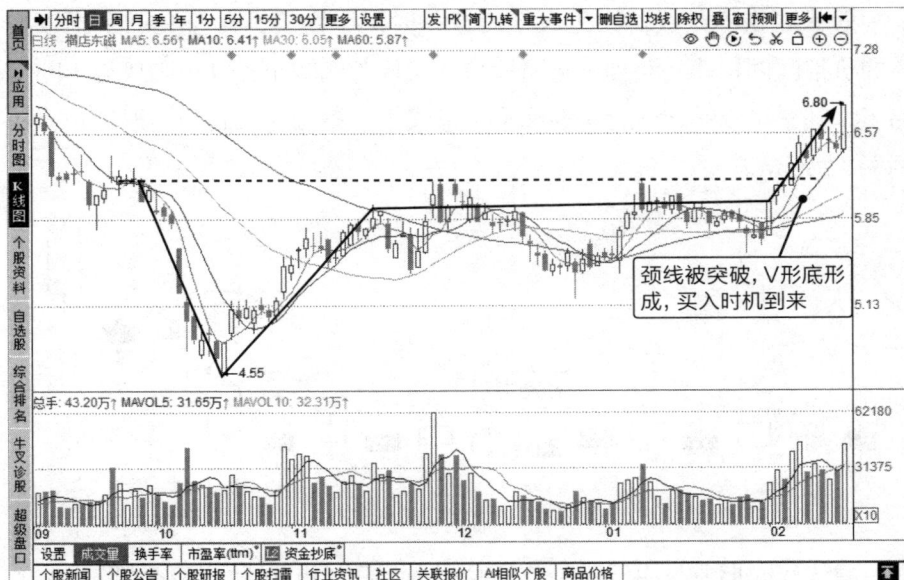

图 5-16　横店东磁 2018 年 9 月到 2019 年 2 月的 K 线图

从 K 线图中可以看到，横店东磁正处于下跌行情的底部。在 2018 年 9 月期间，股价下跌至 5.85 元价位线附近受到支撑后横盘，减缓了跌势。

9月底，股价继续收阴下跌，此次跌速加快不少，大阴线连续出现，还形成了一个向下跳空的缺口。10月上旬，股价在创出 4.55 元的新低后迅速回升，在成交量的推动下上涨至 5.85 元价位线附近，但未能向上突破。

此时 V 形底已经有了雏形，只差最后一步的颈线突破。在股价回到 5.85 元价位线附近后，进行了回调后的横盘整理，整个整理阶段持续了近 3 个月，期间震荡不断，数次上涨都未能有效突破颈线。

直到 2019 年 2 月初，成交量开始大幅放量，股价迅速上冲，直接穿过了颈线的压制，并在后续回踩中站稳，V 形底形态宣告成立。此时，一直保持观望的投资者就可以迅速建仓，等待后续上涨。

5.2.3　潜伏底形态等待上涨

潜伏底指的是股价经过大幅度或长时间下跌后，保持在一个比较狭窄的价格区间内横向整理。每日股价的波幅都比较小，以小阳线与小阴线为主，几乎呈水平状运行，在图形上形成了一条极为狭长的矩形形状，如图 5-17 所示。

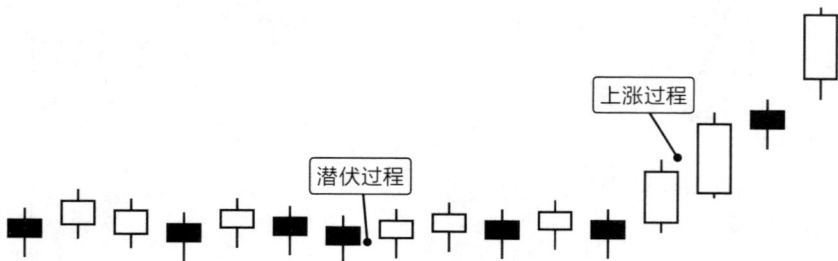

图 5-17　潜伏底 K 线形态

潜伏底的形成是由于股价在长时间下跌后，市场看空情绪浓厚，大多数投资者对此不抱希望，导致市场交投非常冷淡。股价在没有足够成交量的情况下难以产生大的波动，由此形成潜伏底。

不过，有些主力就会蛰伏在其中悄悄地分批分段吸纳筹码，让人难以察觉。时间越长的潜伏底，主力吸纳的空间就越多，这样的潜伏底往往爆发得也更猛烈。

投资者一旦发现潜伏底开始爆发后，就需要尽早在相对低位买进，以扩大自己的获利空间。

下面来看一个具体的案例。

实例分析
浙江建投（002761）潜伏底形态等待上涨

图 5-18 为浙江建投 2021 年 11 月到 2022 年 5 月的 K 线图。

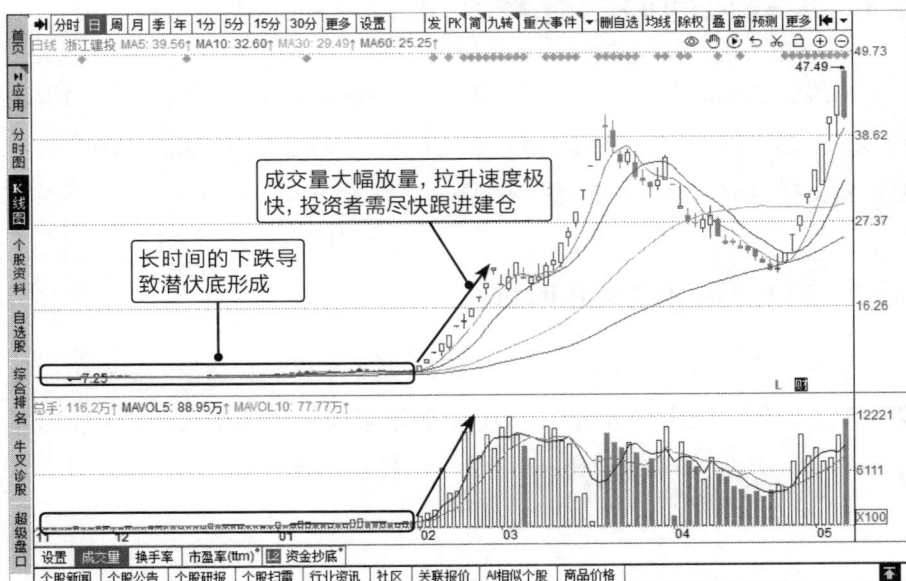

图 5-18　浙江建投 2021 年 11 月到 2022 年 5 月的 K 线图

从 K 线图中可以看到，浙江建投正处于上涨行情的初期。在 2021 年 11 月到 12 月期间，股价都在相对低位横盘运行，由于该股前期长达数年的下跌，此时的成交量已经缩至地量，股价波动幅度非常小，形成潜伏底。

但在进入 2022 年 1 月后，成交量开始小幅度地放量，股价出现缓慢上涨走势。这说明主力可能正在试盘，测试拉升压力，激进的投资者可在此大胆建仓买进。

从 2 月初开始，成交量剧烈放量，直接将股价推出连续的涨停，几乎呈斜线沿着 5 日均线上冲。在非常短的时间内，股价就从 8.00 元左右上涨至 22.00 元附近，涨幅达到了 175%，非常惊人。

反应快的投资者可以在股价上冲的过程中买进，没来得及入场的投资者，则可以在股价后续的回调中寻找机会，抓住这一波涨幅。

5.3　K 线顶部形态需要出局

K 线的顶部形态也是投资者用于判断趋势反转的重要依据，不同于底部形态，顶部形态会出现在上涨行情的高位，传递的是明确的卖出信号。当重要支撑位被跌破时，就意味着下跌行情的到来。

5.3.1　倒 V 形顶形态卖出时机

倒 V 形顶与 V 形底相对应，技术形态基本相反。具体指的是股价在长期上涨的后期，涨速突然加快，股价在冲高后又被快速压低，几乎在顶部没有停留，形成一个尖锐的倒 V 形顶，如图 5-19 所示。

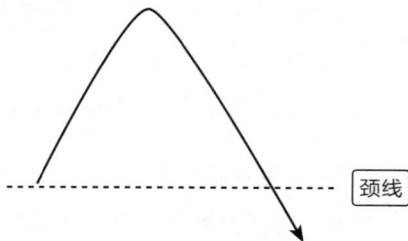

图 5-19　倒 V 形顶 K 线形态

倒 V 形顶也有颈线，即从加速上扬之前的低点延伸而出的水平线。当股价下滑跌破这条关键支撑线，并在后续的回抽中确认有效时，形态宣告成立，行情转为下跌。

之所以形成如此尖锐的顶部，主要是主力在将股价拉升至高位后，为了更大的利润空间，在最后一段时间内强行将其拉到更高的位置，然后在高位大量抛售出货，这才导致股价一落千丈，形成尖顶。

一般来说，在股价进行最后的冲刺过程中，成交量会表现出走平甚至是缩量的形态，传递行情见顶预警，此时投资者就应该保持高度警惕，当股价有下跌的趋势时就快速卖出。当其跌破形态颈线时，回抽的位置就是最后的卖出时机。

下面来看一个具体的案例。

实例分析
海汽集团（603069）倒 V 形顶形态卖出时机

图 5-20 为海汽集团 2020 年 5 月到 10 月的 K 线图。

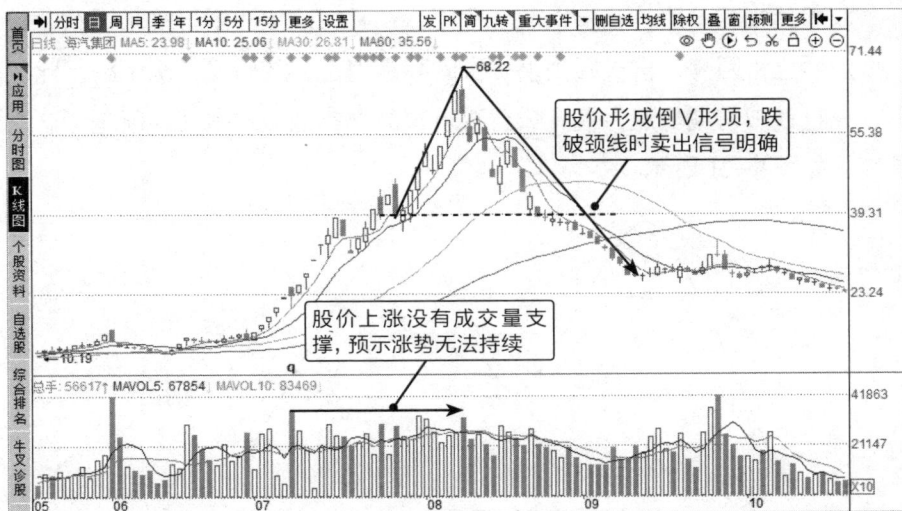

图 5-20　海汽集团 2020 年 5 月到 10 月的 K 线图

从 K 线图中可以看到，海汽集团正处于行情的顶部。在 5 月到 6 月期间，股价从低位缓慢攀升，直到 6 月底，股价涨速加快，短短半个月的时间就从 10.00 元价位线附近上涨至 39.00 元左右。

在连续上涨一段时间后，股价在 39.31 元价位线附近受阻，随后小幅回调整理了数个交易日后，才开始下一波的上涨。这一次的上涨速度也非常快，很快股价就来到了 68.00 元价位线上方，最高达到了 68.22 元。

但观察成交量可以发现，在股价上冲的整个过程中，成交量几乎都没有相应的放量，而是长时间走平。这说明这一段涨势无法持续太久，投资者需要谨慎持股。

在创出新高的当日，股价冲高回落，随即进入了快速的下跌之中，此时谨慎的投资者就应该快速卖出。8 月中下旬，股价跌破 39.31 元价位线，也就是股价在最后一波上冲之前整理的低点，此时倒 V 形顶形成，还留在场内的投资者也需要及时离场了。

5.3.2　双重顶形态出局机会

双重顶指的是股价在上涨至高位后，在某一价位线附近受阻下跌，跌至低点后止跌回升，再次回到上一次的高点附近，随后又一次下跌。此次下跌一旦跌破前期低点，就意味着双重顶成立，低点的水平线就是形态的颈线，如图 5-21 所示。

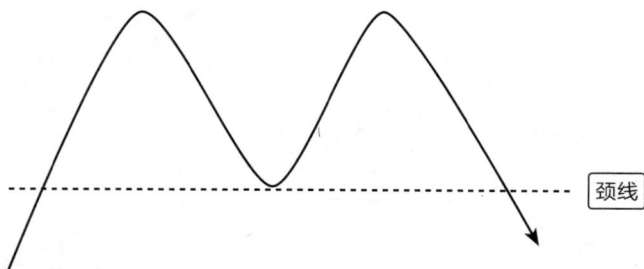

图 5-21　双重顶 K 线形态

双重顶的形成原理与倒 V 形顶非常相似，只是构筑双重顶的主力在后续又进行了一次拉升，延长了出货时间。这样的形态也为投资者留下了充足的判断和决策时间，两个顶点和颈线被跌破的位置，都是比较理想的出局位置。

需要注意的是，双重顶的两个顶点需要相隔一个月及以上的时间，才能确保形态的成立，否则容易踏入陷阱中。

下面来看一个具体的案例。

实例分析
TCL 科技（000100）双重顶形态出局机会

图 5-22 为 TCL 科技 2020 年 12 月到 2021 年 9 月的 K 线图。

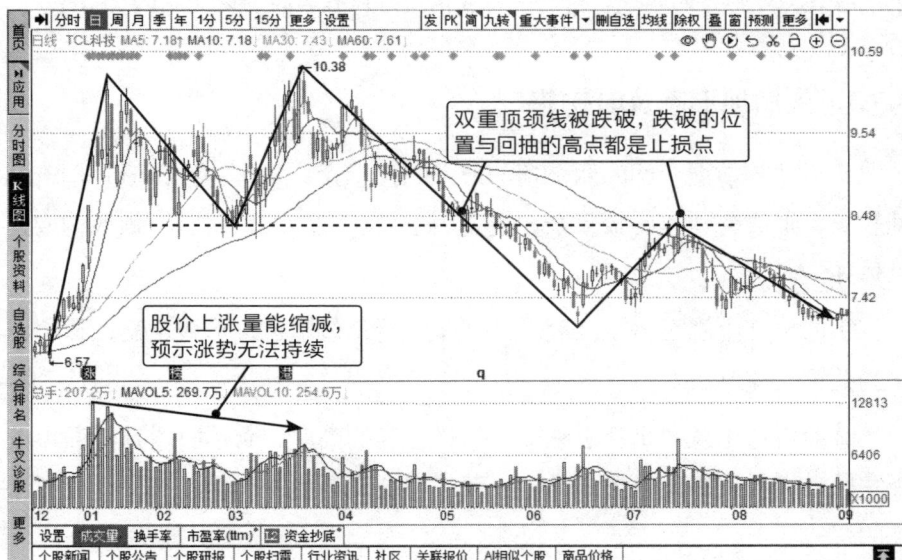

图 5-22　TCL 科技 2020 年 12 月到 2021 年 9 月的 K 线图

从 K 线图中可以看到，TCL 科技正处于股价的高位。在 2020 年 12 月期间，股价涨势非常积极快速，但在进入 2021 年 1 月中旬后，成交量推动力不足，股价在 10.00 元价位线附近滞涨，随后开始回调。

2 月底，股价下跌至 8.48 元价位线附近后止跌，在该位置横盘一段时间后再次开始上涨。3 月下旬，股价来到了 10.00 元价位线附近，最高达到了 10.38 元，位置与前期高点相当，随后进入了又一次的下跌中。

从成交量上来看，虽然在两个峰顶形成过程中都有相应的放量，但第二个峰顶的量能明显缩减不少，股价却创出了新高，多方推力明显不足，机警的投资者可择机卖出。

4 月底，股价在震荡中来到了 8.00 元价位线附近，在此位置暂时止跌并横盘数日后，最终还是向下跌破了该价位线，快速下滑。此时，双重顶的一顶和二顶已经形成，前期回调低点位置的颈线也被跌破，形态宣告成立，卖出信号明确。

在后续的走势中，股价还进行了一次幅度较大的回抽。尽管回抽的高点未能有效突破形态的颈线，但这一位置依旧可以作为投资者止损的卖出点。

5.3.3　头肩顶形态及时抛售

头肩顶与前面介绍的两个顶部形态的预示含义基本一致，但其构筑时间较长，形成条件也比较复杂，主要由左肩、头部、右肩以及颈线构成，具体如下。

①股价在上涨至一定高度后跌回某一价位线附近，形成左肩，该价位线为关键支撑位。

②股价在下跌后重新上涨，并超过左肩的高度，到达阶段顶峰后再度下跌回前期的支撑位，形成头部。第二个低点与前一个相连，便形成了形态的颈线。

③经过整理后股价开始第三次上涨，当涨幅达到左肩的高度后开始第三次下跌，形成了右肩。

④第三次下跌的幅度会较大，很快跌穿颈线乃至整个形态的底部，并不再回头，下跌行情彻底明朗。

图 5-23 为头肩顶的 K 线形态。

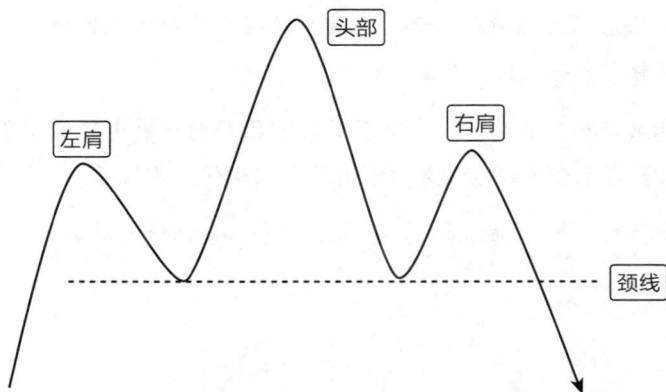

图 5-23　头肩顶 K 线形态

股价对头肩顶颈线的跌破，是判定形态成立的关键依据之一，也是形态中最明确的卖点。如果投资者在前期已经发现头肩顶的雏形，并且成交量也表现出异常，那么提前在高位出局就会成为更好的选择。

下面来看一个具体的案例。

实例分析

亚士创能（603378）头肩顶形态出现要及时抛售

图 5-24 为亚士创能 2020 年 7 月到 12 月的 K 线图。

从 K 线图中可以看到，亚士创能正处于行情的顶部。在 7 月期间，股价还维持着上涨走势，但在接近 77.00 元价位线时受阻滞涨，横盘数日后进入回调之中。

此次回调跌幅不大，股价很快在 30 日均线上受到支撑，低点在 63.00 元左右。在此之后股价开始回升，于 9 月初上涨至最高的 87.56 元，但成交量已经处于缩减状态，涨势难以维持，股价开始下跌。

9 月底，股价跌至 63.00 元价位线附近时受到支撑再次回升，回升高位在 77.00 元价位线附近，但持续时间不长，很快便回到了下跌轨道中。在股价又一次下滑的同时，63.00 元价位线被快速跌破。

至此，头肩顶的左肩、头部、右肩和颈线都已经构筑完毕，并且颈线被有效跌破，形态宣告成立，卖出点明确。

其实在前期构筑头部时，成交量的异常已经向投资者传递出了行情见顶的信号，投资者完全可以在头部附近出局，以保住更多收益。

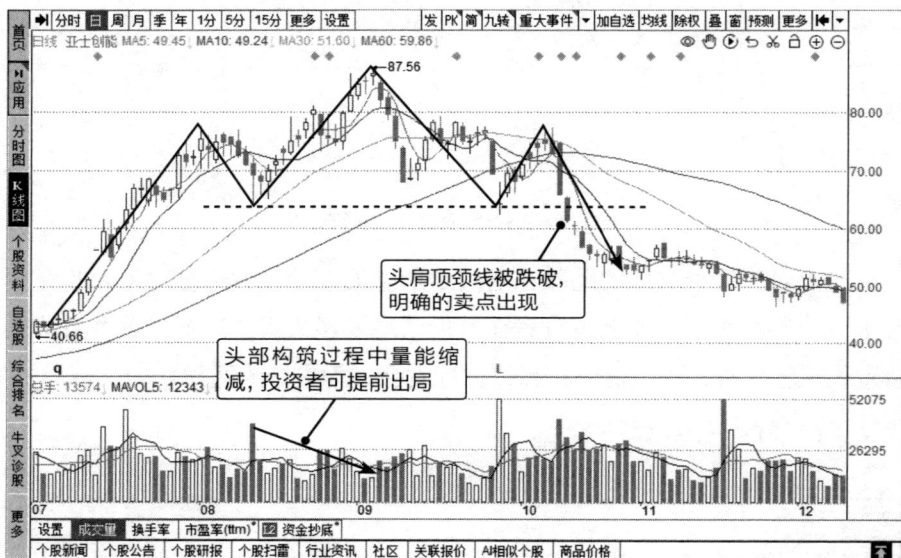

图 5-24　亚士创能 2020 年 7 月到 12 月的 K 线图

第6章

▶ ▶ ▶

通过实时分时走势盯盘

分时图主要用于观察股价在当日的实时走势，其中包含的历史信息不如K线图丰富，但更能帮助投资者把握具体的买卖点。分时图中股价线与均价线的形态变换和位置关系是辅助决策的重要依据，在熟悉这些形态传递出的信号后，投资者就能够比较顺畅地进行决策。

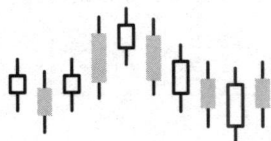

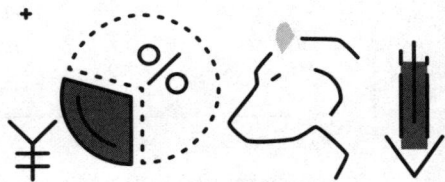

6.1　股价线与均价线之间的关系

股价线与均价线是分时图中最重要的两个构成要素。其中，股价线代表的是该股每分钟成交价格的实时变动情况，波动幅度较大；均价线代表该股每分钟成交平均价格的变动情况，波动幅度较小，是判断股价运行方向的重要趋势线。

股价线与均价线之间的位置关系，反映出股价当前所处市场的强弱程度。当股价线对均价线产生有效突破或有效跌破时，就是强弱转换的关键位置，对买卖位置的确定帮助极大。

6.1.1　均价线支撑股价线的情况

均价线支撑股价线指的是价格在盘中运行时，长时间保持在均价线上方呈持续上涨的状态，均价线对股价线自然形成一种支撑作用，如图6-1所示。

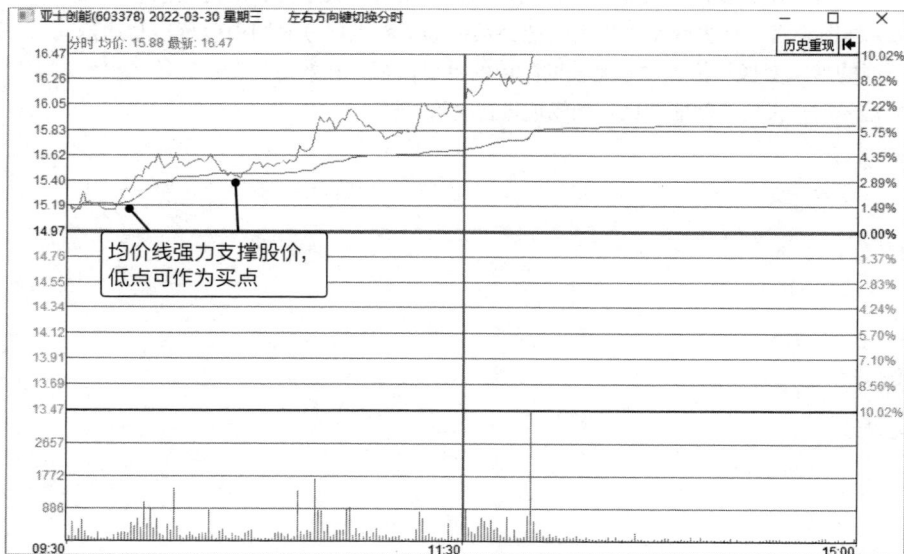

图 6-1　均价线支撑股价线的情况

当均价线起稳定的支撑作用时，股价每一次回落靠近均价线的位置，都是绝佳的入场时机。有时候股价线会小幅跌破均价线，但只要在短时间内恢复，都可以视作有效支撑，投资者可大胆买进。

下面来看一个具体的案例。

实例分析

国科微（300672）均价线支撑股价线的买入时机

图 6-2 为国科微 2021 年 11 月 11 日的分时图。

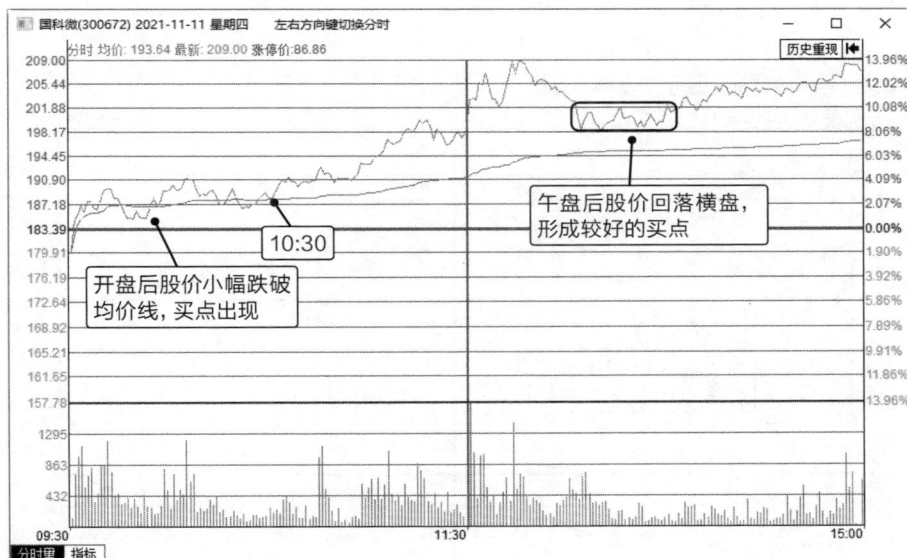

图 6-2　国科微 2021 年 11 月 11 日的分时图

从分时走势中可以看到，国科微在 2021 年 11 月 11 日这一天是以低价开盘，在开盘后股价迅速上涨，但在越过 187.18 元价位线后出现了小幅回调，随后反复回踩均价线，并数次小幅跌破后快速拉回，买点出现。

10:30 左右，股价开始上扬远离均价线，并在随后的很长一段时间内没有再靠近。午后开盘后，股价继续上冲，最高达到了 209.00 元，相较于开盘价，涨幅超过 16%。

在创出当日新高后，股价出现了回落，但在距离均价线还有一定距离时就止跌横盘，买点再次形成。

由于市场积极性比较高，均价线在当日的支撑力非常充足，股价在震荡一段时间后重拾升势，并最终以 12.87% 的涨幅收盘。

6.1.2　均价线压制股价线的情况

均价线压制股价线指的是价格在盘中运行时，长时间保持在均价线下方呈持续下跌的状态，均价线对股价线自然形成一种压制作用，如图 6-3 所示。

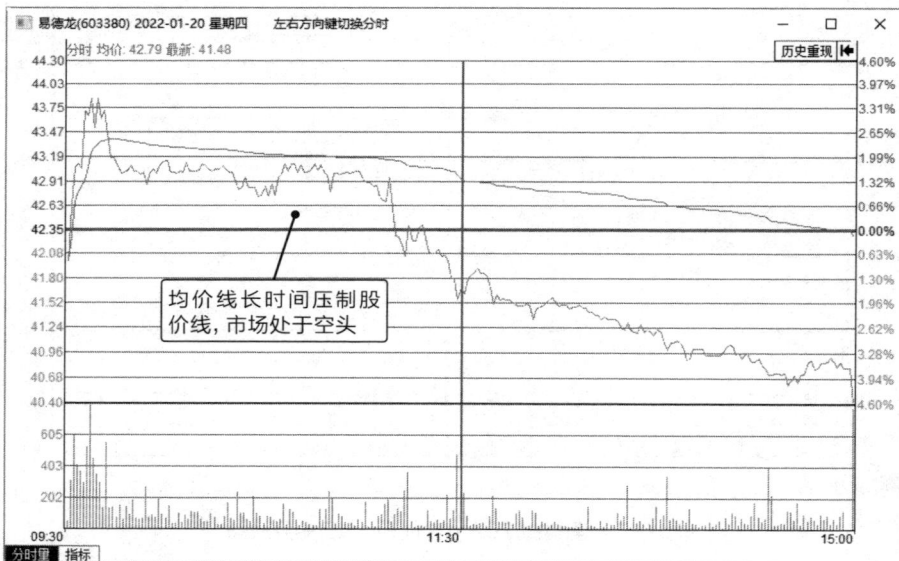

图 6-3　均价线压制股价线的情况

一旦均价线对股价产生了压制作用，那么市场就需要足够的能量才能将股价再次推回上涨轨道，难度较大。

在反复突破失败后，均价线的压制作用更强，股价跌势在短时间内难以遏止。如果投资者需要在当天出货，就只能在股价靠近均价线的相对高位及时卖出。

下面来看一个具体的案例。

实例分析

易德龙（603380）均价线压制股价线的卖出时机

图6-4为易德龙2022年2月25日的分时图。

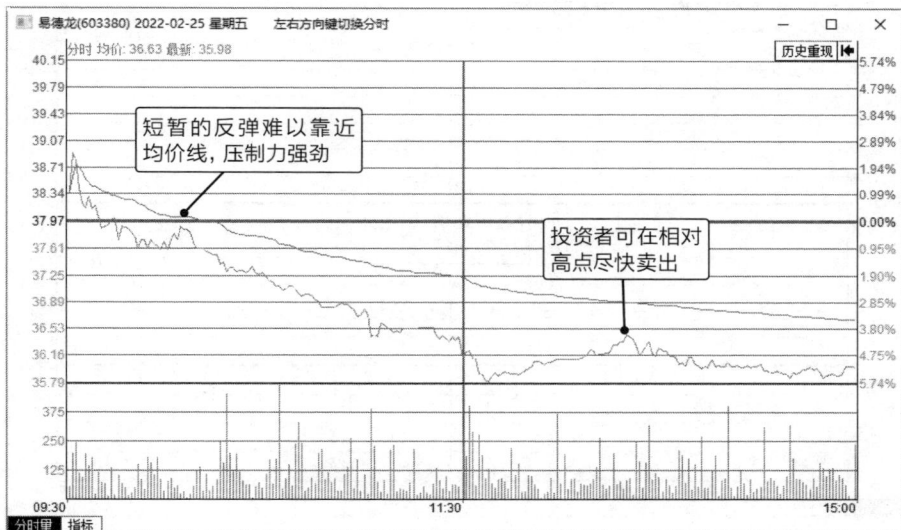

图6-4 易德龙2022年2月25日的分时图

从分时走势中可以看到，易德龙在2022年2月25日这一天是以高价开盘，在开盘后股价有过一次短暂的上冲，并冲破了均价线，但仅仅持续了几分钟，随后很快就落到了均价线下方。

在接下来的交易时间内，股价几乎呈斜线连续下滑。期间出现的一次幅度较大的反弹，但在还未靠近均价线时便被压制向下，说明当日均价线的压制力十分强劲，反弹高点可作为一个出货点。

在下午时段开盘后，股价继续下滑，创出当日新低后很快回升，开始出现靠近均价线的上涨走势。但很快，股价在上涨至36.53元价位线下方后就被压制下跌，难以靠近均价线，空方力量占据绝对优势，还未离场的投资者只能在此相对高点止损卖出。

6.1.3　股价线上穿均价线的含义

当股价线运行在均价线下方时，往往意味着市场处于空头。但当股价线成功上穿均价线时，也意味着市场方向发生了转变，在当日由弱市变为强市，如图 6-5 所示。

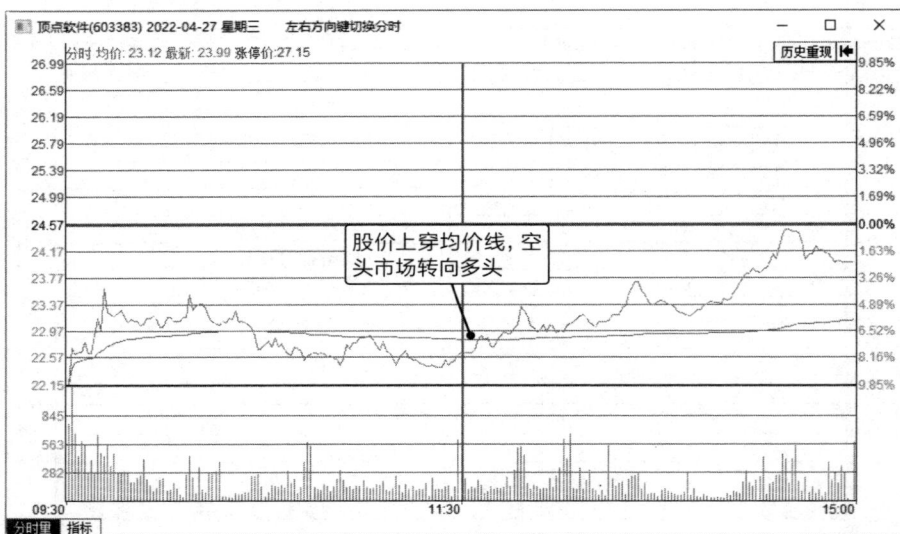

图 6-5　股价线上穿均价线的情况

一般来说，当分时图中出现股价线上穿均价线时，都是 K 线走势即将拐头向上的表现。那么，当日股价线成功突破均价线的位置，就是一个绝佳的买点，投资者可积极建仓。

下面来看一个具体的案例。

实例分析

惠达卫浴（603385）股价线上穿均价线的分析

图 6-6 为惠达卫浴 2022 年 4 月 27 日的分时图。

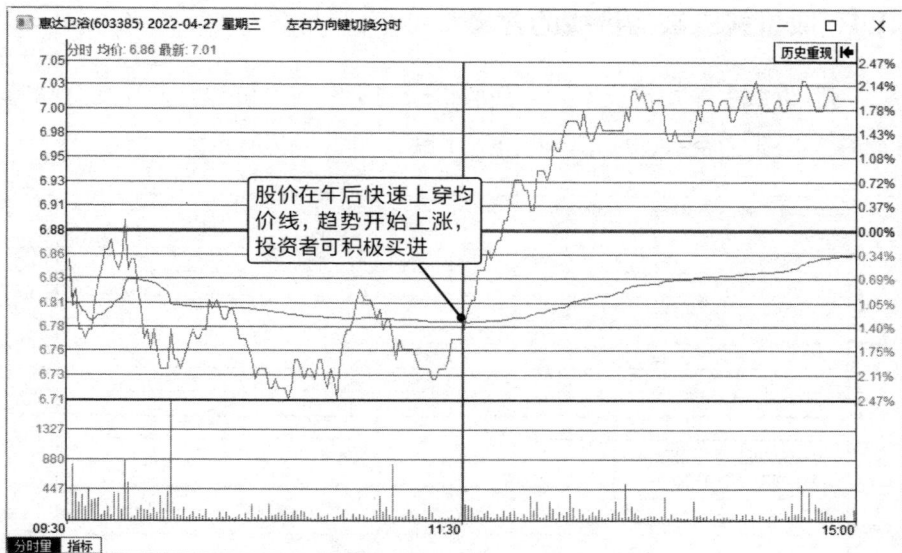

图 6-6　惠达卫浴 2022 年 4 月 27 日的分时图

从分时走势中可以看到，惠达卫浴在 2022 年 4 月 27 日这一天是以低价开盘，在开盘后股价快速下跌击穿均价线，在 6.78 元价位线附近受到支撑后又迅速上扬突破了均价线。在反复震荡数十分钟后，最终还是跌到了均价线下方。

10:00 左右，股价止跌回升，但在均价线位置受阻下跌，未能完成有效的突破。在后续的早盘交易时间内，股价又进行了一次反弹，但始终无法突破均价线的压制。

直到下午时段开盘后，股价迅速上涨，在第一分钟就强势突破了均价线的压制。由于其涨速较快，股价在突破完成后甚至没有进行回踩，短短数十分钟的时间内，就冲到了前日收盘价上方，并持续上涨。

绝佳的买点出现在股价线上穿均价线的位置，不过因其速度较快，很多投资者来不及反应就错过了这一买点。但只要足够果断，相信还是有不少投资者能够在后续的上冲过程中抓住这一段涨幅，积极建仓等待后市上涨。

6.1.4　股价线跌破均价线的含义

与股价线上穿均价线不同，当股价线向下跌破均价线时，往往意味着市场由多头转为空头，后市即将进入下跌，如图 6-7 所示。

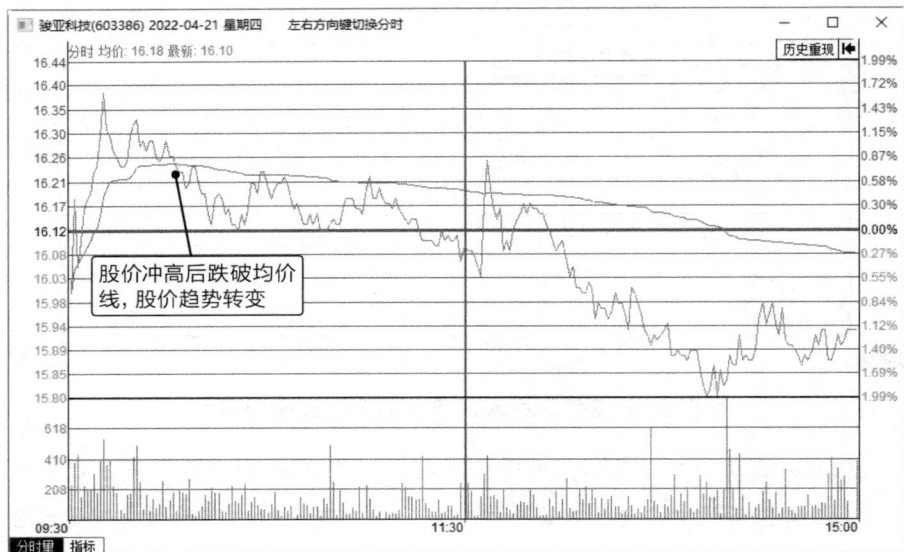

图 6-7　股价线跌破均价线的情况

当这样的走势出现在 K 线图中的阶段顶部或高位时，对后市下跌的预警将更为强烈，股价线跌破均价线的位置就是明确的卖出点。

下面来看一个具体的案例。

实例分析

基蛋生物（603387）股价线跌破均价线的分析

图 6-8 为基蛋生物 2022 年 3 月 14 日的分时图。

从分时走势中可以看到，基蛋生物在 2022 年 3 月 14 日这一天是以高价开盘，在开盘后股价出现了急速的下跌，几乎在两分钟时间内就从 22.47 元跌至 21.11 元附近。

　　但在急速下跌后，股价又出现了急速上涨，随后反复震荡，最终在 9:40 左右上穿均价线，迅速上涨，创出当日最高价 22.97 元。

　　在冲高后，股价很快回落，在接触到均价线时受到了支撑，开始在其附近横盘震荡。期间股价多次跌破均价线，但都在短时间内回到其上方，并未实现有效跌破。

　　这样的走势一直持续到早盘结束，下午时段开盘后股价短暂上冲，但很快就出现下跌，直接跌破了均价线，并在后续的回抽中确认了有效跌破。随后股价持续下行，最终以 3.67% 的跌幅收盘。

　　这样的走势说明股价可能即将进入下跌，需要卖出的投资者可在股价线跌破均价线的位置快速出手，或是在后续的回抽高点卖出也可以。

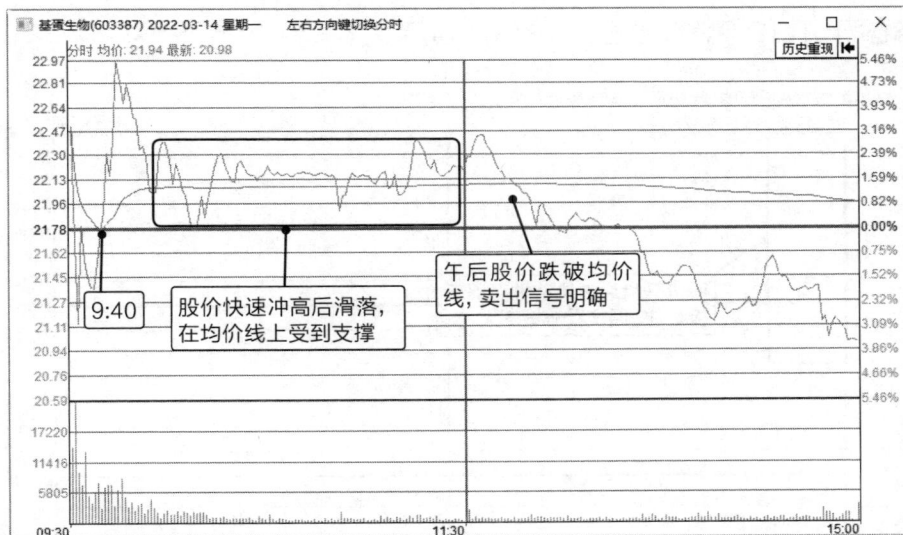

图 6-8　基蛋生物 2022 年 3 月 14 日的分时图

6.2　分时图中出现涨停如何分析

　　在股市中，涨停是一种非常常见的现象，它是基于 A 股市场的涨跌幅限制而出现的。

在主板市场中，除了首日上市的股票、ST 股和 *ST 股以外，普通股票的单日涨跌幅都被限制在 10% 以内（科创板和创业板为 20%）。股价如果上涨到了限制额度，就会停止上涨，维持在同一价位水平运行，这就是股票的涨停，跌停原理与涨停原理一致。

当股价在特定的时间出现涨停时，将传递出具有高价值的信息，比如开盘后的 30 分钟，或是临近收盘前的 30 分钟。在这些时间段内出现的涨停现象，可以帮助投资者判断后市走向以及决定买卖位置。

6.2.1　开盘巨量涨停形态

在开盘后 30 分钟内，成交量放出巨量将股价快速推至涨停的现象，就属于开盘巨量涨停形态，如图 6-9 所示。

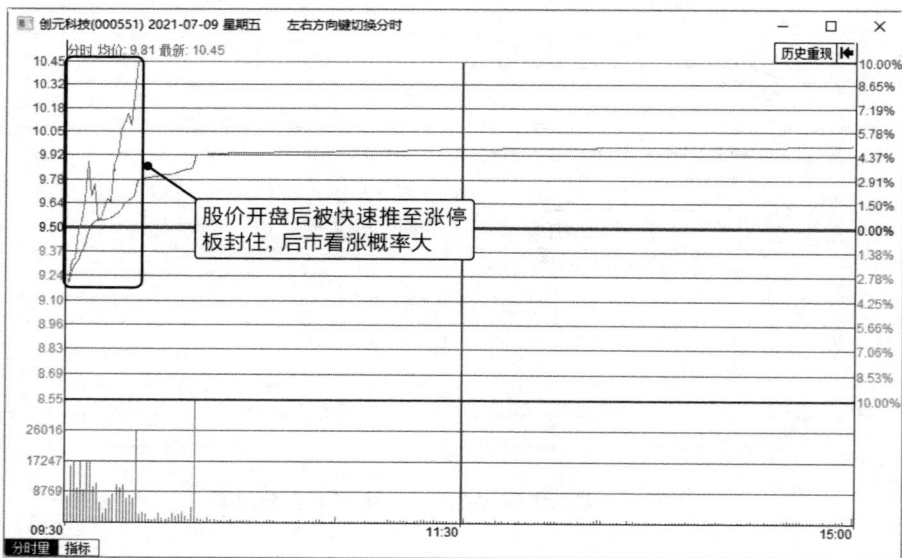

图 6-9　开盘巨量涨停形态

开盘后巨量推出的涨停整体走势非常陡峭，股价的涨势极快，并且直接封在涨停板上，后续也不会再开板。

这样的走势是市场极为强势的表现，多方推涨力量持续且稳定，市场预期基本一致。当其出现在上涨过程中或是下跌途中，后市有很大概率会上涨，前者是延续当前趋势，后者则是多方反弹。

但当开盘巨量涨停形态出现在行情高位时，投资者就需要小心了，因为这有可能是主力为了出货而强行拉升的表现。投资者在追涨的同时，主力也在悄悄派发筹码，当其完成抛售后离场，股价就会大幅下滑，进入下跌行情，因此投资者需要谨慎跟进。

下面来看一个具体的案例。

实例分析

渝三峡 A（000565）开盘巨量涨停形态买入时机

图 6-10 为渝三峡 A 在 2021 年 3 月 17 日的分时图。

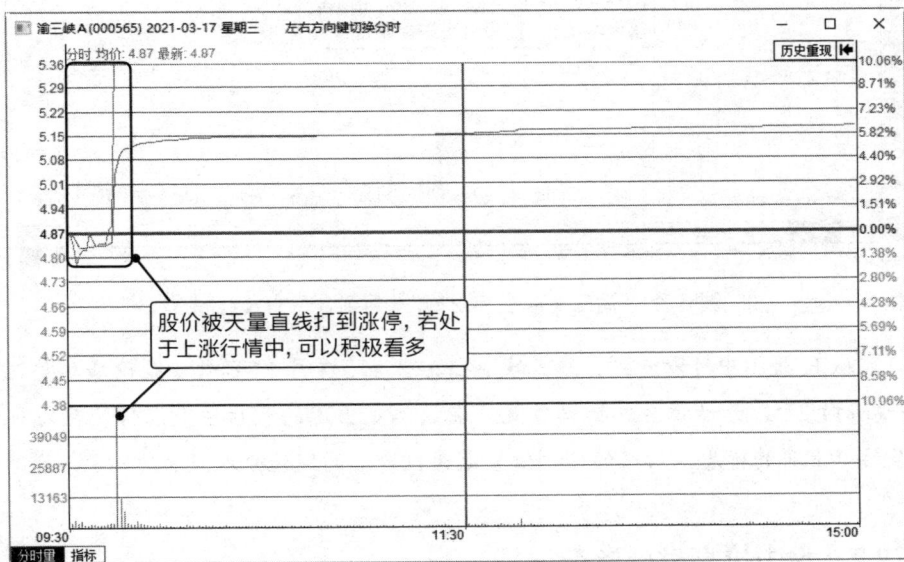

图 6-10　渝三峡 A 在 2021 年 3 月 17 日的分时图

从分时走势中可以看到，渝三峡 A 在 2021 年 3 月 17 日这一天是以平价开盘的，开盘后股价略微下滑，在前日收盘价下方横向震荡。

数十分钟后，9:43 左右，成交量突然放出一根天量，在一分钟内就将股价直线上推，打到了涨停板上，并且封板直至收盘。

从开盘的走势来看，当日的涨停非常突然，从前日收盘价到涨停仅用了一分钟时间，充分反映出市场看多的决心。如果在上涨行情中出现这样的走势，那么投资者就可以在后续积极跟进。

图 6-11 为渝三峡 A 在 2021 年 2 月到 8 月的 K 线图。

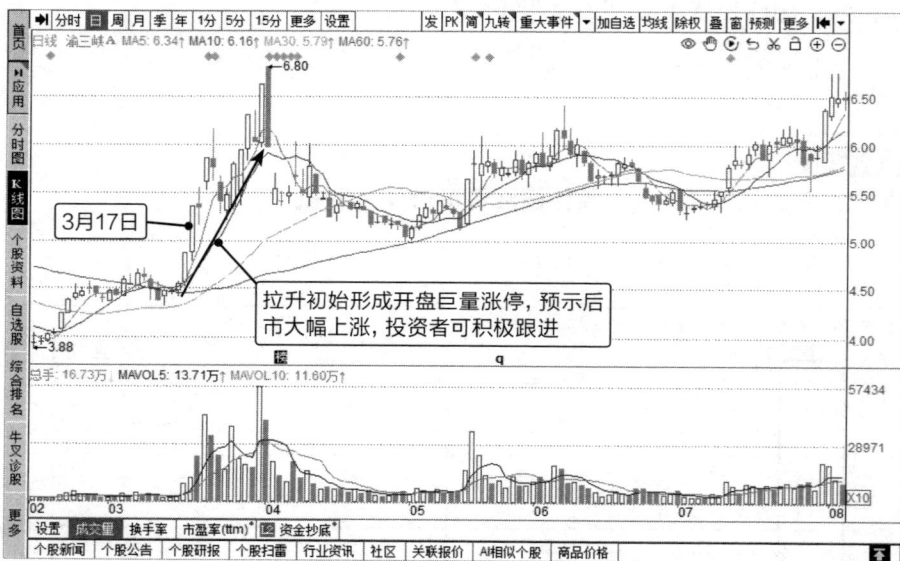

图 6-11　渝三峡 A 在 2021 年 2 月到 8 月的 K 线图

从 K 线图中可以看到，渝三峡 A 正在上涨，3 月 17 日处于股价横向整理一段时间后，开始拉升的初始位置。在该位置出现的开盘巨量涨停，可以说是后市上涨的标志，后续的回调位置成为投资者的绝佳介入点。

6.2.2　盘中拉高封板形态

盘中拉高封板指的是股价在开盘后进行了一段时间的横向震荡或是缓

慢上涨，待到盘中某一时刻突然被放大的成交量上推，直达涨停板并封住，直至收盘，如图 6-12 所示。

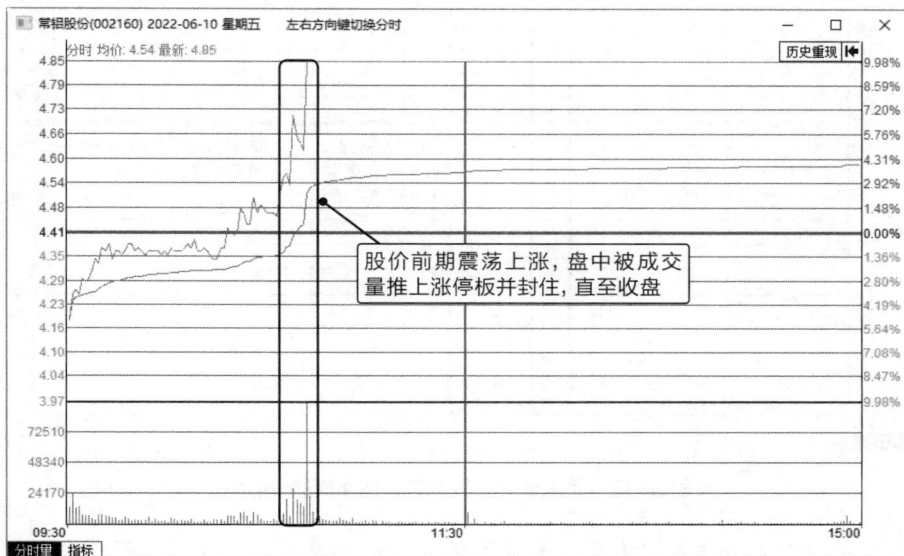

图 6-12　盘中拉高封板形态

这样的形态意味着场内多空双方在经过一段时间的斗争之后，空方力量基本被消耗殆尽，多方力量占据绝对优势，市场预期逐渐朝着看涨方向倾斜。

尤其是股价在后续的交易时间内都不会开板，更清晰地说明了后市可能还会继续上涨。投资者可在股价冲上涨停板之前果断买进，或是在后续交易日的回调开板过程中介入。

下面来看一个具体的案例。

实例分析

莱茵体育（000558）盘中拉高封板形态买入时机

图 6-13 为莱茵体育 2021 年 9 月 1 日的分时图。

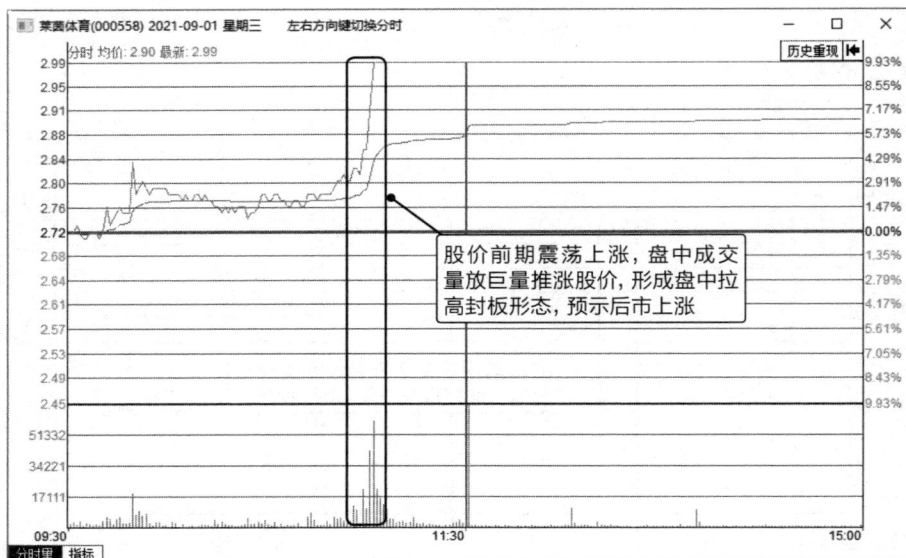

图 6-13　莱茵体育 2021 年 9 月 1 日的分时图

从分时走势中可以看到，莱茵体育在 2021 年 9 月 1 日这一天是以平价开盘，在开盘后股价横向震荡了数分钟，随后快速上冲到 2.84 元价位线附近，小幅回落后开始了又一次的横盘。

10:58 左右，成交量开始集中放出巨量，股价在这股强劲的推动力下迅速上涨，并快速突破了前期高点，斜线直冲涨停板。在此过程中，均价线也明显跟随上扬，显示股价有涨停的可能。

11:01，股价冲上涨停板并封住，在后续的交易时间内都没有再开板交易，形成了盘中拉高封板形态，这对后市的上涨有极大的预示作用。接下来就来进一步观察股价在 K 线图中的位置如何。

图 6-14 为莱茵体育 2021 年 7 月到 11 月的 K 线图。

从 K 线图中可以看出，莱茵体育正处于上涨过程中，9 月 1 日是股价从低位上升后，开始拉升的初始位置。在此位置出现盘中拉高封板形态，买入信号就非常明确了。

因此，投资者在确定股价正处于上涨行情中时，就可以在其还未冲上涨停板时立即买进。未能赶上当日买点的投资者，还可以在股价后续回调的低位买进。

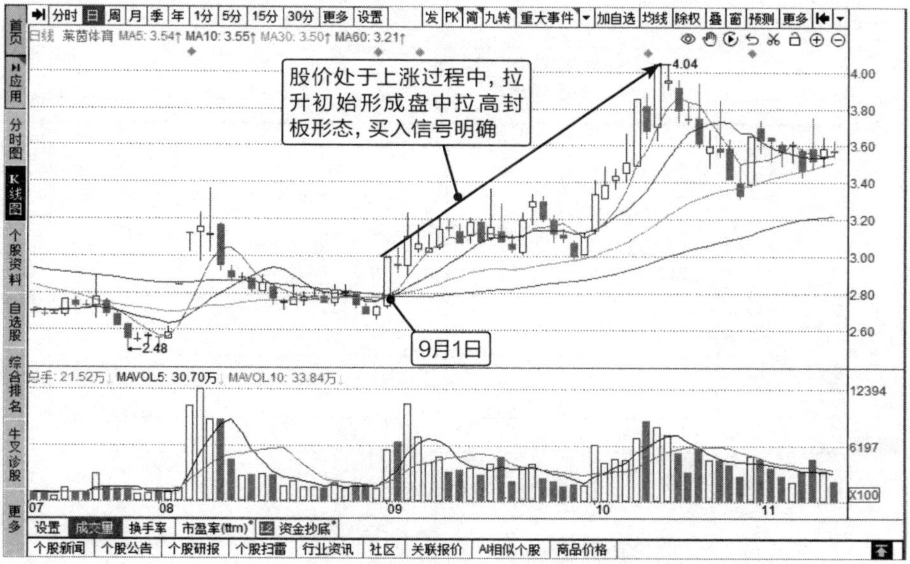

图 6-14 莱茵体育 2021 年 7 月到 11 月的 K 线图

6.2.3 盘中开板回落形态

盘中开板回落指的是股价在盘中形成涨停后，并未保持封板，而是在一段时间后被大单砸开下跌，最终以低于涨停的价格收盘，形成类似冲高回落的走势，如图 6-15 所示。

冲高回落意味着多空双方的攻防位置发生了转换，空方开始占据优势，带动股价下跌。这样的走势往往出现在行情高位或是阶段高位时，具有比较强的卖出意义，说明后市可能即将出现下跌。

投资者在遇到这样的情况时，依旧需要结合 K 线图中的位置来判断。在上涨过程中发现盘中开板回落形态，还可以斟酌是否暂时离场观察，但在行情高位或是下跌过程中发现盘中开板回落形态，就需要果断出局。

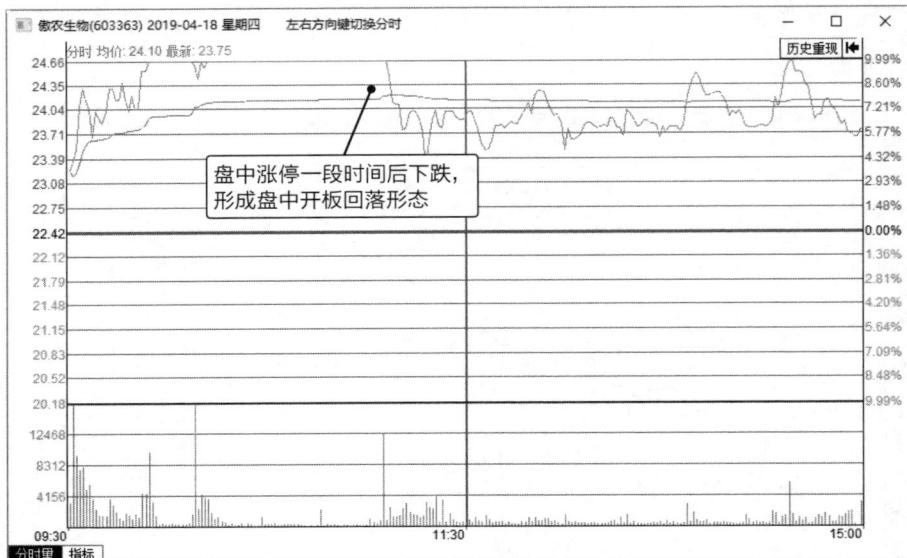

图6-15　盘中开板回落形态

下面来看一个具体的案例。

实例分析

金一文化（002721）高位形成盘中开板回落形态

图6-16为金一文化2022年2月11日的分时图。

从分时走势中可以看到，金一文化在2022年2月11日这一天是以平价开盘的，在开盘后股价小幅冲高，在4.08元价位线附近受阻回落，开始在前日收盘价上方横向震荡。

10:15之后，成交量集中放量推涨股价，迅速在几分钟内将其打到了涨停板上，但股价仅在涨停板上停留了几分钟，随后便出现回落。10:35左右，股价在4.25元价位线上受到支撑回升，试图返回涨停板，但场内抛压较重，股价再次冲击涨停失败。

在高位反复震荡一段时间后，股价还是向下跌去，最终以3.03%的涨幅收盘，相较于10%的涨停幅度来说，下跌了近7%，形成盘中开板回落形态。

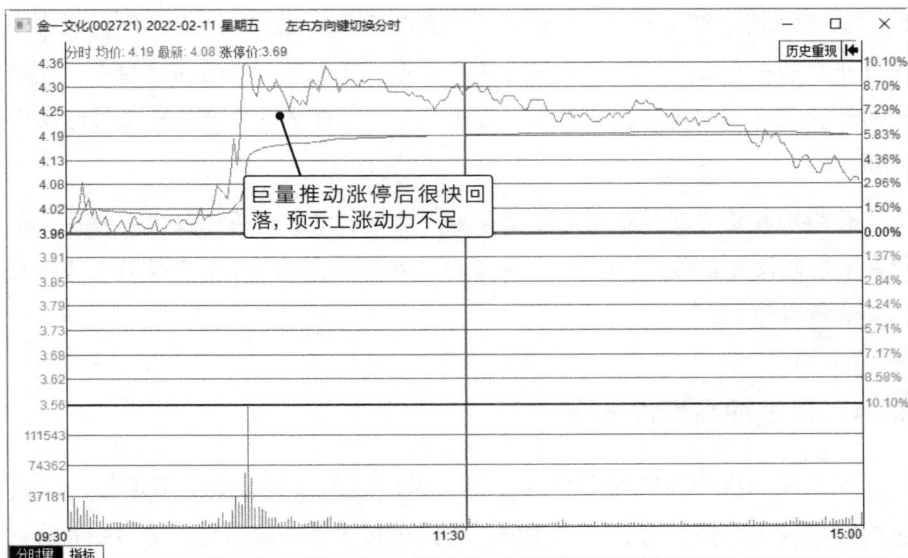

图 6-16 金一文化 2022 年 2 月 11 日的分时图

此时投资者需要结合 K 线图中的位置来判断是否需要卖出。

图 6-17 为金一文化 2021 年 11 月到 2022 年 4 月的 K 线图。

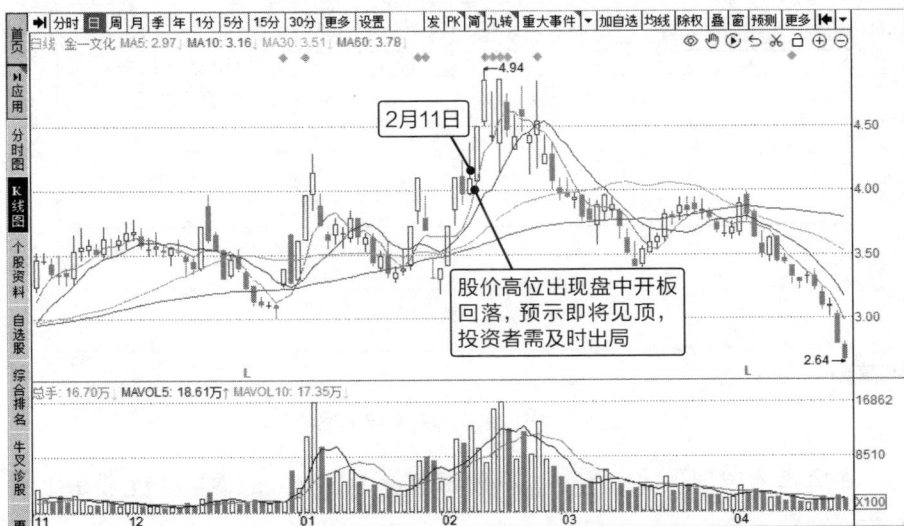

图 6-17 金一文化 2021 年 11 月到 2022 年 4 月的 K 线图

从 K 线图中可以看出，股价正处于上涨的高位，2 月 11 日是股价再次冲高过程中的一个交易日。从整体的量能来看，股价再次冲高的过程中，成交量的放量明显不如前期，有推涨乏力的趋势，这说明股价可能会在短时间内见顶。

谨慎的投资者在接收到危险信号后，就可以提前出局保住已有收益。滞留在场内的投资者则继续等待，当发现股价在后续出现滞涨后下跌的走势时，也要果断离开了。

6.2.4 尾盘冲高涨停形态

尾盘冲高涨停指的是股价在开盘后保持震荡或是缓慢上涨走势，但在进入尾盘后被巨量推涨，直逼涨停，最终封板直至收盘，如图 6-18 所示。

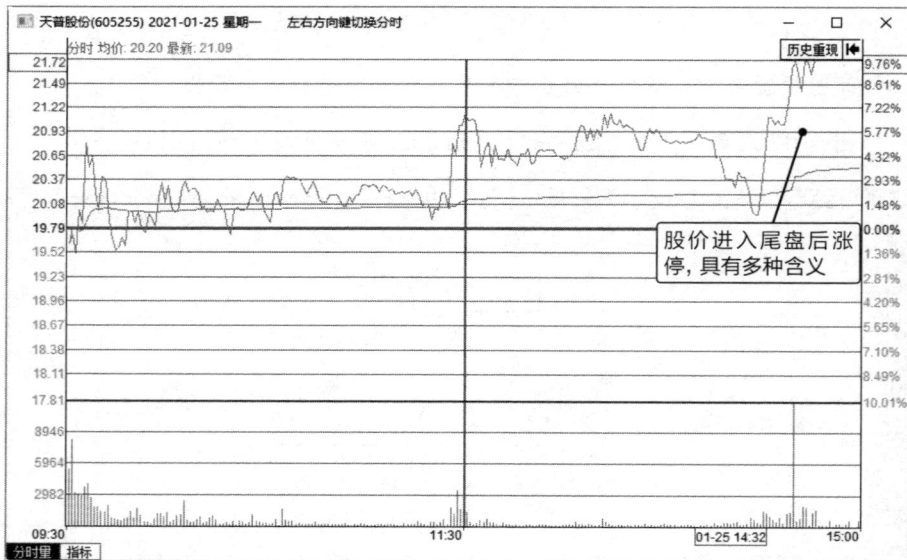

图 6-18 尾盘冲高涨停形态

在尾盘才出现涨停的走势，一般都存在主力介入的痕迹，无非是出于吸筹、拉升或是出货几种目的。

◆ **在下跌行情的低位出现尾盘冲高涨停：**可能是主力的护盘行为，不希望股价被压得过低，而让其他机构或散户在低位抢得廉价筹码。此时投资者需要继续观望，待到股价出现明显上涨信号再入场。

◆ **在上涨过程中出现尾盘冲高涨停：**说明市场情绪热烈，多方开始进攻，股价拉升在即，投资者可积极买进。

◆ **在股价高位出现尾盘冲高涨停：**说明可能是主力的拉高出货行为，投资者需注意观察 K 线图中是否有量价背离出现，避免盲目追涨被套。

下面来看一个具体的案例。

实例分析
天普股份（605255）高位形成尾盘冲高涨停形态

图 6-19 为天普股份 2021 年 1 月 27 日的分时图。

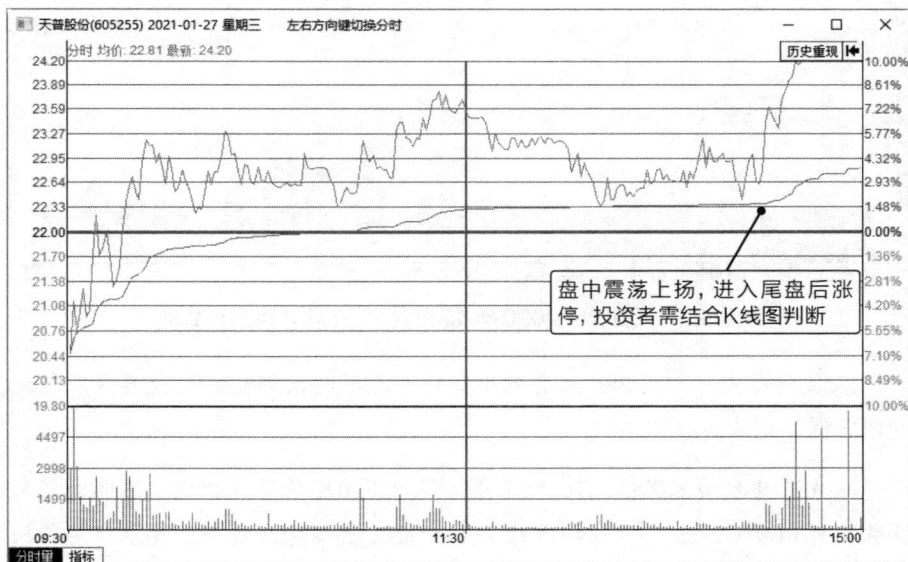

图 6-19　天普股份 2021 年 1 月 27 日的分时图

从分时走势中可以看到，天普股份在 2021 年 1 月 27 日这一天是以低价开盘，在开盘后股价接连震荡上涨，整体呈锯齿状运行，显示出市场中多方积极的看多情绪。

从早盘到午后的交易时间内，股价一直都运行在均价线上方，尽管在此期间有所震荡和回落，但整体都保持着比较积极的状态。进入尾盘时，成交量突然大幅放量，快速推动股价上冲，在数分钟内就打到了涨停板并封板，直至收盘，形成了尾盘冲高封板的走势。

由于该形态在不同位置具有不同的意义，因此投资者还需要结合 K 线图中的位置，来制订操盘策略。

图 6-20 为天普股份 2020 年 12 月到 2021 年 3 月的 K 线图。

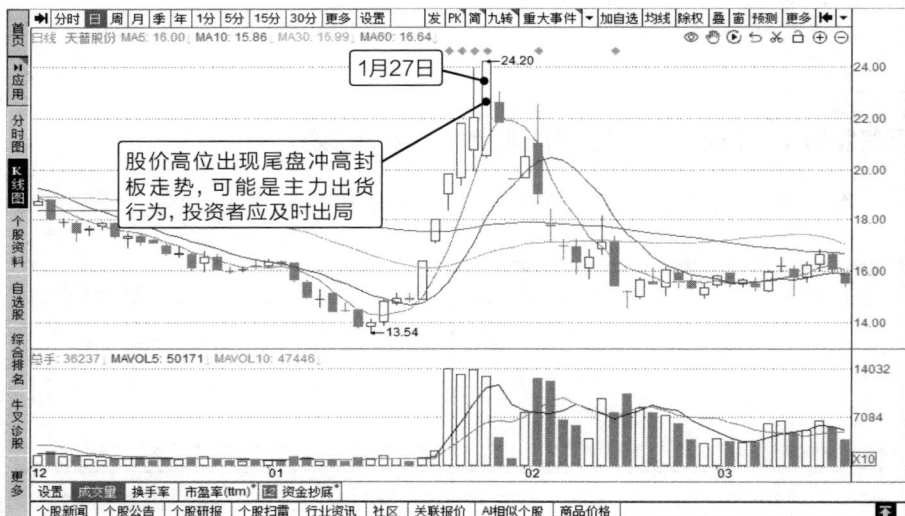

图 6-20　天普股份 2020 年 12 月到 2021 年 3 月的 K 线图

从 K 线图中可以看出，天普股份正处于阶段的顶部，1 月 27 日是股价运行到高位并见顶的当日。

从成交量方面来观察，在 2021 年 1 月中下旬股价开始快速上涨时，成交量确实有相应的放量。但在接近顶部时，成交量却转为走平，甚至有些许的缩减，这意味着市场的推动力不足，股价可能出现滞涨，随后下跌。

此时出现的尾盘冲高封板，就有可能是主力拉高出货的一种手段，投资者如果不希望被套在场内，此时最好在意识到主力意图的同时果断卖出，将已有收益落袋为安。

6.3　分时图中出现跌停怎么操作

股价在交易日中出现跌停，也就意味着当日跌幅已经达到了 10%，跌无可跌，在一般情况下，这是明显的后市看跌信号。但在有些位置，跌停也代表着探底，是新行情出现的希望，在这样的情况下，形态释放的就是看涨信号了。

那么，投资者如何区分形态释放的不同信号呢？下面就来详细介绍。

6.3.1　开盘巨量跌停形态

开盘巨量跌停指的是股价在开盘后 30 分钟内，就被巨量成交量快速下拉，直接打到跌停板上封住，直至收盘，如图 6-21 所示。

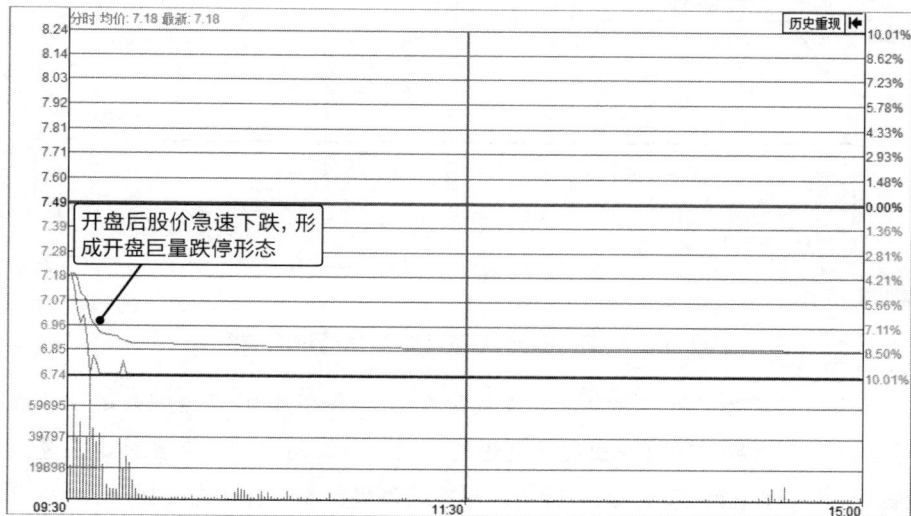

图 6-21　开盘巨量跌停形态

在开盘就出现跌停的走势，说明股价整体处于弱势，市场在短时间内的预期集中在看空一方。并且股价在整个交易日内都不会再开板交易，也就是说，后市看跌的信号非常强烈。

这样的走势常出现在行情反转后的高位和下跌过程中，预示接下来的发展方向大概率会继续向下，投资者需及时离场。

下面来看一个具体的案例。

实例分析
金辰股份（603396）开盘巨量跌停形态的卖出时机

图 6-22 为金辰股份 2021 年 8 月 30 日的分时图。

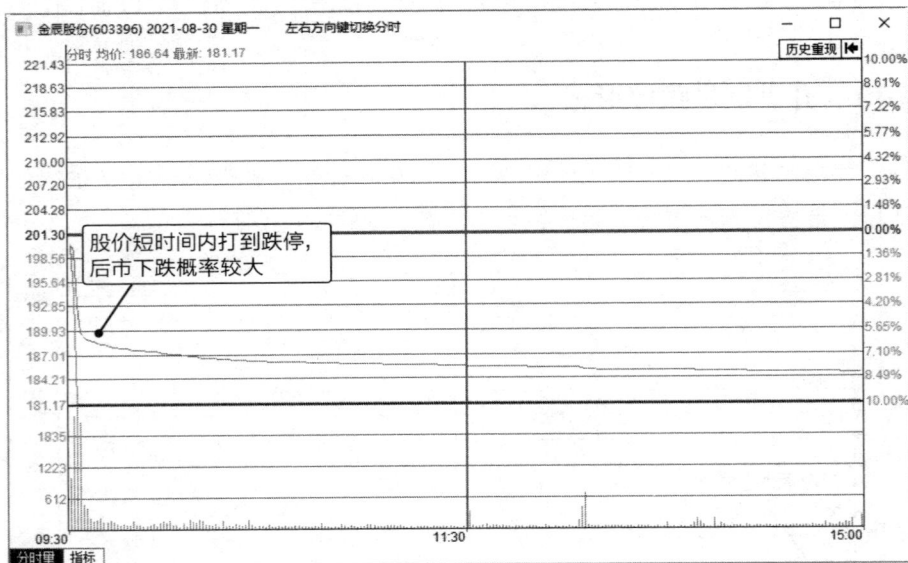

图 6-22　金辰股份 2021 年 8 月 30 日的分时图

从分时走势中可以看到，金辰股份在 2021 年 8 月 30 日这一天是以低价开盘，在开盘后，股价就出现了急速的下跌。与此同时，成交量放出巨量，将股价几乎呈直线下拉，几分钟内就触及跌停板，最终封住直至收盘。

股价在当天形成了开盘巨量跌停的走势，释放出了短期看跌的信号，不过此时还需结合 K 线图中的位置来判断。

图 6-23 为金辰股份 2021 年 7 月到 11 月的 K 线图。

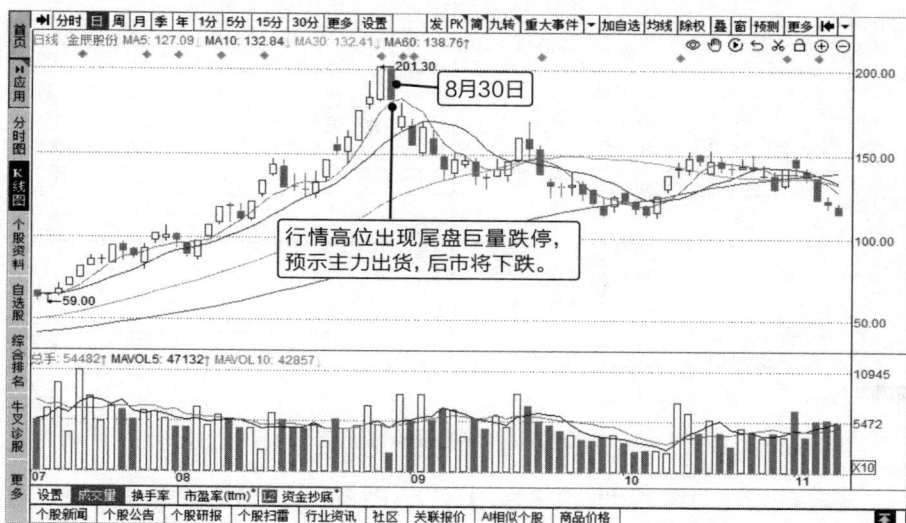

图 6-23　金辰股份 2021 年 7 月到 11 月的 K 线图

从 K 线图中可以看出，金辰股份正处于上涨行情的高位，8 月 30 日是股价经过长时间上涨后，见顶回落的一个交易日。

在此位置形成的开盘巨量跌停，很有可能是主力大量出货导致的，短时间内股价将持续下跌，因为主力的出货不会一蹴而就。待到其抛售完毕，股价将会进入长时间的下跌，因此投资者需要果断决策出局。

6.3.2　盘中下跌封板形态

盘中下跌封板指的是股价在开盘后走势平平，呈现震荡或缓慢下跌的状态，但在盘中突然被放大的成交量下压，导致股价直接跌停，最终封板直至收盘，如图 6-24 所示。

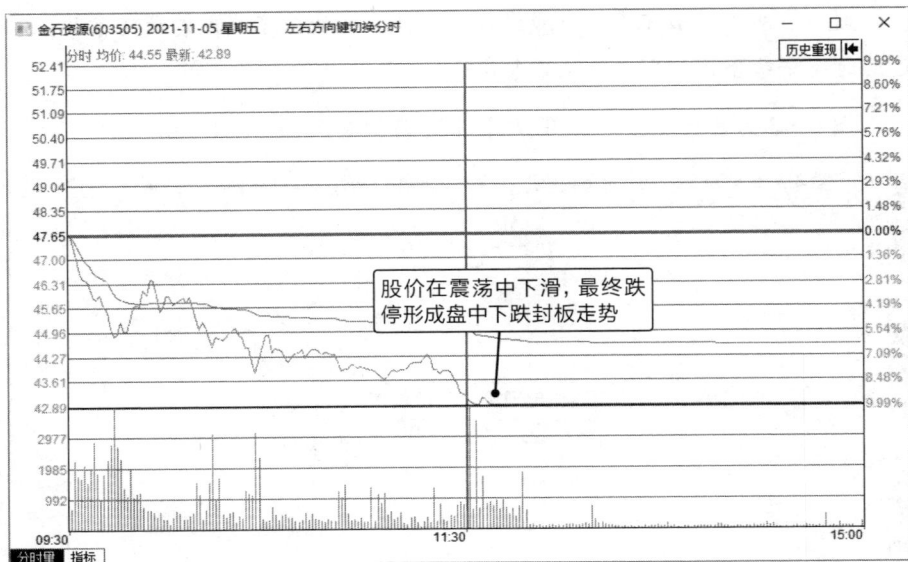

图 6-24　盘中下跌封板形态

这样的形态意味着市场中的买卖双方在经过一段时间的斗争之后，卖方占据主动地位，不断增大的抛压导致股价加速下跌，最终跌停。

根据股价跌停后持续封板的走势可以看出，其传递的信号为卖出，强度较高，常出现的位置与开盘巨量跌停类似，投资者在遇到这样的走势时最好及时出局。

下面来看一个具体的案例。

实例分析
傲农生物（603363）盘中下跌封板形态的卖出时机

图 6-25 为傲农生物 2022 年 4 月 22 日的分时图。

从分时走势中可以看到，傲农生物在 2022 年 4 月 22 日这一天是以低价开盘，在开盘后，股价运行到了均价线下方。在后续经历数次反弹和回落后，股价最终还是被活跃的成交量压制向下，最终跌停，形成盘中下跌封板形态。

这对后市的下跌有重要预警作用，此时再来看 K 线图中的情况如何。

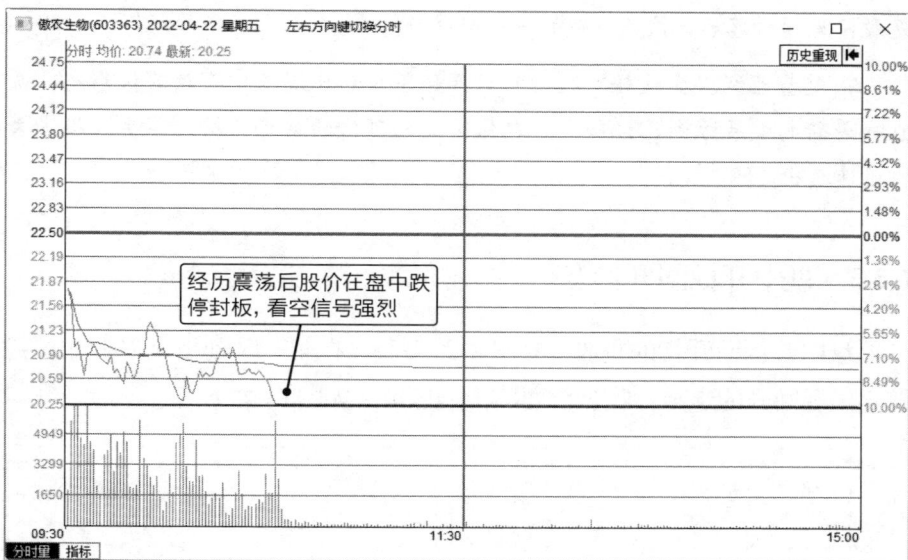

图 6-25　傲农生物 2022 年 4 月 22 日的分时图

图 6-26 为傲农生物 2021 年 12 月到 2022 年 5 月的 K 线图。

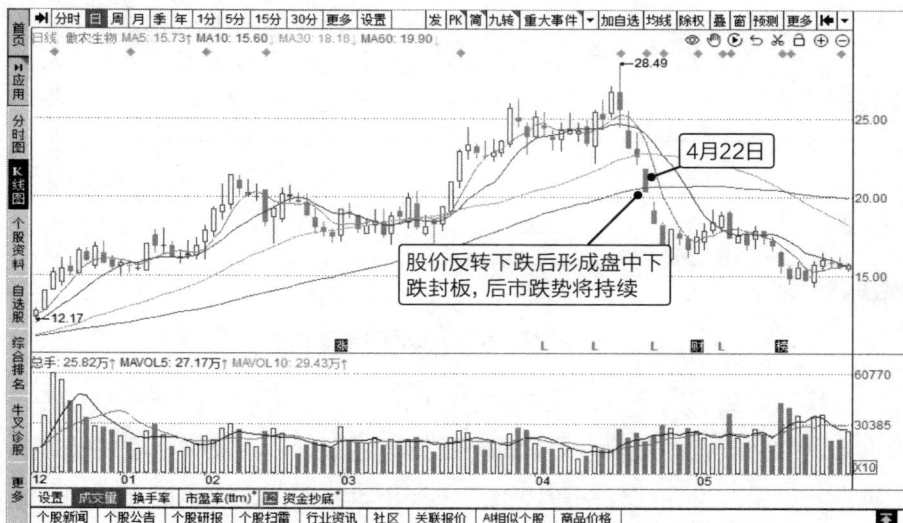

图 6-26　傲农生物 2021 年 12 月到 2022 年 5 月的 K 线图

从 K 线图中可以看出，傲农生物正处于股价的高位，2022 年 4 月 22 日是股价见顶滑落后，快速下跌的一个交易日。

当趋势已经发生反转，股价明显开始下跌后出现盘中下跌封板形态，就意味着新的发展方向已经确定，在短时间内股价的跌势将持续下去，投资者需迅速卖出。

6.3.3 盘中开板回升形态

盘中开板回升指的是股价在盘中跌停后，在某一时刻被大单砸开，并随之出现回升的走势，收盘价要高于最低价，如图 6-27 所示。

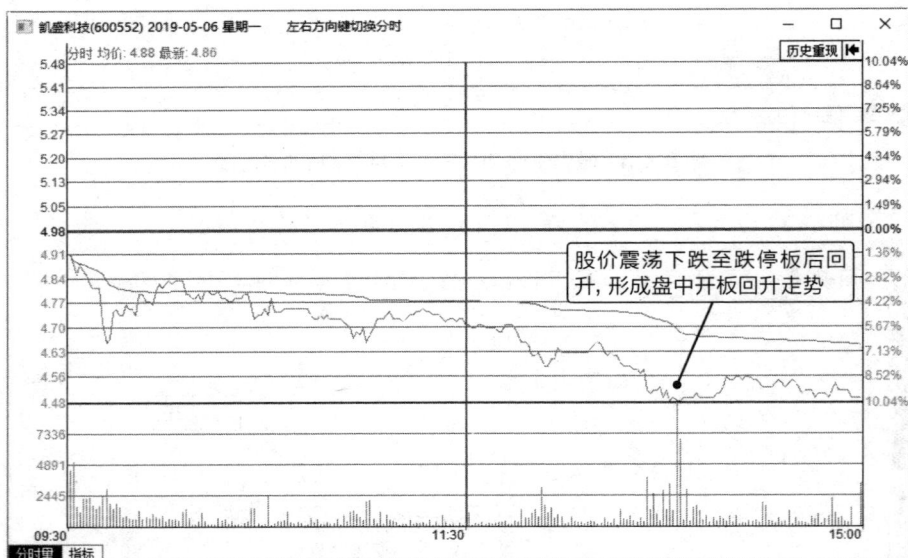

图 6-27　盘中开板回升形态

这样的走势说明多方出现了大幅度的反弹，空方不再占据绝对优势，股价难以维持连续的跌停。股价回升的幅度越大，后市反弹上涨的概率也就越大。如果股价在回升一段距离后出现横盘或回落，那么后市的趋势走向依旧不乐观。

当该形态出现在下跌行情的末期或是上涨过程中的回调低位时，其传

递的是积极买入的信号。激进的投资者可大胆建仓或加仓，谨慎的投资者
则可以保持观望，等到明显上涨迹象出现时再入场。

　　下面来看一个具体的案例。

实例分析

万润股份（002643）盘中开板回升形态的买入时机

　　图 6-28 为万润股份 2018 年 6 月 20 日的分时图。

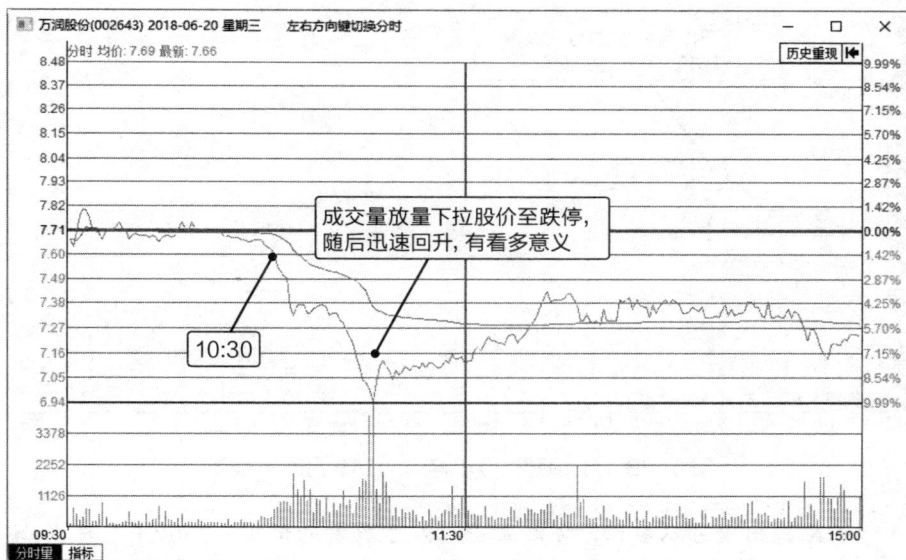

图 6-28　万润股份 2018 年 6 月 20 日的分时图

　　从分时走势中可以看到，万润股份在 2018 年 6 月 20 日这一天是以低价
开盘的，在开盘后股价小幅回升，随后围绕前日收盘价横向震荡。

　　直到 10:30 左右，成交量开始不断地将股价下拉。在 11:01 时，成交量出
现巨量，一举将股价下拉至跌停板上，但股价并未停留，而是触板后立刻回升，
开始上涨。

　　早盘结束时，股价已经上涨至 7.16 元附近，下午时段开盘后股价继续上
扬，很快越过了均价线运行到其上方。在进入尾盘后股价出现下跌，并跌破

了均价线，最终以 6.23% 的跌幅收盘，高于最低价近 3.77%，形成了盘中开板回升走势。

这样的走势对后市有一定的看涨预示作用，投资者可结合 K 线图中所处的位置来制订操作策略。

图 6-29 为万润股份 2018 年 5 月到 9 月的 K 线图。

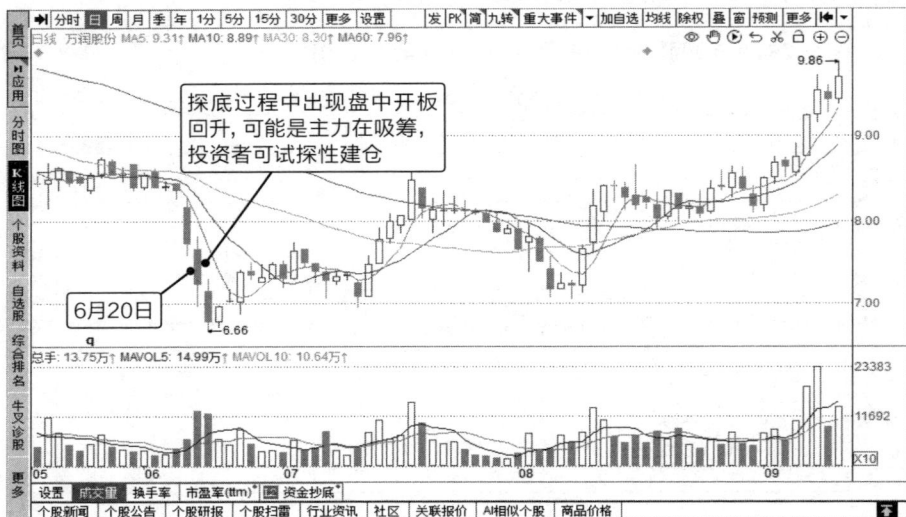

图 6-29　万润股份 2018 年 5 月到 9 月的 K 线图

从 K 线图中可以看出，万润股份正处于股价的低位，2018 年 6 月 20 日是股价在加速探底过程中的一个交易日。

在经历长时间下跌后，出现成交量放量的急速探底，说明可能是主力拉低股价以便吸筹的手段，在这其中又形成了盘中开板回升，进一步释放趋势即将转向的信号。此时，激进的投资者可在当日积极建仓，谨慎的投资者则需要保持观望，等股价出现上涨，发出明确买入信号时买进。

6.3.4　尾盘跳水跌停形态

尾盘跳水跌停指的是股价在盘中运行时并未出现剧烈的变动，呈缓慢下跌或横向震荡走势，但在进入尾盘后被突兀出现的成交量下拉，急速跌至跌停板上封住，如跳水一般。

到尾盘才出现如此剧烈的变动，大概率是主力在参与。当其出现在阶段高位或是行情高位时，很有可能是主力清理浮筹或出货的手段。

前者在短时间内将进行回调整理，后市还有上涨空间，投资者可出局也可继续持有；但后者就意味着趋势发生转变，下跌行情形成，长时间下跌不可避免，投资者需果断离场。

下面来看一个具体的案例。

实例分析
中岩大地（003001）尾盘跳水跌停形态的卖出时机

图 6-30 为中岩大地 2021 年 4 月 12 日的分时图。

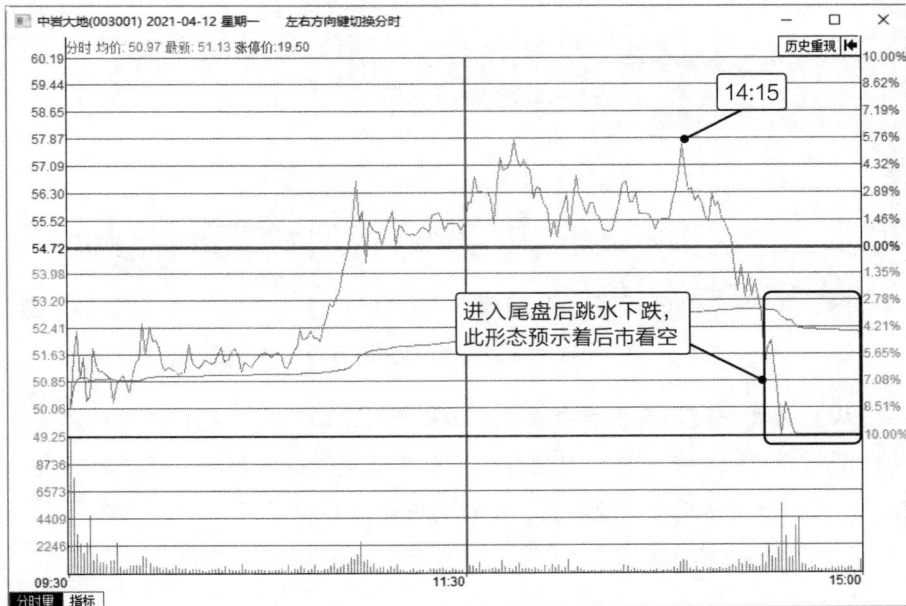

图 6-30　中岩大地 2021 年 4 月 12 日的分时图

从分时走势中可以看到，中岩大地在 2021 年 4 月 12 日这一天是以低价开盘的，在开盘后股价就围绕均价线出现荡，并在随后缓慢上移，直至到达前日收盘价以上，在相对高位继续横盘震荡。

这样的走势一直维持到临近收盘，14:15 左右，股价突然快速下跌，接近尾盘时已经跌至 51.63 元附近。进入尾盘后，股价小幅反弹，随即以更快的速度跳水下跌，直至跌停收盘，形成尾盘跳水跌停形态。

这样的形态意味着后市看跌，此时投资者需结合 K 线图来判断。

图 6-31 为中岩大地 2021 年 2 月到 6 月的 K 线图。

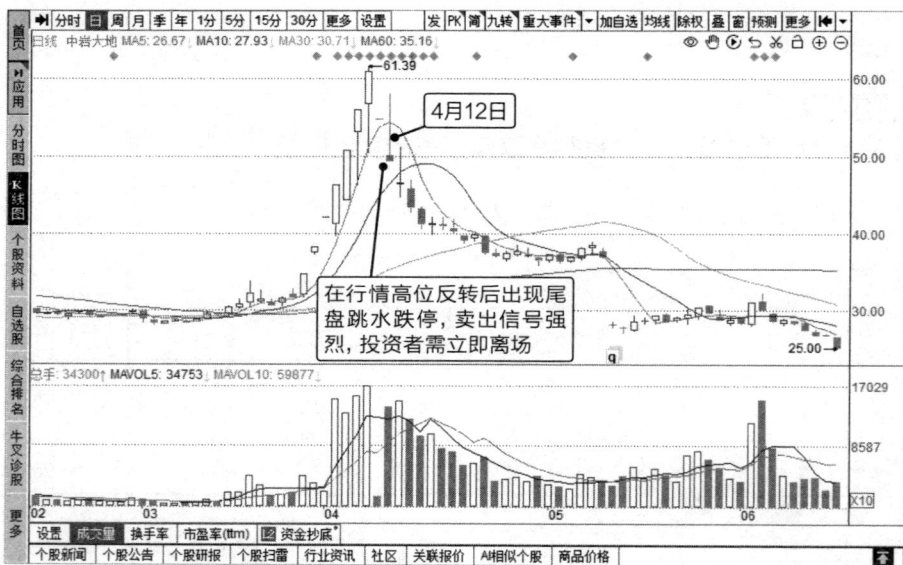

图 6-31　中岩大地 2021 年 2 月到 6 月的 K 线图

从 K 线图中可以看出，中岩大地正处于行情的顶部，4 月 12 日就是股价见顶下跌后的一个交易日。在这样的高位形成尾盘跳水跌停，是强烈的卖出信号，此时投资者需要快速抛售，保住已有收益。

第 7 章

常见技术指标看盘方法

技术指标分析是一种依据不同的数理统计方法，运用复杂的计算公式来判断股价走势的量化分析方法。每种技术指标的含义和用法都有所不同，有的侧重于判断趋势，有的则能够衡量市场多空双方的力量差距。熟练利用这些技术指标，投资者能够更好地判断行情走势。

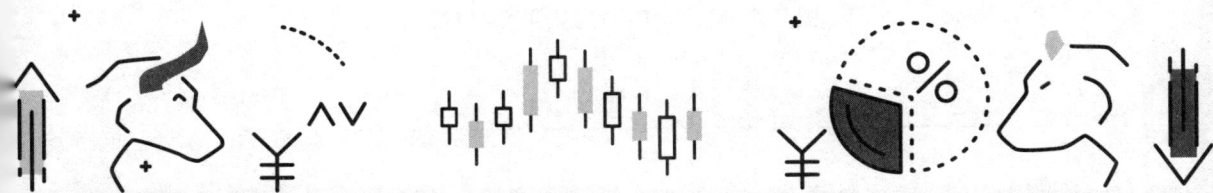

7.1 均线指标——确定趋势走向

均线指标全称为移动平均线，是通过将每天的收盘价加权平均，从而得到的一条带有趋势性的轨迹。它具有反映股价趋势运行方向的特性，可以对股价运行起到趋势跟踪的作用。

在股价运行过程中，运行趋势一旦形成，将在一段时间内继续保持，趋势运行所形成的高点或低点又分别具有阻力或支撑作用。因此，均线指标所经过的点位往往是十分重要的支撑位或阻力位，这就为投资者提供了买进或卖出的有利时机。

7.1.1 葛兰威尔买卖法则

葛兰威尔法则是由投资专家约瑟夫·葛兰威尔（Joseph E.Granville）提出的，主要利用均线与价格的位置关系寻找买卖点，也被称为葛兰威尔八大法则，如图 7-1 所示。

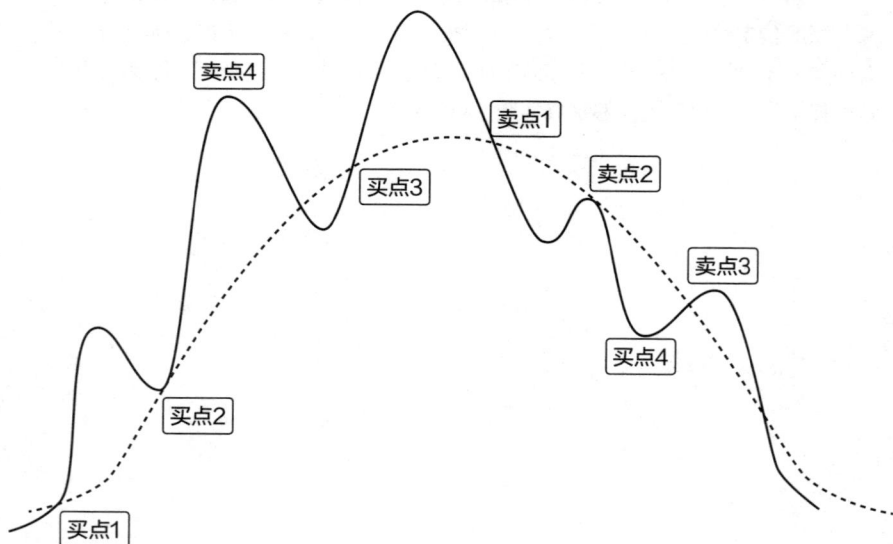

图 7-1 葛兰威尔八大法则买卖点位置

在法则中存在 4 项买入法则和 4 项卖出法则。其中，买点 1、买点 2 和买点 3 出现在上涨行情中，买点 4 出现在下跌行情中，为反弹前夕；卖点 1、卖点 2 和卖点 3 形成于下跌行情中，卖点 4 形成于上涨行情中，为回调前夕。

当股价与均线产生交叉与上下位置变换时，根据八大买卖法则，投资者就能够迅速判断出合适的买卖点。

但需要注意的是，在使用葛兰威尔法则时，投资者最好不要设置多条均线。因为周期的不同也会导致均线敏感性与滞后性的不同，有时均线的交叉形态和法则之间可能会发出互相矛盾的信号。

因此，投资者最好根据自身持股时间的长短来选择均线，比如短线投资者可选择 10 日均线或 20 日均线，中长线投资者可以选择 60 日均线甚至 120 日均线，这些都因人而异，并没有固定标准。

下面就使用稳定性较高的 60 日均线来进行案例分析。

实例分析
浙江世宝（002703）葛兰威尔八大法则应用

图 7-2 为浙江世宝 2018 年 10 月到 2019 年 11 月的 K 线图。

从图 7-2 中可以看到，浙江世宝正在进行一个完整的涨跌周期。从 2018 年 10 月开始，股价从 60 日均线下方逐渐上涨，于 11 月中下旬成功上穿均线，站到其上方，形成买点 1。

2018 年 12 月中旬，股价上涨至 5.00 元价位线附近受阻下跌，很快在 60 日均线上受到支撑回升，买点 2 出现。

进入 2019 年 1 月后，股价继续上涨，但依旧在 5.00 元附近出现回落，此次回落小幅跌穿了 60 日均线，不过数个交易日后又回到了上方。当股价上穿 60 日均线时，买点 3 形成。

2019 年 3 月初，股价上涨至 6.00 元左右，随后阶段见顶回落。此时股价所处位置相对较高，可视为卖点4。3月底，股价再次回落到60日均线附近，受到支撑后上涨，又一个买点2形成。

2019年4月，股价开始快速上涨，在创出8.35元新高后见顶回落，跌至60日均线上时受到支撑反弹。但反弹至7.50元价位线附近后就受阻下跌，直接跌穿60日均线，形成卖点1。

2019年7月初，股价在6.00元附近止跌回升，上涨至60日均线处受压下跌，高点则为卖点2。股价在继续下跌后于5.00元附近再次受到支撑反弹，低点为买点4。

2019年9月中下旬，股价反弹越过了60日均线和6.00元价位线，滞涨一段时间后下跌，高点可视为卖点3。

至此，葛兰威尔的八大法则对应的8个买卖点全部出现，有些位置还出现了重复。根据法则判定的买卖点，投资者就可以进行相应的操作，但没必要在每个点都进行买卖，有些位置可以作为加仓位或减仓位，具体实操可视自身情况而定。

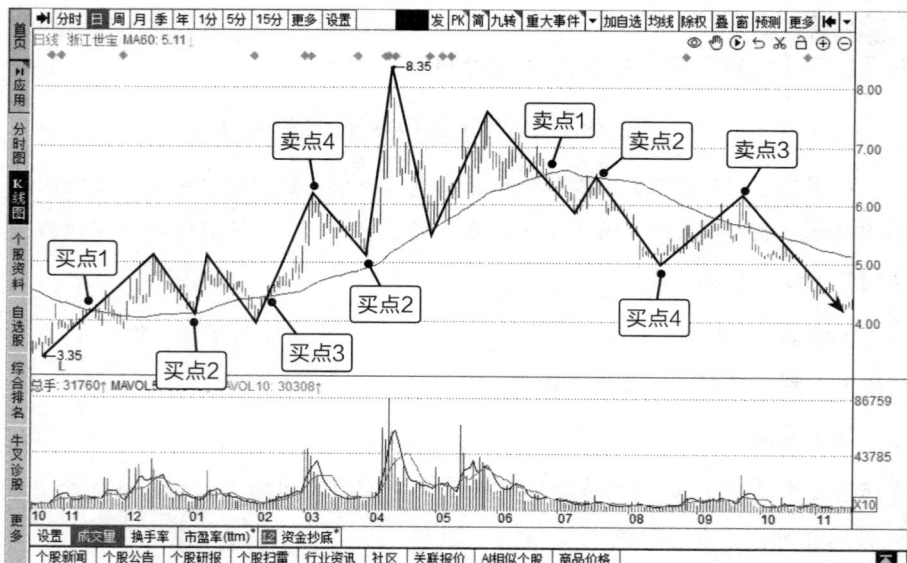

图7-2　浙江世宝2018年10月到2019年11月的K线图

7.1.2　多头排列下的买入时机

多头排列指的是在股价稳定向上运行的过程中，均线组合呈现短周期均线在上，中等周期和长周期均线在下的排列顺序，并全部保持发散上扬的状态，如图 7-3 所示。

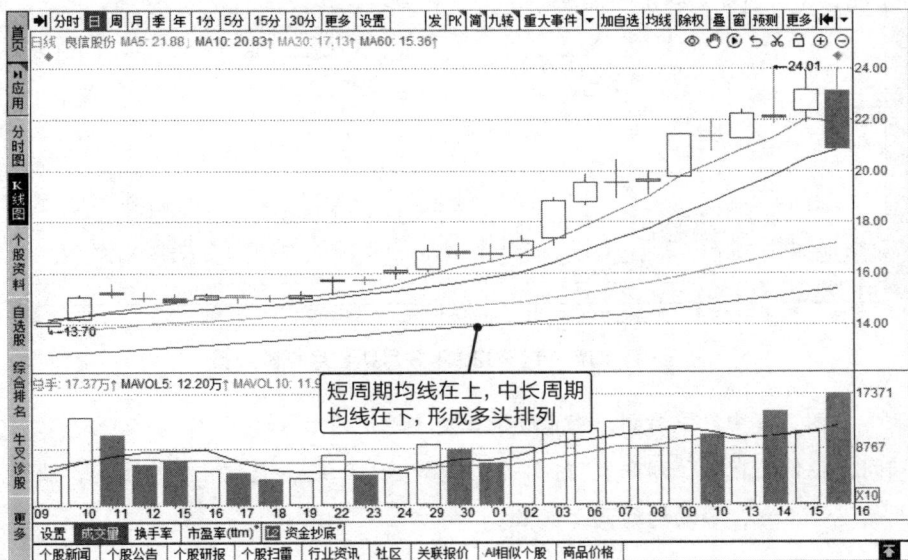

图 7-3　均线的多头排列

在多头排列形成时，股价会呈现出积极稳定的上涨状态，才能带动均线上扬。它预示着上涨行情的到来，市场以看多气氛为主导，多方对空方产生了绝对的压制，后市将大概率进入长时间的上涨行情中。当多头排列形成时，就是投资者进场的机会。

下面来看一个具体的案例。

实例分析

海容冷链（603187）均线的多头排列形态应用

图 7-4 为海容冷链 2020 年 3 月到 8 月的 K 线图。

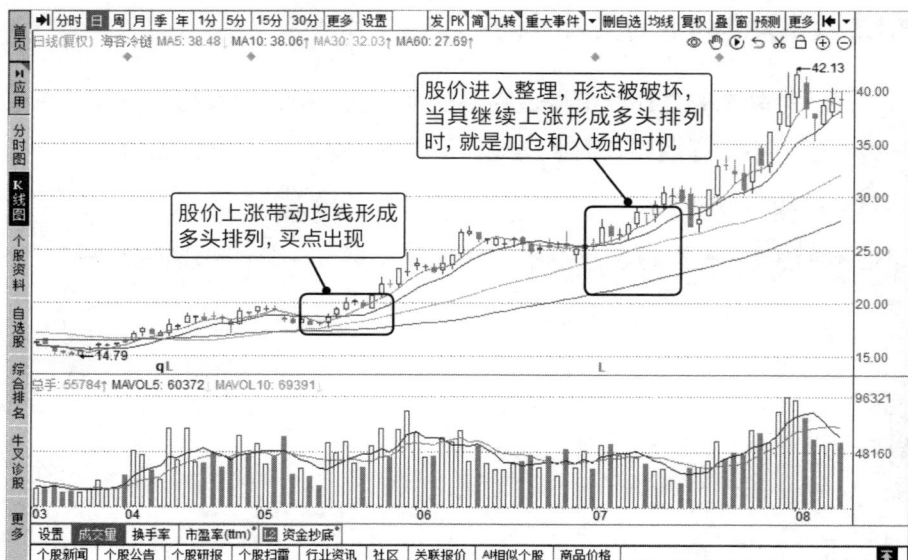

图 7-4　海容冷链 2020 年 3 月到 8 月的 K 线图

从图 7-4 中可以看到，海容冷链正处于稳定的上涨过程中。在 2020 年 3 月期间，股价还在低位横向整理，4 条均线纠缠在一起，直到 4 月中上旬，股价开始逐步上涨，带动均线向上发散。

在 4 月到 5 月中上旬的上涨过程中，股价涨势还并不稳定，导致均线无法彻底散开。5 日均线和 10 日均线，30 日均线和 60 日均线还处于黏合状态，但整体已经有了多头排列的趋势。

5 月中下旬，股价在小幅回调后再次开始上升。此次上涨速度较快，幅度也超过了前期，带动均线迅速向上散开，并自上而下形成了 5 日均线、10 日均线、30 日均线和 60 日均线的多头排列，明确的买入信号出现。

在多头排列形成后，股价积极上涨了近一个月的时间。但在 6 月中上旬，股价越过 25.00 元价位线后进行了小幅回调，并开始横向整理。5 日均线和 10 日均线走平，还产生了交叉，破坏了多头排列的形态，短线投资者就可以在此卖出，随后继续观望。

6 月底，股价整理完毕开始上涨，两条短周期均线再次上扬，并重新与

30 日均线和 60 日均线形成了多头排列，又一个买点出现。场外的投资者可以积极买进，场内投资者也可以适当加仓，持股待涨。

7.1.3　空头排列下的卖出时机

空头排列的技术形态与多头排列正相反，自上而下为长周期均线、中等周期均线、短周期均线的排列顺序，并整体呈下跌走势，如图 7-5 所示。

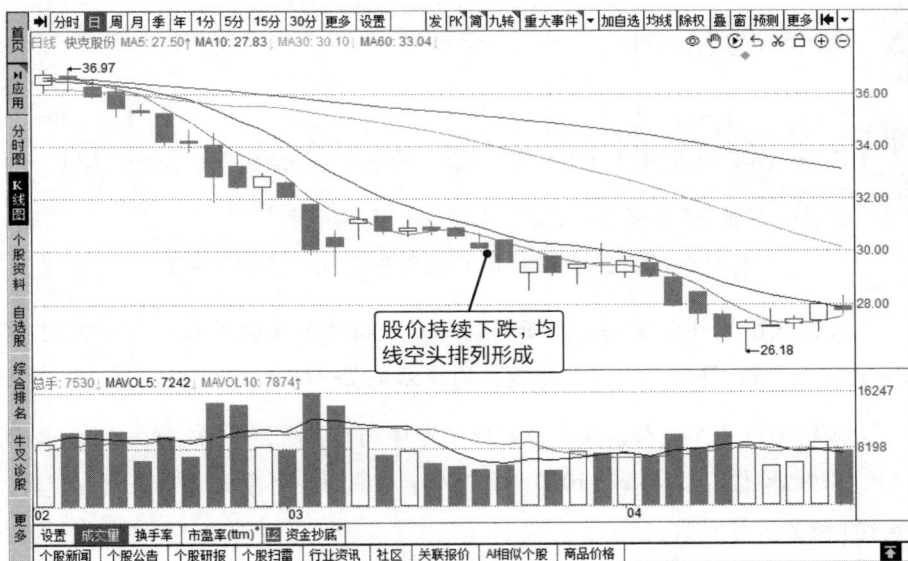

图 7-5　均线的空头排列

当空头排列形成，股价必定处于持续的下跌状态，并且没有出现幅度较大的反弹。这意味着市场中的看跌情绪占主要地位，不断增大的抛压导致股价接连下跌，后市发展不容乐观，投资者应及时离场。

下面来看一个具体的案例。

实例分析

华正新材（603186）均线的空头排列形态应用

图 7-6 为华正新材 2021 年 12 月到 2022 年 4 月的 K 线图。

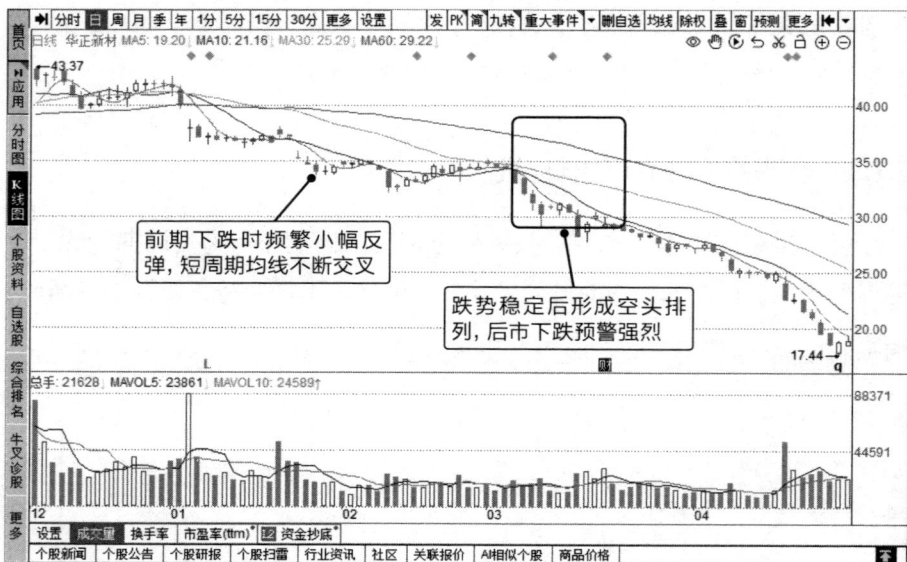

图 7-6　华正新材 2021 年 12 月到 2022 年 4 月的 K 线图

从 K 线图中可以看到，华正新材正处于持续的下跌过程中。在 2021 年 12 月期间，股价还在相对高位横盘，均线黏合在一起。

到了 2022 年 1 月初，股价便出现了阶梯式的下跌，带动均线向下发散开的同时，也使得 5 日均线和 10 日均线不断产生交叉。尽管未能形成空头排列，但下降趋势已经明朗。

3 月初，股价横盘后又一次下跌。但此次下跌后跌势明显稳定了许多，期间几乎没有产生明显的反弹，均线形成了标准的空头排列，明确的卖出信号出现。

7.2　RSI 指标——判断超买超卖

RSI 指标全称为相对强弱指标，它是根据一定时期内上涨点数和下跌点数之和的比率，制作出的一种技术曲线，能够反映出市场在一定时期内的景气程度。

RSI 指标理论认为股价在运行过程中均在 0 ～ 100 变动。其中，30 ～ 70 是股价波动最多的区间，当股价波动至 80 线以上时，就认为市场已到达超买状态，价格自然会回落调整。当价格波动至 30 线以下，即被认为是超卖状态，价格将可能出现反弹回升。

除了以指标的超买超卖为判断依据外，RSI 的指标线还会构筑特殊形态。当这些特殊形态出现在特定位置时，也会给投资者带来买卖的信号。

7.2.1　顶部形态预示离场

当股价运行到行情的高位时，市场可能处于热烈的追涨状态，RSI 指标逐渐运行到超买区。

当 RSI 指标线在 80 线附近形成双重顶或头肩顶形态时，如果 K 线形态同时构筑对应的双重顶或头肩顶形态，表明股价的上升动能已经衰竭，行情即将向下反转，为强烈的卖出信号，如图 7-7 所示。

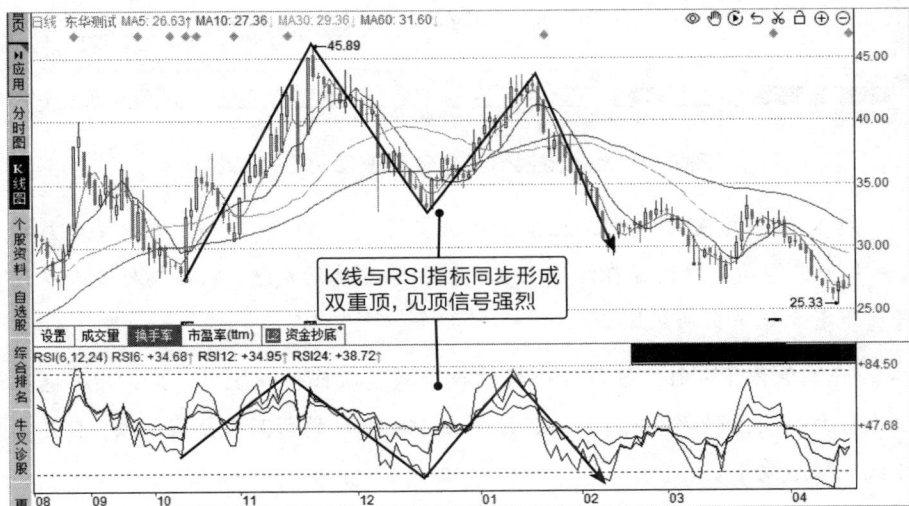

图 7-7　RSI 指标的双重顶形态

下面来看一个具体的案例。

实例分析

上机数控（603185）RSI 指标的双重顶形态应用

图 7-8 为上机数控 2021 年 7 月到 12 月的 K 线图。

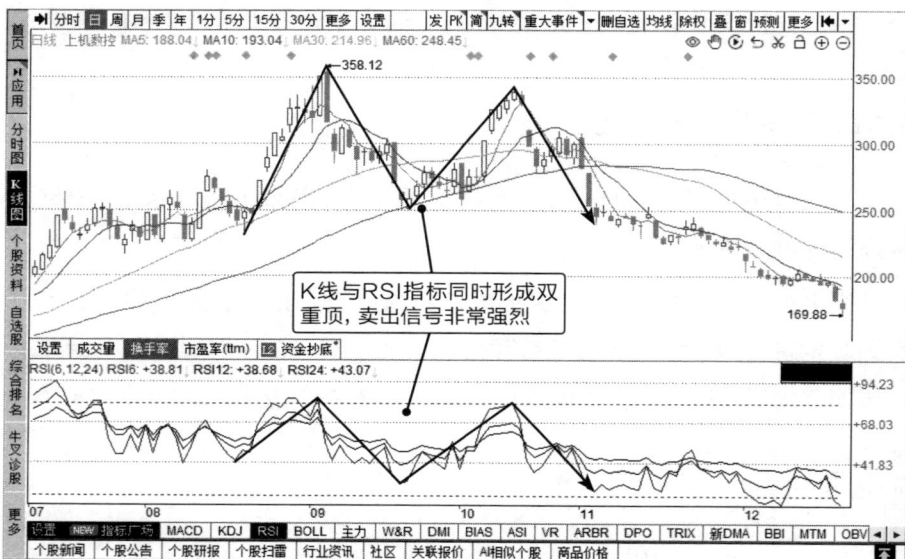

图 7-8　上机数控 2021 年 7 月到 12 月的 K 线图

从 K 线图中可以看到，上机数控正处于行情的顶部。在 2021 年 7 月到 8 月中上旬期间，股价还在缓慢上涨，但由于涨速的减缓，RSI 指标逐渐从超买区下滑至正常交易区域。

2021 年 8 月中旬，股价在小幅回调后接连收阳快速上涨，RSI 指标也积极上行到超买区附近。9 月初，股价创出 358.12 元的新高后拐头下跌，RSI 指标线也跟随向下。

2021 年 9 月中下旬，股价在 250.00 元价位线附近受到支撑回升，再次上涨至 350.00 元左右，与此同时，RSI 指标也回升到超买区附近。

到达阶段顶部后，股价再次下跌，一路跌破了 250.00 元的颈线，形成双重顶顶部形态。RSI 指标紧随其后出现下滑，并跌破了前期低点，也形成了双重顶形态。

　　K 线与 RSI 指标同步形成双重顶，对后市的下跌有强烈的预示意义。投资者在行情顶部观察到这样的走势时，需要在形态形成之时甚至是之前，果断卖出，保住收益。

7.2.2　底部形态可以买进

　　当股价运行到行情的低位时，市场可能处于冷淡的抛售状态，RSI 指标逐渐运行到超卖区。

　　当 RSI 指标在 20 线以下形成双重底或头肩底形态时，如果 K 线形态同时构筑对应的双重底或头肩底形态，表明空方力量已经充分释放，行情即将向上抬升，为强烈的买入信号，如图 7-9 所示。

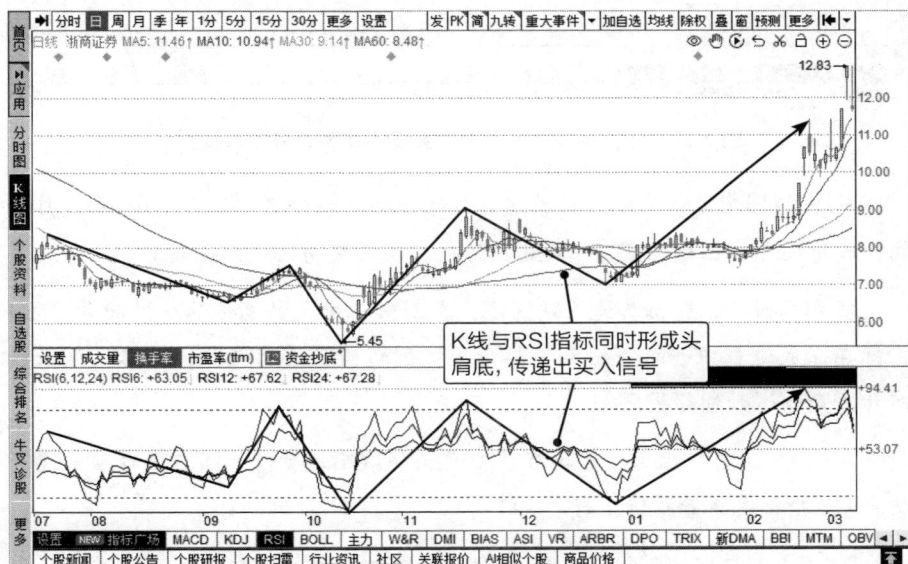

图 7-9　RSI 指标的头肩底形态

　　下面来看一个具体的案例。

实例分析
信雅达（600571）RSI 指标的三重底形态应用

图 7-10 为信雅达 2018 年 9 月到 2019 年 3 月的 K 线图。

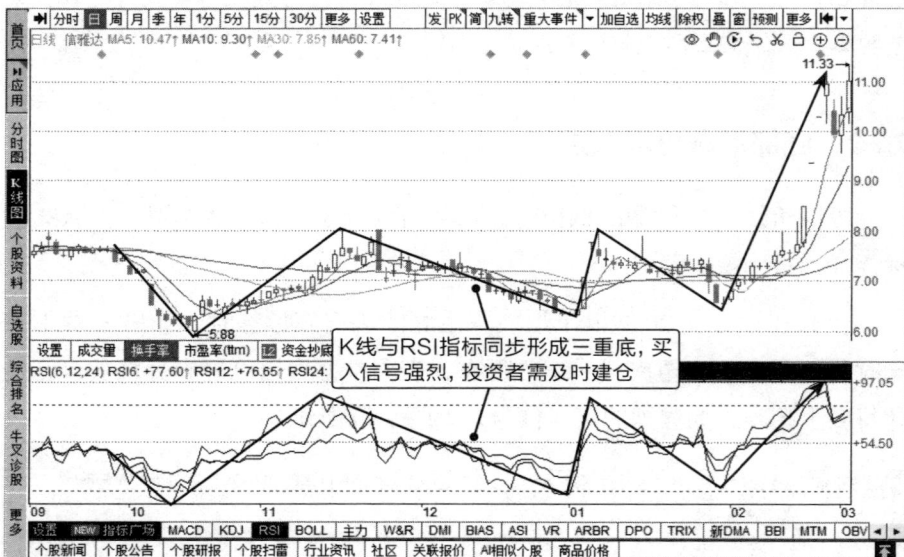

图 7-10　信雅达 2018 年 9 月到 2019 年 3 月的 K 线图

从 K 线图中可以看到，信雅达正处于下跌行情的底部。在 2018 年 9 月期间，股价还在低位横向震荡，RSI 指标也在正常交易区域内运行。

直到 9 月底，股价加速下跌探底，在创出 5.88 元的新低后缓慢回升。RSI 指标在探底过程中一路下滑到了超卖区，但随着股价的上涨，指标线也很快回升，直到运行到超买区。

2018 年 11 月中上旬，股价在 8.00 元价位线附近受阻，滞涨数日后出现下跌，RSI 指标也随着股价下行。

2019 年 1 月初，股价在 6.20 元价位线附近止跌，并在后续数个交易日出现了快速的上涨，带动 RSI 指标从超卖区一路上行至超买区。

很快，股价再次在 8.00 元价位线附近见顶下跌，回落的低点与前期低点相当，RSI 指标也跟随回落到超卖区附近。

2019 年 2 月初，股价又一次从低位上升，这一次的涨速非常快，股价在短时间内直接冲破了 8.00 元价位线的压制，构筑出了完整的三重底形态。RSI 指标也快速上行至超买区内，同步形成了三重底形态。

K 线与 RSI 指标线形成的底部形态，属于比较强烈的见底信号，再加上二者同时形成，进一步巩固了信号含义。此时，投资者就应该果断介入建仓，尽早抓住后市涨幅。

7.2.3　指标突破前期高点可建仓待涨

当股价在运行过程中，受到成交量的推动力而转头上扬，RSI 指标同时突破前期高点连线时，指标就传递出了比较明确的买入信号，如图 7-11 所示。

图 7-11　RSI 指标突破前期高点

当这样的走势出现在行情的低位或是阶段低位时，买入信号将更加强烈，说明场内多方开始发力，买压渐涨，推动股价上行。

下面来看一个具体的案例。

实例分析

江淮汽车（600418）指标突破前期高点可建仓待涨

图 7-12 为江淮汽车 2020 年 3 月到 6 月的 K 线图。

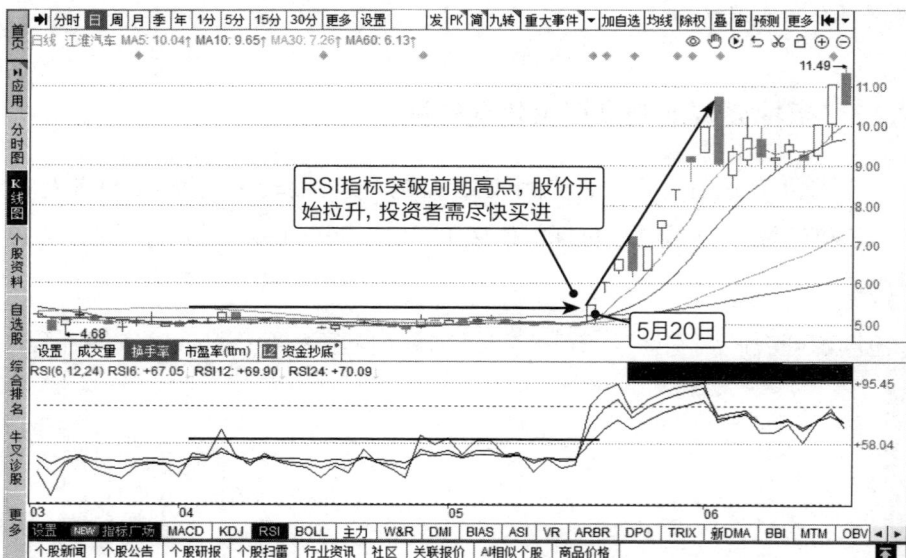

图 7-12　江淮汽车 2020 年 3 月到 6 月的 K 线图

从 K 线图中可以看到，江淮汽车正处于上涨行情中。在 2020 年 3 月到 5 月中旬期间，股价还维持在低位横向运行。

在此期间价格的波动幅度较小，几乎呈水平整理状态。RSI 指标也受其影响，在正常交易区域内横向震荡，高点几乎都维持在同一水平线上。

5 月 20 日，股价以高价开盘后，成交量集中放出巨量，将股价快速推涨到涨停板上封住，形成开盘巨量涨停形态。当日该股收出一根光头光脚的涨停大阳线，直接突破压力位，向上攀升。

就在同一个交易日，RSI 指标也迅速上扬，快速突破了前期高点的连线，并伴随着股价的连续涨停深入超买区内。

股价与 RSI 指标同时对压力位进行了有效突破，意味着多方强势发力，市场方向即将发生巨大转变。投资者此时就要果断决策，尽早买进，才能在短时间内获得高收益。

7.2.4 指标跌破前期低点需保住收益

当股价在运行过程中，受到来自上方的阻力而转头下跌，RSI 指标同时跌破前期低点连线时，指标就传递出了比较明确的卖出信号，如图 7-13 所示。

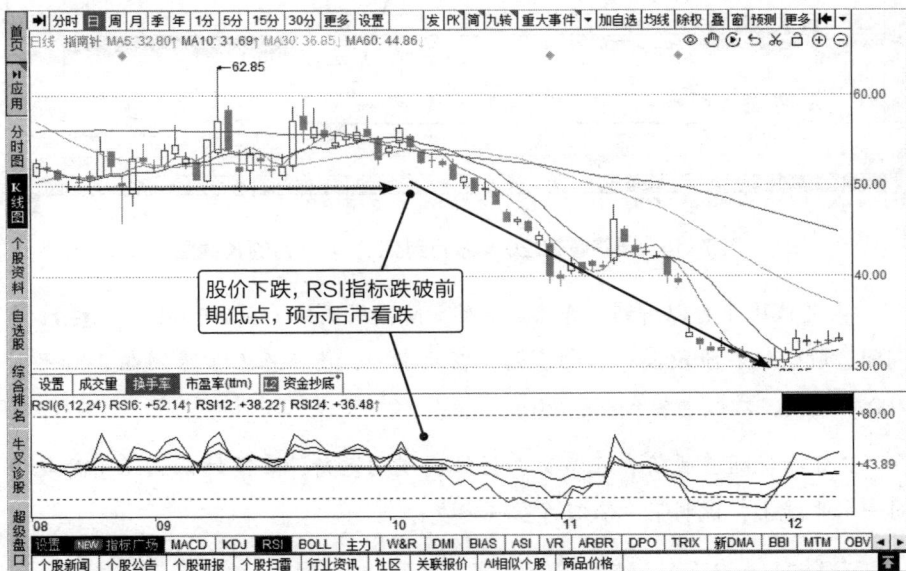

图 7-13 RSI 指标跌破前期低点

当这样的走势出现在行情的高位或是阶段高位时，卖出信号将非常明确，说明场内空方开始发力，抛压渐涨，股价将快速下跌。

下面来看一个具体的案例。

实例分析

普路通（002769）指标跌破前期低点需保住收益

图 7-14 为普路通 2020 年 8 月到 2021 年 1 月的 K 线图。

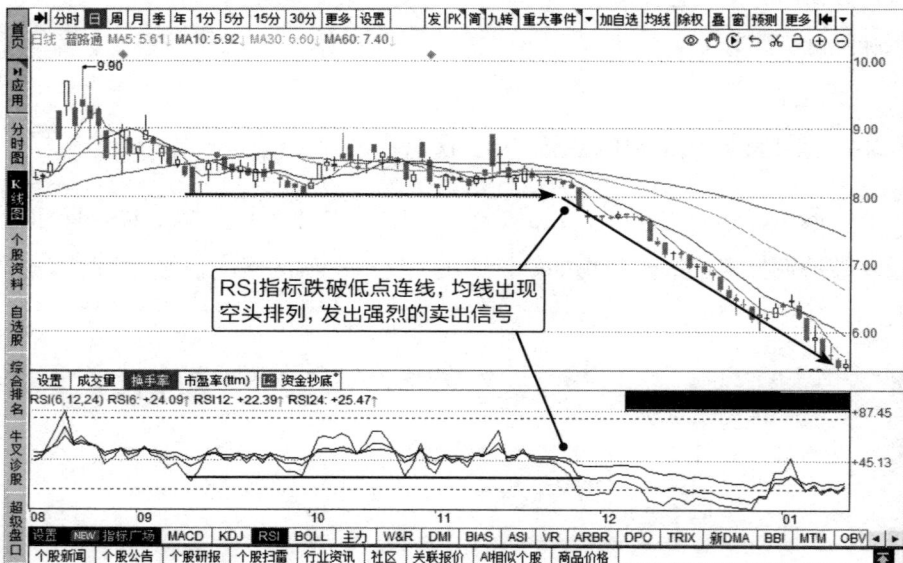

图 7-14　普路通 2020 年 8 月到 2021 年 1 月的 K 线图

　　从 K 线图中可以看到，普路通正处于阶段的高位。在 2020 年 8 月到 11 月期间，股价还在阶段高位横向震荡，在此期间，价格基本被限制在 8.00 元到 9.00 元之间，均线也黏合在一起。

　　RSI 指标随着股价在正常交易区域内横向运行，震荡的低点几乎都处于同一水平线上，说明下方依旧存在一定支撑。

　　直到 11 月中下旬，股价突然连续收阴下跌，较快的跌速带动均线组合迅速散开，并形成空头排列。与此同时，RSI 指标也快速下行，跌破前期低点的连线。

　　同时出现的看空形态，向投资者传递出非常强烈的卖出信号，说明后市在短时间内都将保持快速的下跌。投资者此时就要果断清仓出逃，避免在后续遭受更大的损失。

7.3　布林指标——定位买卖位置

布林指标是一种研判市场运动趋势的中长期技术分析工具，属于趋势性指标的一种。

与均线一样，布林指标一般叠加在 K 线中作为主图指标使用，方便投资者观察股价走势与布林指标之间的位置关系。

布林指标具有 3 条线，分别是上轨线、中轨线和下轨线。其中，上下轨线分别对股价的涨跌有一定的限制作用，中轨线与 K 线之间的关系则是判定市场强弱的依据之一，下面就来详细讲解。

7.3.1　布林中轨线支撑股价上行

当股价在布林中轨线上方运行时，说明市场处于强势状态，上涨走势在短时间内不会改变，如图 7-15 所示。

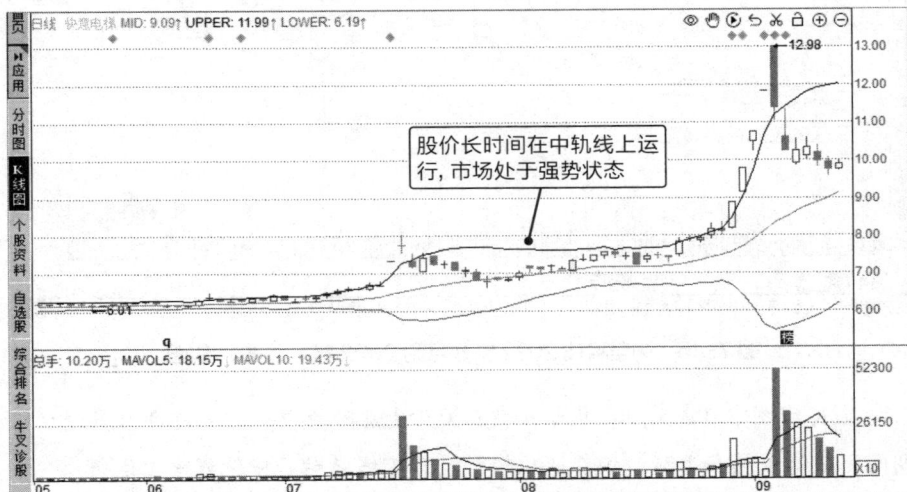

图 7-15　布林中轨线支撑股价上行

但市场不会随时处于强势中，当 K 线回落到中轨线以下时，股价将处于一个较低的位置，只要目标股的整体上涨趋势没有改变，这些低位完全可以作为加仓位和入场位。当股价再次上涨突破中轨线时，就是绝佳的买入时机。

下面来看一个具体的案例。

实例分析

中坚科技（002779）布林中轨线支撑股价上行

图 7-16 为中坚科技 2021 年 8 月到 2022 年 3 月的 K 线图。

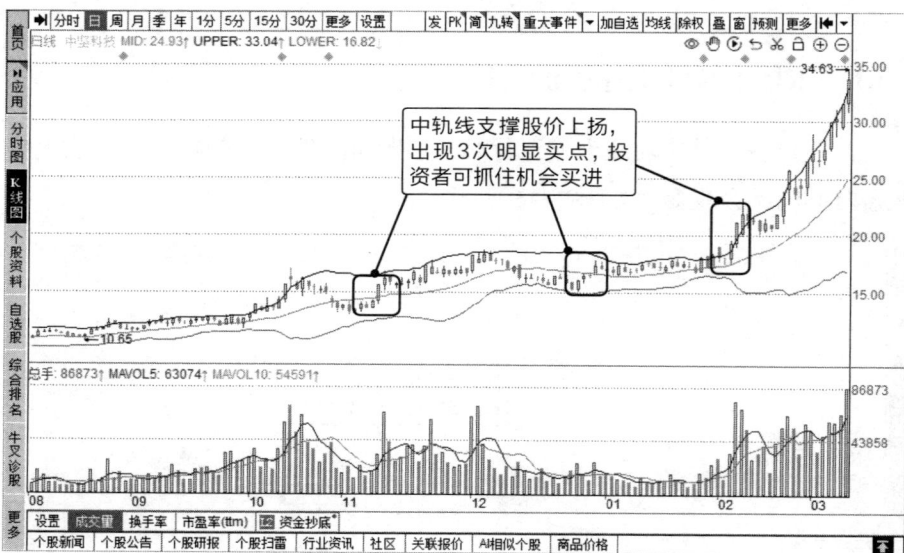

图 7-16　中坚科技 2021 年 8 月到 2022 年 3 月的 K 线图

从 K 线图中可以看到，中坚科技正处于上涨阶段中。在 2021 年 8 月到 9 月期间，股价虽然在上涨，但涨速比较缓慢，K 线紧贴着中轨线向上运行。

9 月底，成交量突然快速放大，股价迅速上涨，在小幅度突破上轨线后很快出现回落，跌到了中轨线下方。但股价在下方并未停留太长时间，数个交易日后就开始回升，并很快突破中轨线在其上方站稳，这个突破的位置就可以作为投资者买入的位置。

在后续的时间内，股价又一次经历了上涨后被压制回落，跌到中轨线下方的过程。与上一次一样，股价很快回到了中轨线上方，并在缓慢横盘一段时间后出现了快速的上涨。

在股价再次突破中轨线，以及成交量放出巨量带动股价急速上涨的时候，投资者可以趁机加仓或入场，抓住获利机会。

7.3.2　布林中轨线压制股价下跌

当股价在布林中轨线下方运行时，说明市场处于弱势状态，下跌走势在短时间内不会改变，如图 7-17 所示。

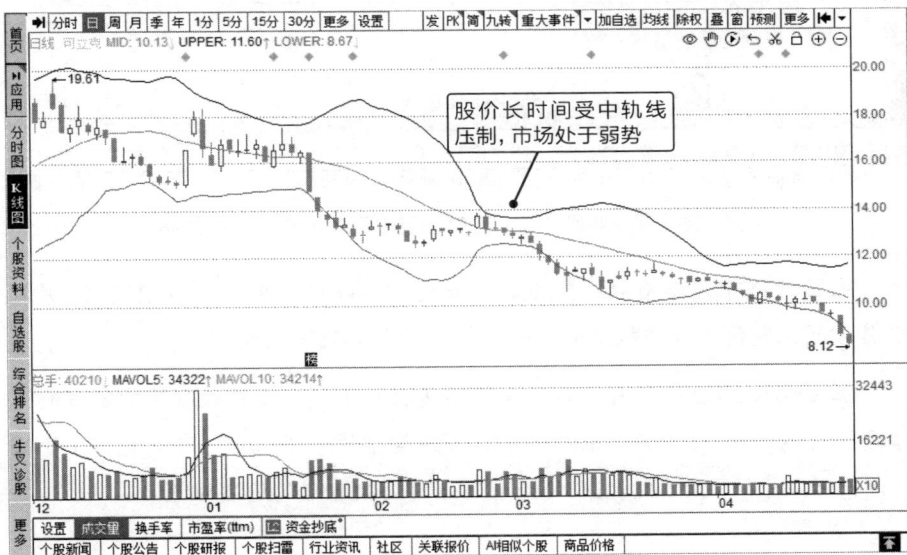

图 7-17　布林中轨线压制股价下跌

当股价在下跌过程中出现反弹，上涨靠近中轨线时，其高点就成为被套投资者的止损位置。当股价再次下跌并跌破中轨线时，就意味着后市将回到下跌轨道，投资者最好尽快卖出。

实例分析

凯龙股份（002783）布林中轨线压制股价下跌

图 7-18 为凯龙股份 2021 年 11 月到 2022 年 4 月的 K 线图。

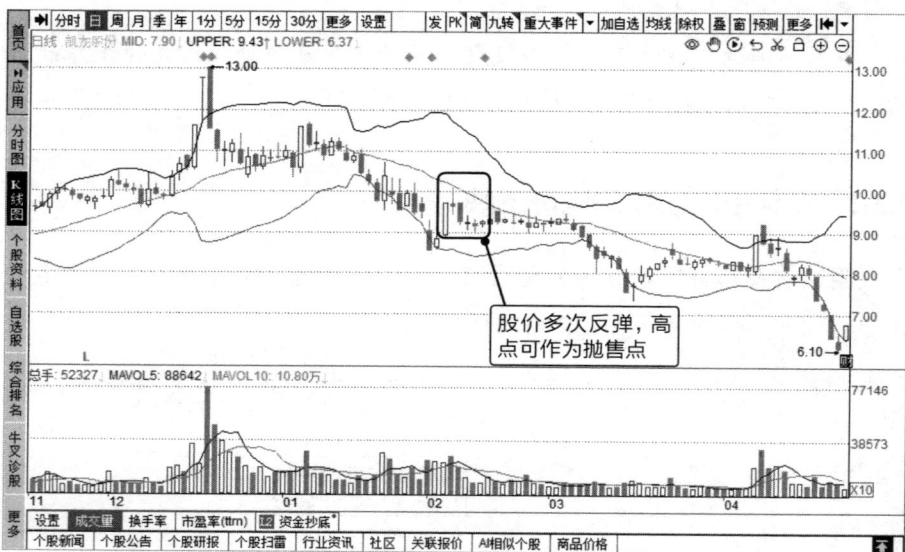

图 7-18　凯龙股份 2021 年 11 月到 2022 年 4 月的 K 线图

从 K 线图中可以看到，凯龙股份正处于下跌过程中。在 2021 年 11 月到 12 月期间，股价还在积极上涨，K 线长时间在中轨线上方运行。

但在进入 2022 年 1 月之后，股价迅速拐头下跌，直接跌破了中轨线的支撑运行到其下方。1 月底，股价在持续下跌后靠近了下轨线，在其支撑下小幅反弹，回到中轨线附近，这个高点就可以作为投资者的逃离位置。